GOTTESDIENST PRAXIS SERIE A

Arbeitshilfen für die Gottesdienste
zu den Sonn- und Feiertagen
des Kirchenjahres

Herausgegeben von Horst Nitschke

Gütersloher Verlagshaus Gerd Mohn

GOTTESDIENST-PRAXIS

II. Perikopenreihe

Band 2: Okuli bis 3. Sonntag nach Trinitatis

Gütersloher Verlagshaus Gerd Mohn

CIP-Titelaufnahme der Deutschen Bibliothek

Gottesdienstpraxis / hrsg. von Horst Nitschke. –
Gütersloh : Gütersloher Verl.-Haus Mohn.
Früher hrsg. von Erhard Domay u. Horst Nitschke
Ser. A, Arbeitshilfen für die Gottesdienste zu den Sonn- und Feiertagen des Kirchenjahres.
Perikopenreihe 2.
NE: Domay, Erhard [Hrsg.]; Nitschke, Horst [Hrsg.]; 1. Abt.

Bd. 2. Okuli bis 3. Sonntag nach Trinitatis. – 1992
ISBN 3-579-02874-X

ISBN 3-579-02874-X

Satz: Satz-Service-Berkemeier, Gütersloh
Druck und Bindung: Ebner Ulm
Umschlagentwurf: Franz Wöllzenmüller, Oberhaching
Umschlagbild: © Benedikt Werner Traut, 8677 Selbitz
Tröstliches Zeichen 1973, Farbholzschnitt 55 x 70 cm
Printed in Germany

Inhalt

Okuli

Predigttext: Epheser 5,1–8a

Hellmut Mönnich

Theologisch-homiletische Skizze

Haben Sie auch den Predigttext zuerst einfach durchgelesen? Mir fiel dabei auf, daß er auf Anhieb gar nicht leicht verständlich ist und ich ihn mit ambivalenten Gefühlen las. Unzucht – Habsucht – lose Reden: Wörter, die man normalerweise nicht gebraucht. Unzucht – das Wort paßt in die blickfangende Überschrift billiger Zeitungen, weckt vielleicht prickelnde Neugier. Habsucht – klingt das nicht altertümlich? Stattdessen redet man vom geschäftlichen Erfolg, vom wohlverdienten Gewinn, davon, daß sich etwas »rechnet«. Und lose Reden – natürlich achtet man auf das, was man sagt. Allerdings, darf man nicht mal sagen, was »Sache« ist, im vertrauten Kreis, beim Glas Bier? – Worum geht es eigentlich? Im Lexikon (Meyers T1) finde ich: »Unzucht. Verhalten, das das allgm. Scham- und Sittlichkeitsgefühl in geschlechtlicher Hinsicht nicht unerheblich verletzt. Das reformierte Strafrecht verwendet statt U. den Begriff der sexuellen Handlungen.« Sind es die Stichworte aus dem Bereich des Sexuellen, die als erste Aufmerksamkeit erregen, Interesse und vielleicht Abwehr zugleich? »Weil die Sexualität zur elementaren Ausstattung jedes Menschen gehört, ist es ungeheuer schwer, vernünftig darüber zu reden. Jeder, der den Text« – es geht um den vorliegenden Text – »hören wird, ist auch ein sexuelles Wesen, mit seinen Wünschen und Erfahrungen, seinen Träumen und Schuldgefühlen.« (M. Josuttis zum Text in GPM '74) Und der Predigttext beginnt: »Seid Nachahmer Gottes«. Ist das überhaupt möglich? Vielleicht fällt einem dabei Gen 3 ein? Jedenfalls – der Anfang und die Fortsetzung, sind das nicht zwei Welten? Bevor exegetische Ergebnisse notiert werden können, halte ich fest: Wenn der Predigttext im Gottesdienst vorgelesen wird, dann wird er möglicherweise mit ähnlichen Empfindungen, Gedanken und Fragen gehört, wie eben skizziert. Es muß also überlegt werden, wie der Text eingesetzt werden soll, damit die Aussageintention des Predigtabschnitts verstanden wird und sich die Gemeinde damit ohne Blockierungen auseinandersetzen kann. Dabei wird Einverständnis darüber herrschen, daß die nähere Bestimmung dessen, was die genannten Begriffe meinen, subjektiv ausfällt und – was das Sexuelle angeht – von Älteren möglicherweise ganz anders eingeschätzt wird als von Jüngeren. Und überhaupt! Unsere Gesellschaft heute, die ganze Lebenswirklichkeit läßt sich mit der Ermahnung und den Beispielen gar nicht leicht zusammendenken.

Schon gleich am Anfang des Abschnitts hat der Verfasser formuliert, was er sagen will (Vers 1–2a). Er fordert auf *»Seid … Nachahmer Gottes* als geliebte Kinder *und* (im Sinn von »das bedeutet«) *lebt in Liebe.«* Aufforderung, Maßstab und Begründung sind in einem Satz zugleich formuliert: »Wie (weil) Gott euch als Kinder liebt, so (deshalb) wandelt in Liebe« (Band 4 Exegese z.St.) Die Adressaten werden also aufgefordert, sich als »geliebte Kinder«, als zu Gott gehörende, insofern Heilige (Eph 1), also als Christen von der heidnischen Umwelt zu unterscheiden, u.zw. in der Art und Weise, wie sie leben. Das wird positiv nur ganz allgemein mit »in Liebe« bzw. mit »lebt als Kinder des Lichts« (Vers 8 sollte ganz dazugenommen werden)

ausgedrückt und dann noch einmal begründet: »Denn einst wart ihr Finsternis« – nämlich vor der Taufe – »Jetzt aber seid ihr Licht im Herrn.« Genauer wird die Aufforderung, Nachahmer Gottes zu sein, zunächst auf drei Bereiche bezogen: auf den Bereich der Sexualität, den Bereich der Habe, des Besitzes, und den Bereich, wie man übereinander spricht (Vers 3–5). Diese Bereiche erinnern an das 6., 7., 9. und 10. sowie das 8. Gebot (lutherischer Zählung). Angehängt ist eine Warnung vermutlich vor Irrlehre: »Niemand soll euch irreleiten«, »habt nichts mit ihm zu tun«.
Noch einmal zum Anfang: »Nachahmer Gottes« ist genauer übersetzt als »So folgt nun Gottes Beispiel« (Lutherübersetzung) oder »So ahmt nun Gottes Weise nach« (Zürcher Bibel). Was ist damit gemeint? Die Formulierung setzt voraus, daß Gott nachgeahmt werden kann hinsichtlich seiner Liebe, daß seine Liebe inspirierendes Moment für das Handeln der Christen sein kann. »Nachahmer Gottes« heißt hier also, daß der Mensch als Ebenbild Gottes aufgefordert ist, Gott nachzuahmen im Tun, u.zw. so, daß sein Tun an der Liebe Gottes orientiert ist. Anzumerken ist, daß der Tenor der Perikope »kaum anders als ›gesetzlich‹« zu beurteilen ist (M. Doerne, Die alten Episteln z.St.) und die Forderungen derart betont ausgesprochen werden, daß die Beschreibung des Christenmenschen als simul iustus et peccator nicht gilt und es vielmehr »den« Heiligen gibt.
Aus dem Skizzierten lassen sich nun Folgerungen für die Predigt ziehen. Da es im Predigttext darum geht, daß die angesprochenen Christen in der heidnischen, gottlosen Welt Gott in seiner Liebe nachahmen sollen, könnte es Aufgabe einer Predigt sein, darüber nachzudenken, ob und gegebenenfalls in welcher Hinsicht Christen »anders sind« als Nichtchristen. Dabei könnten die Unterschiede und Spannungen zwischen »Anders-sein-können«, »Anders-sein-wollen« und zugleich oft »Gar-nicht-anders-sein-können« thematisiert, die Kennzeichnung des Menschen als simul iustus et peccator dem zugeordnet und diese Problemstellung an einem der Beispielbereiche des Textes überlegt werden. Mit anderem Akzent könnte christliches Verhalten in den ersten drei oder in einem der in der Perikope genannten Bereiche zum Thema gemacht werden. Der Bereich, die Existenzweise des »Habens« und der Wohlstand in einer weithin hungernden Welt ist mehr als akut. Was den Bereich des Sexuellen angeht, so ist dazu oben schon einiges angemerkt. Auch der Beispielbereich des Übereinander-Redens bietet sich an unter dem umfassenden Gedanken des Friedens im Miteinander. Schließlich könnte eine Predigt in Weiterführung der genannten Beispiele das Thema Schalom, Frieden, wählen und die Weisung »lebt in Liebe« daraufhin bedenken. Daß das eigene Friede-halten-können auch immer wieder an eine Grenze kommt, ist ebenso zu sehen wir das Unschuldig-schuldig-werden, das Hineingebunden- und Verstricktsein in vorgegebene und größere Zusammenhänge. Auch hier geht es um einen elementaren Bereich des Handelns im »Gottesdienst im Alltag der Welt« (Käsemann).

Vorschläge zur Liturgie

Zum Eingang
Wer sich an Gott, der im Alten und Neuen Testament erkennbar ist, orientieren will und doch zugleich nach anderen Lebens-Wegweisern schielt, dem ist gesagt: »Wer seine Hand an den Pflug legt und sieht zurück, der ist nicht geschickt für das Reich Gottes.« (Luk 9,62)

Gebet des Tages
Gott, unser Vater –
Durch Jahrtausende hast du zu uns Menschen immer wieder gesprochen
durch Profeten, durch Prediger, durch Jesus Christus.
Heute sind wir hier zusammengekommen, um zu hören, um zu dir zu sprechen.
Laß uns verstehen, was du für uns getan hast.
Laß uns verstehen, was du nun von uns willst.
Das bitten wir durch Jesus Christus.

Schlußgebet
Gott, unser Vater –
du kennst unsere mangelhafte Fähigkeit, so zu leben und zu handeln,
wie es dir und deinem guten Willen entspricht.
Weil du nicht sichtbar bist und wir uns vom Alltag gefangennehmen lassen,
vergessen wir dich.
Wir bitten dich, gib uns deinen Geist, damit wir erkennen,
was wir in deinem Sinn tun können und müssen.
Und gib uns Kraft zu tun, wie du es willst.
Dir danken wir, daß wir deine geliebten Kinder sind.
Laß deine Liebe zu uns stärker sein als unsere Vergessenheit,
unser Eigennutz, unsere mangelnde Friedensfähigkeit,
als alle unsere schwachen Seiten.
Hilf uns zu leben, wie du es willst.

Liedvorschläge
EKG 51; 61; 190; 252; 263; 264

Vorschläge zur Predigt

I. Wir und unser Besitz
»Hast du was, bist du was.« Ein Sprichwort. Stimmt das Sprichwort? »Kleider machen Leute«, sagt ein anderes. Sprichwörter – das sind Beobachtungen und Erfahrungen, auf den Punkt gebracht und formuliert. »So ist das«, sagen Sprichwörter. »Je mehr man hat, je mehr man will.« Oder eben »Hast du was, bist du was«. Ist das einfach gut und richtig, was zu einem Sprichwort geronnen ist? Oder geben nicht vielmehr solche Allerweltssätze Anlaß, kritisch über das nachzudenken, was da kurz und bündig formuliert ist? »Hast du was, bist du was.« Wie soll man denken über das, was wir haben, und über unsere Einstellung dazu? »Hast du was« – ja! Nahrung z.B. und Kleidung, Wohnung mit allem, was dazugehört – solche Dinge sind Voraussetzung, um leben zu können. Etwas zu haben, Besitz und Eigentum – das gehört einfach zu unserem Leben. Aber das, was Menschen mit dem, was sie haben, machen – das kann schon problematisch sein. Und

problematisch kann auch die persönliche Einstellung des einzelnen Menschen zu dem sein, was er hat, zu seinem Besitz. Darum soll es uns heute gehen: um uns und um das, was wir haben.
Im Neuen Testament hat Paulus sich dazu geäußert. Ihm geht es um den Menschen, genauer: um die *Einstellung* des Christen *zu dem, was er hat.* Paulus propagiert eine solche Einstellung, die »haben kann, als hätte sie nicht«, wie er formuliert (1. Kor 7,29ff.). Ist das nicht eine beneidenswerte Einstellung und Unabhängigkeit, zu der er damit einlädt? Offenbar hat er gewußt, daß man auch abhängig sein kann von dem, was man hat. Und wenn man von dem, was man besitzt, abhängig wird, dann verliert man ein Stück innere Freiheit. Dann ist das, was man hat, nicht mehr nützliche und vielleicht notwendige Voraussetzung zum Leben, sondern unser Besitz beginnt, uns zu beherrschen.
Nun lassen sich, was unsere Einstellung zum Besitz angeht, zwei ganz gegensätzliche Lebenseinstellungen beobachten: einmal eine Einstellung, die durch das *Haben* bestimmt wird. Für sie steht das Sprichwort »Hast du was, bist du was«. Demgegenüber gibt es zweitens eine ganz andersartige Lebeneinstellung, in der ich einfach *lebe*, bin, ohne etwas haben zu *müssen*, eine Lebenshaltung großer innerer Freiheit. Dafür steht das, was Paulus ausdrückte: ›haben, als hätte man nicht‹.
Schon vor Paulus hat Jesus es als eine Gefahr angesehen, wenn jemand etwas und immer mehr haben muß: »Seht zu und hütet euch vor Habgier«, sagte er einmal, »denn niemand lebt davon, daß er viele Güter hat« (Luk 12,15). Ist verständlich, was Jesus meint? Ein Philosoph hat vor etwa 15 Jahren ein ganzes Buch über die beiden gegensätzlichen, aber jedesmal das ganze Leben bestimmenden Einstellungen geschrieben. Er gab seinem Buch den Titel *Haben oder Sein* (Erich Fromm). In diesem Buch urteilt er sehr kritisch über die Lebenseinstellung oder -haltung, die durch das Haben und Habenwollen gekennzeichnet ist, wie lange vor uns schon Jesus. Zum Sprichwort unserer Zeit »Je mehr man hat, je mehr man will« hätte Jesus vermutlich sehr kritisch sagen können: »Ja, so etwas gibt's! So ist das! Ist das aber richtiges Leben, wie unser himmlischer Vater es gewollt hat? Lebt und seid ihr nicht etwas, weil euch unser himmlischer Vater als seine Kinder und als sein Volk geschaffen und angenommen hat und euch liebt? Worauf vertraut ihr? Woran hängt euer Herz?«
Im Predigttext, der für diesen Gottesdienst vorgeschlagen ist, wird als eins von mehreren Beispielen die Habgier genannt. Mit dem Thema ›Wir und unsere Einstellung zum Besitz‹ sind wir schon mitten im Gedankengang des Predigttextes. Der Predigttext steht im fünften Kapitel des Epheserbriefes. Da er mit seinem Satzbau und seinen Nebensätzen gar nicht leicht zu verstehen ist, will ich – statt ihn vorzulesen – das Entscheidende zusammenfasen: ›So ahmt nun Gott nach als die geliebten Kinder und lebt in der Liebe. Von Unzucht z.B. oder Habsucht soll bei euch nicht einmal die Rede sein. Auch lose Reden stehen euch nicht an. Lebt als Kinder des Lichts.‹ In dieser

Zusammenfassung läßt sich der Briefabschnitt leichter überblicken. »Ahmt Gott nach« ist das erste, was den Christen in Ephesus hier geschrieben wird. Unglaublich! Ist das überhaupt möglich? fragt man sich. »Lebt in Liebe« fährt der Briefabschnitt mit einer zweiten Aufforderung fort und sagt damit: Darin ist es möglich, Gott nachzuahmen. »Lebt in Liebe« – in dieser etwas ungelenk formulierten Aufforderung schlägt das Herz dieses Abschnitts. Ganz im Schatten der Aufforderungen und Beispiele ist die alles tragende Voraussetzung genannt: »als die geliebten Kinder«. An getaufte, also von Gott als seine Kinder angenommene Christen ist der Epheserbrief geschrieben. »Lebt« – ist die in einem Bildwort formulierte Zusammenfassung des Gedankengangs – nun »lebt als Kinder des Lichts«. Im Mittelteil des Briefabschnitts werden als Beispiele drei Bereiche des Lebens genannt, in denen wie alle Menschen auch Christen besonders leicht versagen und Gottes Gebot der Liebe und Verantwortung vergessen: erstens die Sexualität, zweitens Besitz und Eigentum und drittens: wie Menschen übereinander reden. Mit diesen drei Beispielen wird sozusagen auf ganz glattes Eis auf dem Weg im Alltag der Christenmenschen hingewiesen. Wir haben heute das mittlere Beispiel herausgegriffen und ins Auge gefaßt: unsere Einstellung zum »Haben«, und wie Christen verantwortlich mit Besitz und Eigentum umgehen sollen. – Es ist nun interessant, einen nichtkirchlichen Text zum Vergleich heranzuziehen. Im Bürgerlichen Gesetzbuch (§ 903) ist geregelt: »Der Eigentümer einer Sache kann, soweit nicht das Gesetz oder Rechte Dritter entgegenstehen, mit der Sache« – gemeint ist sein Eigentum – »nach Belieben verfahren und andere von jeder Einwirkung ausschließen.« Unser biblischer Text und mit ihm das Neue Testament fordert mehr: *Mit Liebe und Verantwortung gegenüber den anderen Menschen* mit der Habe, mit dem Eigentum umgehen! Das ist dann möglich, wenn wir »haben, als hätten wir nicht«. Das ist dann möglich, wenn wir nicht abhängig werden von dem, was wir haben; wenn nicht unser Besitz das ist, worauf wir uns entscheidend verlassen und worauf wir letztendlich vertrauen. Martin Luther hat die Gefahr zugespitzt ausgedrückt: »Woran du nun, sage ich, dein Herz hängst und worauf du dich verlässest, das ist eigentlich dein Gott.« (Zum ersten Gebot im Großen Katechismus.)

Zum weiteren Verlauf

– Darstellung der Argumentationslinie des Humanismus, der hinsichtlich des Eigentums eine radikale menschliche Veränderung fordert angesichts der »pathogenen Natur unseres gegenwärtigen Gesellschafts-Charakters«, und zwar als »Voraussetzung für das nackte Überleben der Menschheit«. »Zum erstenmal in der Geschichte hängt das *physische Überleben der Menschheit von einer radikalen seelischen Veränderung des Menschen ab*.« (E. Fromm)

– Bedeutung der biblischen Forderungen hinsichtlich des Umgangs mit Eigentum nicht nur für den individuellen Bereich, sondern ebenso für den staatlichen (alte/neue Bundesländer), zwischenstaatlichen, ja kontinentalen Bereich (reiche Industrienationen im Norden/hungernde Staaten auf der Südhalbkugel).

Möglicher Schluß
Die Sache mit unserem Eigentum und unserer persönlichen Einstellung dazu ist für Christenmenschen, die verantwortlich und an der Bibel orientiert zu leben versuchen, alles andere als ein weltfremdes Thema. Wie immer aber unser Bemühen gelingt oder ob wir hinter der Forderung ›in Liebe zu leben‹ zurückbleiben – in Gottes Augen sind wir »geliebte Kinder«.

Vorschlag II:

Zu den Irritationen, die der Text auslösen kann
An eurem Verhalten, an eurer Art und Weise zu leben soll sich zeigen, wes Geistes Kinder ihr seid! »Tut es Gott nach als seine lieben Kinder« (Wilckens), als seine ge-liebten (sic) Kinder, »und wandelt in Liebe.« So fängt der Predigttext an. Und alles das, was den Christen in Ephesus geschrieben wird, läuft darauf hinaus: ihr sollt euch unterscheiden! In eurem Lebensstil sollt ihr euch von eurer Umwelt unterscheiden! Und das wird im Briefabschnitt fast überdeutlich ausgedrückt: »Von Hurerei, Unreinheit jeglicher Art und Habgier soll unter euch nicht die Rede sein – das ziemt sich für Heilige nicht.« Und dann weiter: »Denn das sollt ihr wissen und euch merken: Ein unzüchtiger und unsauberer oder habsüchtiger Mensch – das ist: ein Götzendiener – hat gewiß kein Erbe im Reiche Gottes und Christi!« Oh! – mag darauf mancher reagieren und diese Sätze mit widerstreitenden Gefühlen und Gedanken bis hin zur Abwehr hören. Andere mögen die überdeutlichen Worte vielleicht begrüßen: Endlich werden die Dinge einmal beim Namen genannt! Manchmal wünscht man ja, daß Fragen der Lebensführung klar und deutlich benannt werden und die Richtung unzweideutig klar wird. Allerdings – ist die Wirklichkeit nicht auch manchmal derart vielfältig und kompliziert, daß einfache, kurze Sätze der Situation nicht gerecht werden? Kann man den vielen zeit-, gesellschafts- und weltpolitisch bedingten Abhängigkeiten hinsichtlich Eigentum und Wirtschaftsverhältnissen mit kurzen, abstrakten Forderungen angemessen begegnen? Ähnliches gilt ebenso für die Sexualität, die schon in unserer Gesellschaft etwa von verschiedenen Generationen ganz unterschiedlich gesehen wird.
[Hier kann christliche Existenz hinsichtlich der Beispielbereiche Haben, Besitz und Eigentum und/oder Sexualität überlegt und ausgeführt werden.]
Soviel wird deutlich: Wenn man die Augen vor sich und dem eigenen Verhalten schließt, ist es ungleich leichter zu sagen, was richtig ist! Die Gegner Jesu haben hören müssen: »Wer von euch ohne Sünde ist, werfe den ersten

Stein ...«. Sie hatten sich selbst nicht im Blick gehabt – und wem es so geht, der hat leicht reden. Liegt es daran, daß man beim Lesen oder Hören des Predigtabschnitts Unbehagen spürt? Es klingt fast etwas nach der leichten Trennung hier der weißen – dort der schwarzen Schafe: »Von Hurerei, Unreinheit jeglicher Art oder Habgier soll unter euch nicht die Rede sein ... das sollt ihr wissen und euch merken: Ein unzüchtiger, unsauberer oder habsüchtiger Mensch ... hat gewiß kein Erbe im Reich Gottes ...«. Wer – so will ich es einmal sagen – kann dann selig werden? Und überhaupt: Kann man so einfach unterscheiden zwischen »Unzüchtigen« und »Züchtigen«, zwischen »Habsüchtigen« und vielleicht »Uneigennützigen«? Wird das dem tatsächlichen Leben gerecht? Sind Christen andere Menschen? Höchstens soviel: Manchmal kann es gelingen, im eigenen Leben und Verhalten ein Stückchen von Gottes Willen und Liebe durchscheinen zu lassen.
[Das »simul iustus et peccator« könnte hier weiter überlegt und ausgesprochen werden.]
Am Ende verhält es sich mit christlichem Glauben und einem ihm entsprechenden Leben so, wie Luther es einmal beschrieben hat: (vgl. Zitat) So ist es – auch im Blick auf das, was das Verhalten von Christenmenschen von dem anderer unterscheidet.
[Das Lutherzitat könnte nun vom Prediger auf das Verhalten von Christen hin gedacht werden.]

Möglicher Schluß
Herr, gib uns Augen / für Dinge, die was taugen / und Augen voller Klarheit / die sehen deine Wahrheit.

Kontexte

»Nichts ist schwerer und nichts erfordert mehr Charakter, als sich in offenem Gegensatz zu seiner Zeit zu befinden und laut zu sagen: Nein.« (K. Tucholsky, zitiert nach J. Feige u.a., Hg., Stuttgart ²1982, 148)

»Ich möchte gern so sein, / wie Gott mich haben will, / weil er mich so behandelt, / als wäre ich schon so.« (H. Frank, zitiert nach: s.o., 134)

»Es ist leichter, daß ein Kamel durch ein Nadelöhr gehe, als daß ein Reicher ins Reich Gottes komme.« Mt 19,24.

»Wer angefangen hat, ein Christ zu sein, der muß eingedenk sein, daß er noch kein Christ ist, sondern er versuche erst, ein Christ zu werden, daß er mit Paulus Phil. 3,12.15 rühmen kann: Ich bin es nicht, sondern ich versuche es zu sein usw. Und die wir schon vollkommen sind, laßt uns bei dieser Regel bleiben. Denn ein Christ ist im Werden, nicht im Gewordensein.« (M. Luther, Von der Winkelmesse und Pfaffenweihe, WA 38, 568)

»Das christliche Leben ist nicht Frommsein, sondern ein Frommwerden, nicht Gesundsein, sondern ein Gesundwerden, nicht Sein, sondern ein Werden, nicht Ruhe, sondern eine Übung. Wir sinds noch nicht, wir werdens aber. Es ist noch nicht getan und geschehen, es ist aber im Gang und Schwang. Es ist nicht das Ende, es ist aber der Weg. Es glühet und glänzet noch nicht alles, es bessert sich aber alles.« (M. Luther, Grund und Ursach aller Artikel D. Martin Luthers etc. WA 7, 336)

»Und er« (sc. der Friede) »ist immer bedroht, immer löcherig, im Kleinen wie im Großen. Keine Zeit – von den alttestamentarischen Propheten bis zu den heiser gewordenen Kassandras unserer Tage –, in der das Sehnsuchtsziel Friede nicht in Gefahr gesehen wurde. ... Der oft verheißene neue Mensch – der friedfertige, der konfliktfreie, der gute Mensch – schritt bisher unter keinem Horizont hervor, und es ist nicht schwer vorauszusagen, daß wir vergeblich auf ihn warten werden. ... immer wird der Friede Aufgabe bleiben, denn wo er auch herrscht: er ist allemal unvollkommen.!« – »Es ist ja nicht nur denkbar, sondern entspricht auch unserer Erfahrung, daß wir den Krieg aus wohlerwogenen Gründen ablehnen und uns dennoch nicht als friedensfähig erweisen, im Gesellschaftlichen, im Privaten, in unserem Verhältnis zu den Problemen unserer Zeit.« (S. Lenz, Am Rande des Friedens, in: Friedenspreis des Deutschen Buchhandels, Frankfurt a.M. 1988, 35f. und 39)

Laetare

Predigttext: 2. Korinther 1,3–7

Volker Lauterjung

Theologisch-homiletische Skizze

Die ausführliche, geradezu grundsätzlich-theologische Erörterung des Leidens in Zuordnung zum Leiden Christi bringt die homiletische Essenz der ganzen Passionszeit auf den Begriff.

So sehr damit eine feste Verankerung im kirchenjahreszeitlichen Kontext (vgl. Evangelium und Wochenspruch) gegeben ist, sollte dieser selbst in seiner Bedeutung für die Predigthörerschaft nicht überschätzt werden. Bekanntlich durchlebt nur noch ein kleiner Teil der Gemeinde diese Wochen bewußt als Passionszeit.

Näher am eigenen Erlebnisbereich der Leute liegt die erst beim zweiten Hinsehen greifbare formale Eigenart des Textes, nämlich die der alltäglichen – hier brieflich verwendeten – Begrüßungsrhetorik, die heute nicht anders als in der Antike bisweilen religiöse Sprachmuster konserviert.

Die von Paulus sehr umfänglich ausgeweitete Form kann Anlaß sein, sich etwa mit unserem Umgang mit religiösen, formelhaft gewordenen Sprachformen auseinanderzusetzen. In welchem thematischen Bezugsrahmen pflegen wir zu sagen »Gott sei Dank«, »gottlob«, »weiß Gott«, »um Gottes Willen«? Welche Lebenswahrnehmungen haben für uns die Bedeutung, daß wir grüßend, briefeschreibend, jedenfalls vorrangig darauf zu sprechen kommen?

Die ungewöhnliche Art, wie Paulus die formelhafte b^{e}rachā, den allgegenwärtigen Segenswunsch, zum Anlaß nimmt, über Leidens- und Trosterfahrung zu sprechen, weist aus der Gedankenlosigkeit des Sprachgebrauchs heraus:

- Das Gotteslob gewinnt Kontur und verdient seinen Namen, wo es vorgestanzte Formen durchbricht oder vermeidet, um von realem Leben zu berichten.
- Gott angesichts erfahrenen Leids und angesichts in Leid erfahrenen Trostes zu loben, bezeugt eine dezidiert andere Lebenswahrnehmung, als sie unter uns geläufig ist.
- Mit Recht beansprucht Aufmerksamkeit, wer in diesem Sinne qualifiziert von Gott redet. Der oder die ist nämlich selber schon tätiges Werkzeug, um andere in die Lebenserfahrung zu verwickeln, in der Gott ihnen begegnet und wahrnehmbar wird.

Die Skala der so zur Sprache zu bringenden Lebenswahrnehmung umfaßt nicht nur »Leiden« und »Trost«. Auch das Durchleben von Schuld, von Mutlosigkeit und Zweifel – hin zu Gewißheit, Hoffnung und fröhlicher Freiheit sind analoge Vorgänge. Auch auf solche Erfahrungen blickend, läßt sich versuchen, am eigenen Leben begründetes Gotteslob zu erproben.

Hervorzuheben bleibt, daß allem Vorurteil zum Trotz auch »Trost« kein individueller und im stillen Kämmerlein sich vollziehender Erbauungsvorgang ist, sondern ein Geschehen zwischen Menschen. Wie im Vaterunser erlangte und selber gewährte Vergebung miteinander verknüpft sind, erweist sich Getröstet-Sein als die Kraft zum Trösten anderer.

Diesen Gedanken versucht die Predigtskizze nachzugehen.

Die durch Vers 5 eingebrachte christologische Zuordnung solcher Erfahrung zum Leiden Christi ist im vorliegenden Entwurf nicht eigens thematisiert. Es wären Fragen zu erörtern, die allenfalls als alleiniges Thema einer Predigt sinnvoll wären: Welches Leiden kann Paulus als über ihn gekommenes »Leiden Christi« qualifizieren? Gewiß nicht jedes Wehwehchen, nicht jedes leichthin so genannte »Kreuz«, das Menschen zu tragen haben, ist schon das Kreuz der Leidensnachfolge.
Wohl aber ist jede Leidenssituation durchaus denkbar als Erfahrung der Schwachheit, in der Gottes tröstende Kraft mächtig werden kann.

Vorschläge zur Liturgie

Abweichend vom liturgischen Kalender bietet sich als *Lesung* Jes 66,10–14 an (Vers 10 ist namengebende Lesung für »Laetare« gewesen), da hier das Motiv der tröstenden Mutter auftaucht.

Sündenbekenntnis
Ach Gott,
wie sind wir reich und satt
und unsere Herzen ausgebrannt;
Wie sind wir leistungsstark und kreativ
und innerlich allein und hilflos;
wie sind wir sicher und versorgt
und voller Angst, das Leben zu bestehen;
wie sind wir überhäuft mit Worten, Bildern, Tönen
und finden nicht das eine gute Wort zur rechten Zeit.
Ach Gott,
wie bringen wir uns selbst um unser Leben.
Gefangen von dem Wahn,
alles machen zu können, alles machen zu müssen,
nur ja nicht angewiesen zu sein auf andere, auf Gott,
fliehen wir die Gemeinschaft,
in der wir Gottes gute Gaben empfangen könnten.
Ach Gott,
bring uns zurück zu dir und zueinander,
führ uns heraus aus der kleinlichen Enge
unseres ichsüchtigen Lebens.
Hab Erbarmen mit uns ...

Gnadenspruch
Ps 34,19.23 oder, in Aufnahme des Eingangspsalms, Ps 84,6a.8

Kollektengebet
Komm zu uns, Wort des Schöpfers,
und mach die Herzen neu.

Komm zu uns, Wort des Retters,
und mach uns frei von dem,
was uns den Weg zu dir versperrt.
Komm zu uns, Wort des Trösters,
und mach uns unverzagt,
daß wir als frohe Christen
zu deinem Lobe leben.
Durch Jesus Christus, das eine Wort Gottes,
auf das wir hören und dem wir glauben,
Amen.

Schlußgebet
Gütiger Gott,
Vater der Barmherzigkeit, Mutter, die uns tröstet,
wir bringen vor dich
das Leiden und Klagen der Welt,
das namenlose, das massenhafte,
das ungehörte Leiden und Klagen der Menschen.
Schaffe Trost, Gott,
rettenden, stärkenden,
mutmachenden Trost.
Wir bringen vor dich ...
(hier kann, z.B. aus aktuellem Anlaß oder in Bezug auf die Kollekte, eine konkrete Fürbitte eingefügt werden)
Wir bringen vor dich
das Leiden und Klagen der Menschen, die wir kennen:
Wir denken an NN (... und NN ...),
die gestorben ist, und an die, die um sie trauern.
Wir denken an die Kranken und Müdegewordenen,
die an unseren Zusammenkünften nicht mehr teilnehmen können.
Wir denken an die Enttäuschten und Verbitterten,
die keine Gemeinschaft mehr suchen.
Wir denken an die, die nicht zur Ruhe kommen,
weil ihr Gewissen sie plagt.
Wir denken an die, die in zerbrochenen Ehen leben,
deren Liebe abgestorben ist.
Schaffe ihnen Trost, guter Gott,
daß sie gerade jetzt deine aufrichtende Kraft erfahren.
Schaffe ihnen Trost,
womöglich durch uns selbst,
die wir gestärkt und getröstet sind,
die wir Vergebung und Liebe erfahren haben.
Gütiger Gott, du Mutter, die uns tröstet, du Vater der Barmherzigkeit,
laß uns in deinem Namen Tröstende sein!

Liedvorschläge
Aus dem EKG-Stammteil: 283, 289, 291 (wegen Str. 7); aus dem rheinisch-westfälischen Teil Nr. 430 (Jesu, Haupt und Herr der Deinen) als Eingangslied; als neue Lieder: aus dem rheinischen Beiheft »singt und dankt« Nr. 719 (Wir haben Gottes Spuren festgestellt), aus der Sammlung zum Kinderkirchentag 1987, »Menschenskinderlieder« Nr. 9 (Du verwandelst meine Trauer in Freude).

Du verwandelst meine Trauer

Text: Gruppe Liturgie · Musik: Bernd Schlaudt
aus: Liturgie im Kindergottesdienst, 1985
Rechte bei den Autoren

Vorschläge zur Predigt

Möglicher Predigtanfang
Was für ein Gruß, liebe Gemeinde, was für ein Briefanfang!
»Gelobt sei Gott.« So reden wir nicht voreinander, schon gar nicht miteinander, so schreiben wir in der Regel unsere Briefe nicht. »Wie geht es dir?«, erkundigen wir uns und tauschen, wenn's hochkommt, ein paar Sätze über unser derzeitiges Befinden aus. Aber Gott loben?
Also, wenn schon, dann im stillen oder – sozusagen anonym – im Gottesdienst. Im alltäglichen small talk, im Austausch mit Freunden, selbst im nachdenklichen Gespräch ist heute wenig Platz für Gotteslob. Oder?

Nun, so ganz verschwunden ist es auch wieder nicht. Ganz verschämt hat es sich versteckt in einigen Floskeln und Redewendungen. Aufmerksam werden wir darauf meist dann, wenn jemand so etwas wörtlich nimmt oder nachfragt, was wir denn meinen. Das geht doch fast unbemerkt über die Lippen, dieses »Gottseidank«, »gottlob«. Meistens geht es um irgendeine Erleichterung, das Gefühl, ein wenig Glück gehabt zu haben, einen drohenden Schaden eben doch nicht erlitten zu haben. »Ich hatte gottseidank meinen Schlüssel in der Tasche, als die Tür zuschlug.«
Gotteslob im Alltag? Das ist es wohl auch nicht, was damit gemeint sein könnte.
Aber was sonst? Gibt es nur das alltäglich verhunzte Gotteslob hier – und das ganz verborgene, intime, allenfalls kirchliche Gotteslob dort, und nichts dazwischen?
Gelobt sei Gott, sagt Paulus und fängt an, wie man damals anzufangen pflegte; aber sein Satz geht weiter, wie es niemand erwartet hätte: Gelobt sei Gott, der uns tröstet in der Angst.
Das ist ihm ein Gottseidank wert! *Darüber* lobt er Gott. *Davon* will er erzählen. Nicht das Noch-Einmal-Gutgegangene, nicht das erspart gebliebene Leid, schon gar nicht das werte Wohlbefinden ist sein Thema: Gott sei Dank, daß ich im Leiden, Gott sei Dank, daß ich in der Traurigkeit, Gott sei Dank, daß ich in der Angst – getröstet worden bin!

Zum weiteren Verlauf
Hier möchte ich für ein paar Sätze verweilen, weiter herausstreichen: Nicht im Gebrauch frommer Floskeln, sondern im Hinsehen auf gelebtes Leben finden wir Gott lobenswert gegenwärtig. Und nicht nur das: Wir finden Gott nicht (nur) da gegenwärtig, wo wir von Unglück verschont worden, dem Unfall entgangen sind, wo wir die gute statt der erwarteten schlechten Nachricht bekommen haben – nein, da, wo wir durchaus unangenehme, belastende, bedrängende Erfahrungen zu machen haben. »Trübsal« heißt es im Text; gemeint ist ein sehr viel mehr umfassender Begriff des Bedrängtseins, der Not, der Lebensminderung.
Im Durchleben der Not begegnen Erfahrungen des Trostes, der Aufrichtung. Betonen möchte ich, daß solche Wege durchs Leiden zum Getröstetsein Wege an der Seite von Mitmenschen sind, daß in, mit und unter ihrem Zuspruch, ihrer Zuwendung sich Gottes Trost ereignet.
Erzählen möchte ich folgende Begebenheit:
Vor Augen steht mir das altgewordene Ehepaar. Gut fünfzig Jahre Ehe haben sie durchlebt. Keine großen Ereignisse, keine tollen Karrieren oder Reichtümer, aber alles in allem: Zufriedenheit. Keine Krankheit, immer Arbeit gehabt, ein Stück Land, ein bißchen Eigentum. Viele wünschten es so für sich. »Gott sei Dank«, möchte man wohl sagen, wenn es so gutgeht. Aber das ist es nicht.

Der Mann, nun an die 80, bekommt Krebs und damit Schmerzen; es geht zu Ende, er wird bettlägerig, nachts kein richtiger Schlaf, tags will die Zeit nicht vergehen. Die Ehefrau hält ihn zu Hause. Wacht am Bett, kühlt die Stirn, gibt tröpfchenweise zu trinken, hält die Hand und erzählt von früher. Die Wochen bringen auch sie ans Ende ihrer Kräfte. Und doch: Keine einzige Stunde dieser Zeit wollen sie missen. Es ist der Gipfel, ja, der Gipfel ihrer ehelichen Liebe. So nahe, so vertraut, so miteinander in eins waren sie nie zuvor wie in diesen Tagen. Im Leiden blühte das ganze Leben noch einmal auf.
Wissen Sie, sagten die beiden zu mir, kurz vor dem Tod, wissen Sie, unser Trauspruch vom »treuen Gott«, der hat sich für uns so oft bewahrheitet.

Ausgehend vom erzählten Beispiel möchte ich auf folgende Gedankengänge zu sprechen kommen:
a) Trost ist weder Vertröstung noch bloßer Ersatz für konkrete Verbesserung der Lage. Trost ist selber reale Hilfe, konkreter, als religionskritische Beargwöhnung des Wortes »Trost« vermuten läßt.
b) Erfahrungen wie die des Getröstetwerdens in der Not sind auch in anderen Lebenszusammenhängen zugänglich. Das Dunkle und Belastende, in dem uns Gott aufrichtend begegnet, hat viele Ausprägungen.
c) Es ist wirklich Gott, dem wir im »nur«-menschlichen Prozeß des »Nur«-Tröstens begegnen. Verwunderung darüber verrät, wie wenig wir mit der mütterlichen Eigenschaft Gottes einerseits und seiner Selbstpreisgabe an uns Menschen andererseits rechnen.

a) Gelobt sei Gott, der uns tröstet.
Haben Sie auch schon einmal Trost erlebt, sind Sie so oder ähnlich getröstet worden? Dann werden auch Sie den Kopf schütteln über die Art und Weise, wie manche Menschen den Trost geringschätzen.
Es ist aber so. Wenn Sie ganz unverhofft auf das Wort »Trost« angesprochen werden, werden Sie vielleicht einen Moment lang genauso denken: Trost – das klingt nach Trauer, nach Tränen, nach Tod. In solcher Lage reden Menschen doch vom »Trost-Spenden«, von »trostreichen Worten«. Und einmal auf diesem Gleis, gehen die Gedanken oft in dieser Richtung weiter: Trost – das ist doch nur das Darüber-Hinweghelfen, daß es in Wirklichkeit keine Hilfe gibt; es soll einem nur leichter gemacht werden, die bittere Pille zu schlucken. Trost ist nur Ver-Tröstung und also letztlich ein sanfter Betrug, Augenwischerei.
Wir wissen: So ist es nicht. Wer einmal getröstet hat, wer einmal getröstet wurde, hat es anders erlebt. Trost ist nicht Ersatz für Hilfe, Trost ist sehr wohl wirkliche Hilfe.
Die Frau war durch die neu erblühte Liebe zu ihrem Mann ganz real und ganz handgreiflich gestärkt worden, hat mit ihm wirklich erfüllte und wirklich reiche Stunden erlebt.

Erinnern Sie sich an den Heidelberger Katechismus? Trost, heißt es da, Trost haben wir »im Leben und im Sterben«. Gewiß, es stimmt natürlich, auch im Sterben, auch in der Trauer, auch angesichts des Unvermeidlichen, auch an diesen Grenzen trägt uns und gibt uns Gewißheit, was uns bisher im Leben getragen und Gewißheit gegeben hat. Aber vor allem »im Leben«: Menschen, die mir die Freundschaft erhalten, wenn ich es ihnen nicht leicht mache. Das tröstet und trägt. Freundinnen und Freunde, die mich ertragen, wenn ich frustriert bin, die meine Blicke lenken auf das, was mir Grund zur Hoffnung gibt. Das tröstet und trägt. Christliche Geschwister, die mit mir beten und arbeiten und die für mich beten, wenn mein Glaube nicht stark genug ist.
Das ist Trost. Und das ist das Gegenteil von billiger Vertröstung.

b) Gelobt sei Gott, der uns tröstet in der Not. Der im Trost die Kraft erweist, die in den Schwachen mächtig ist. So sagt es Paulus ja im selben Brief (12,9), bis hin zu dem Ausruf: Wenn ich schwach bin, dann bin ich stark (12,10). Und schwache Punkte gibt's im Leben zu Hauf. Wir reden wohl nicht gerne darüber. Aber sie sind es nun mal, wo Gott sich für uns erfahrbar machen will.
Beispiele aus der Seelsorge können belegen: wie gerade an Tiefpunkten der Mutlosigkeit, der Schuld, der Ohnmacht – neue Perspektiven, neue Kraft, neue Selbstbejahung, neues Zutrauen entstehen konnten, weil ein Mensch zur rechten Zeit zur Stelle war. Ich denke an Lebenswege von AlkoholikerInnen, die selbst zu Stützen für andere werden konnten. Ich denke an Gemeindeerfahrungen in der damaligen DDR, wie Christen in äußerer Einengung bewegendere Erfahrungen der Freiheit und Gelöstheit der Kinder Gottes machen konnten als etwa wir in unseren Verhältnissen.
Im Dunkeln, in dem, was wir lieber im Verborgenen halten, darin kommt uns Gottes Kraft nahe. Sie kommt uns nahe durch menschliche Worte, Taten, Zeichen, durch Solidarität und Freundschaft. Gottseidank so nahe.
Wer diesen Aspekt vertiefen möchte, findet im 2. Kor weitere Anregungen: Paulus, von außen angefeindet, von innen verunsichert, vor Angst keine Ruhe findend, wird »getröstet« durch die Ankunft des Titus: durch dessen Mitstreiterschaft, sein Mit-Ertragen der selben prekären Lage, und nicht zuletzt durch dessen Bericht von der Solidarität mit Paulus in Korinth als Hinweis darauf, daß seine Mühen dort nicht umsonst waren (7,5–7). Die in der Kirchentagslosung »In Ängsten – und siehe, wir leben« zusammengefaßte Glaubenserfahrung, in Streit, Mißerfolg und Unterlegenheit, in Verachtung und Bedrohung eben nicht untergegangen zu sein, sondern die mitgehende und rettende, Beistand und Durchhaltekraft verleihende Nähe Gottes erlebt zu haben (4,7–10) – das alles ist »Trost«.

c) Und das soll nun Gottes Wirken sein? Ist das nicht etwas klein gedacht von unserem Gott, dem doch eher Wunder zugetraut werden? So könnte

eingewendet werden. Ist Gott nicht der Weltenherr, der Schöpfer des Kosmos, der aus dem Nichts die ganze Welt ins Dasein gerufen hat? Gelobt sei Gott, der uns tröstet in der Not.
Ja, dieser große allmächtige Gott, der Schöpfer des Himmels und der Erde, ist sich nicht zu schade, als Tröster in unserer kleinen, unbedeutenden Not dazusein. Dieser Gott ist es und kein anderer, dem wir im kleinen Wunder des Getröstetwerdens begegnen. Von Gott denkt zu klein, wer ihm dies nicht zutraut.
Was wir zu Weihnachten hören und besingen, daß Gott in die Winzigkeit eines Menschenlebens eingeht, das, nicht weniger als das wird bewahrheitet, wenn ein Mensch in seiner Not Gott, dem Tröster, begegnet.

Möglicher Schluß
Gewiß, daß Gott auch tröstet, ist nicht seine bekannteste Eigenschaft. Auch deshalb mag es dem einen oder der anderen fremd sein, so von Gott zu hören. Gott tröstet. Der allmächtige Vater – der erschafft, der macht, der kann alles, der erniedrigt und erhebt, der stürzt ein und richtet auf. Solche Tätigkeiten bringen Menschen meist mit »Gott« in Verbindung. Zu Recht. Auch die Bibel berichtet so von Gott.
Aber eben: nicht nur. Der allmächtige Vater ist auch die tröstende Mutter (Jes 66,13; Ps 131,2). Auch das ist der Gott, den die Bibel lobt.
Zärtlich und einfühlsam wie eine Mutter, bei der das Kind ruhig und still werden kann. Trösten kann Gott genauso wie Wunder tun. Fragen Sie Menschen, die aus tiefer Verzweiflung bei Gott ihren Halt gefunden haben, fragen Sie sie, ob das nur ein kleines Wunder ist!
Es ist viel eher unser Blick, der nur das Machen und das Gewaltige sieht und der womöglich gar nicht sehen will, wie Gott, die zärtlich tröstende Mutter, unter uns die wirklichen Wunder vollbringt.

Wer nicht an dieser Stelle schon die Predigt beenden möchte, kann noch folgende Passage anfügen, die zum Motiv des Anfangs zurückführt:
Das allein, liebe Gemeinde, ist schon Evangelium, gute, aufrichtende, erfreuliche Botschaft: Gottes ganze Kraft ist in den Schwachen mächtig. Wenn uns das Wasser bis zum Hals steht, dann läßt Gott die Zeit der guten Erfahrungen des Glaubens anbrechen.
Und nicht nur das. Von solchen Zeiten und solchen Erfahrungen werden wir nicht mehr verschämt schweigen müssen. Dankbar und selbstbewußt werden wir reden können von dieser Zeit. Gelobt sei Gott, der uns tröstet in der Not.
Nicht gerade so werden wir davon reden, daß wir es, ob es paßt oder nicht, überall zum besten geben wie andere ihr »Gottseidank«. Nein, so nicht. Unser »Gelobt sei Gott« hat einen würdigeren Platz verdient.
Da nämlich, wo mir ein Mensch begegnet, der ein gutes Wort gebrauchen kann. Da kann mein erzähltes Gotteslob das gute Wort schon sein. Da

kann mein wiedergewonnener Glaube die Kraft schon sein, die gerade jetzt dieser Mann, diese Frau braucht. Da kann meine ausgestreckte Hand, meine Geduld, mein Verzicht aufs gute Recht, da kann meine Versöhnung das lösende Wort für den Belasteten sein.
Da geht eins ins andere über. Vergebung erlangen und selber vergeben. Getröstet werden und selber trösten. Gottes Kraft in Schwachheit erfahren und selber Werkzeug sein für Gottes Kraft. Gelobt sei Gott, der uns teilnehmen läßt und mitwirken läßt an seinem guten Wirken in der Welt.

Kontexte

Zum Stichwort »Vertröstung« das klassische Zitat:
»Die Ohnmacht der ausgebeuteten Klassen im Kampf gegen die Ausbeuter erzeugt ... unvermeidlich den Glauben an ein besseres Leben im Jenseits ...
Denjenigen, der sein Leben lang arbeitet und Not leidet, lehrt die Religion Demut und Langmut hinieden und vertröstet ihn mit der Hoffnung auf himmlischen Lohn ...
Die Religion ist das Opium des Volks.«
(W.I. Lenin, Sozialismus und Religion [1905], zitiert nach W.I. Lenin, Über die Religion, Berlin 10. Aufl. 1972, S. 6f.)

Von Dietrich Bonhoeffer, dem beeindruckendsten Zeugen für »Trost in Trübsal« seien drei Ausschnitte aus »Widerstand und Ergebung« in Erinnerung gebracht, zitiert nach Taschenbuchausgabe Siebenstern, 7. Auflage 1971:
»Es gibt aber kaum ein beglückenderes Gefühl, als zu spüren, daß man für andere Menschen etwas sein kann. Dabei kommt es gar nicht auf die Zahl, sondern auf die Intensität an. Schließlich sind eben die menschlichen Beziehungen doch einfach das Wichtigste im Leben ... Gott läßt sich von uns im Menschlichen dienen.
...
Nicht alle unsere Wünsche, aber alle seine Verheißungen erfüllt Gott, d.h. er bleibt der Herr der Erde, er erhält seine Kirche, er schenkt uns immer neuen Glauben, legt uns nicht mehr auf, als wir tragen können, macht uns seiner Nähe und Hilfe froh, erhört unsere Gebete und führt uns auf dem besten und geradesten Weg zu sich. Indem Gott dies gewiß tut, schafft er sich durch uns Lob.«
(14.8.1944; WE, S. 194f.)
»Ich glaube, daß Gott aus allem, auch aus dem Bösesten, Gutes entstehen lassen kann und will. Dafür braucht er Menschen, die sich alle Dinge zum Besten dienen lassen. Ich glaube, daß Gott uns in jeder Notlage soviel Widerstandskraft geben will, wie wir brauchen. Aber er gibt sie uns nicht im voraus, damit wir uns nicht auf uns selbst, sondern allein auf ihn verlassen. In solchem Glauben müßte alle Angst vor der Zukunft überwunden sein.«
(S. 18f.)

Aus einem Schulbuch stammt der Text von Christiane Reents, der in elementaren Formen von Gott im Sinne des Predigttextes handelt:
»Manchmal geschieht es,
daß Menschen gut zu anderen sind
und für sie sorgen.
Da zeigt sich etwas von Gott.

Manchmal geschieht es,
daß Menschen einen Streit beenden

und sich wieder liebhaben.
Da zeigt sich etwas von Gott.

Manchmal geschieht es,
daß Menschen sich einsetzen für Schwächere,
denen Unrecht geschieht.
Da zeigt sich etwas von Gott.«
(Christine Reents, nach Gott fragen/von Gott sprechen, Hannover 1982, S. 49, Schrödel Verlag)

»Sag, warum glaubst du
noch immer
schon wieder
immer wieder neu?
Vielleicht weil einer an mich glaubt
darum glaub' ich

Sag, warum hoffst du
noch immer
schon wieder
immer wieder neu?
Vielleicht daß einer mir vertraut
darauf hoff' ich

Sag, wofür lebst du
noch immer
schon wieder
immer wieder neu?
Vielleicht daß einer durch mich lebt
dafür leb' ich«
(Lothar Zenetti, Texte der Zuversicht. Für den einzelnen und die Gemeinde, Verlag J. Pfeiffer, München, 6. Aufl., 1987, S. 218)

»Selig sind, die da Leid tragen, denn sie sollen getröstet werden.«
(Matth 5,4)

Judika

Predigttext: Hebräer 5,7–9

Erhard Domay

Theologisch-homiletische Skizze

Die Abgrenzung der Perikope sorgt dafür, daß neutestamentlich gängige christologische Aussagen (Erniedrigung, Leiden, Erhöhung des Gottessohnes) einmal mehr wiederholt werden und daß die ungewöhnliche Christologie vom »Hohenpriester nach der Weise Melchisedeks« ausgeblendet bleibt – und mithin auch die äußerst unorthodoxe Quelle in Genesis 14,17–20. Mich ärgert die Tilgung dieses individuellen Akzentes, der eine Predigt über diesen Text vielleicht gerade interessant machen und sie vor der ewigen Wiederholung des ewig Gleichen bewahren könnte. Also: Ich entscheide mich dafür, der Predigt die Verse 1–10 zugrunde zu legen, sie aber nicht am Anfang der Predigt, sondern erst in deren Verlauf vorzulesen, um die Gemeinde auf die ungewohnte Sicht Christi als des »Hohepriesters« vorzubereiten.
Allenfalls wird versierten Bibelleserinnen und -lesern bei dem Stichwort »Hoherpriester« das »hohepriesterliche Gebet« Jesu einfallen, wie die Lutherübersetzung das 17. Kapitel des Johannesevangeliums überschreibt. Dort tritt Jesus fürbittend bei seinem Vater für jene Menschen ein, die der Vater ihm gegeben hat (Joh 17,9). Im übrigen gehören Hohepriester und andere Kleriker nicht gerade zum Freundeskreis Jesu. Die positive Bewertung des »Hohepriesters«, die die Perikope vorträgt, mag auf manche Hörerinnen und Hörer befremdlich wirken. Ist denn diese Figur aus dem jüdischen Kultus durch Christus nicht endgültig abgelöst? Ist denn Christus nicht unendlich erhaben über diese historisch überholte Erscheinungsform einer alten Opferreligion? Die Zürcher Übersetzung betont diesen Gedanken in der Überschrift vor Hebräer 4,14: »Erhabenheit Christi über die alttestamentlichen Hohenpriester und seines Opfers über die alttestamentlichen Opfer.« Das ist wohl in Ordnung so, aber mir ist ziemlich unbehaglich bei dem Gedanken, daß diese Überschrift auch sehr vereinnahmend wirkt. Als gäbe es nicht jene verblüffende Geschichte von dem Heiden Melchisedek, dem das Vorbild des Glaubens, Abraham, huldigt – und der damit total aus dem in dieser Beziehung sehr engen Rahmen der Glaubensgeschichte seines Volkes fällt! Gerhard von Rad: »Eine so positive, tolerante Einschätzung eines außerisraelitischen, kanaanäischen Kultus ist im AT sonst ohne Beispiel. Vor allem ist die Huldigung Abrahams vor einem heidnischen Kultusdiener vom Standpunkt des alttestamentlichen Jahweglaubens aus ganz ungewöhnlich.« (Das AT deutsch, Das erste Buch Mose, 1961, zu Kap. 14,17–20). Diesen provozierenden Kontext möchte ich in die Predigt einbeziehen. Nicht um dem derzeit modischen Historismus zu frönen, sondern um aktuelle Bedeutungen des priesterlichen Handelns Christi und der Christen zu erarbeiten.

Zur Liturgie

Eingangswort
Christus, der Hohepriester, ist gekommen, und er ist allen, die ihm gehorsam sind, zum Urheber ewigen Heils geworden.

Eingangsgebet

Herr, ich bin zu dir gekommen. Komme du nun auch zu mir.
Wo du Wohnung hast genommen, da ist lauter Himmel hier. –
Ich bin zu dir gekommen, und ich möchte alle Rastlosigkeit und Unruhe hinter mir lassen.
Ich bin zu dir gekommen, und ich möchte mich aller meiner kleinen und großen Schwächen nicht mehr schämen müssen.
Ich bin zu dir gekommen, und ich möchte meine Sehnsucht nach allem stärken, was mich tröstet und frohgemut macht.
Zu dir bin ich gekommen, und ich bitte dich um dein priesterliches Wort, damit ich entlastet bin und befreit von allem, was mich bedrängt. Sprich zu mir dein Wort und gib mir teil an deinem ewigen Heil. Amen.

Bußgebet

Herr Gott, wie oft bin ich nahe daran zu glauben, daß es sinnlos ist, nicht mit den Wölfen zu heulen. Wie oft sage ich mir: Höre endlich auf, gegen den Strom zu schwimmen, du vergeudest deine Kraft! Wie oft muß ich daran zweifeln, daß der Glaube, die Hoffnung und die Liebe wirklich die Kräfte sind, die die Welt bewegen. Wie oft kann ich nicht festhalten am Bekenntnis zu deiner Weisheit und deiner Güte – die alltägliche Gewalt, der alltägliche Haß und die alltägliche Uneinsichtigkeit treiben mich weit von dir fort.
Herr Gott, habe Mitgefühl mit meiner Schwachheit, meiner Ungeduld und meiner Unwissenheit. Erbarme dich meiner!

Gnadenzusage

Wir stehen vor dem Thron der Gnade,
wo wir Barmherzigkeit erlangen
und Gnade finden zur rechten Zeit.
(Nach Hebr 4,16)

Psalmlesung

Psalm 43

Evangelienlesung

Matthäus 20,17–28
(Diese Geschichte bringt die Stadt Jerusalem ins Spiel – die sozusagen den spirituellen Raum der Predigt abgibt –, und sie beleuchtet auf ihre eigene Weise, was das Priestertum Christi im Blick auf Dienen und Herrschen bedeutet.)

Glaubensbekenntnis

Ich glaube an einen Gott,
der Anfang und Ziel aller Dinge ist – jenseits der Zeit.

Ich glaube an einen Gott, der seine Schöpfung erhält und liebt – in der Zeit. Ich glaube an einen Gott, der das Wohl und Glück aller Menschen will – überall.
Ich glaube an einen Gott, der Mensch geworden ist, um uns gleich zu sein – bis zum Tode.
Ich glaube an einen Gott, der mich kennt und wie sein Kind liebt – ein Leben lang.
Ich glaube an einen Gott, der uns erlöst hat und nahe ist – in jedem Augenblick.
Ich glaube an einen Gott, der unser ewiges Glück will – über den Tod hinaus.
(Paul Roth. In: K. Schlemmer: Bereitung des Sonntags. Lesejahr C. Würzburg 1976, S. 48)

Schlußgebet
Herr, guter Gott, wir bitten für deine Erde und alle Menschen, die auf ihr leben. Daß die Verantwortung wächst für alles Lebendige. Daß der Mut zunimmt, die Probleme zu sehen, und daß die Fähigkeiten sich bilden, sie zu lösen. Wir bitten für deine Erde und uns alle um deine erneuernde Kraft, um deine unerschöpfliche Liebe und deinen unermüdlichen Geist.
Vater unser ...

Liedvorschläge
EKG 332; 257; 188

Predigtvorschlag

Liebe Gemeinde, an diesem Sonntag stehen wir sozusagen in Rufweite vor den Toren Jerusalems. Die Passionszeit wächst ihrem Höhepunkt entgegen. Aber noch ist es nicht so weit. Noch hat Christus die Schwelle der Stadt nicht erreicht. Noch ist alles, was sich ereignen wird, Zukunft – eine Zukunft, der alle Menschen, die Christus auf seinem Weg begleitet haben, mit großem Bangen entgegensehen. Unheil liegt in der Luft über Jerusalem. Etwas braut sich zusammen über der Stadt, und die Seelen der Menschen werden aufgewühlt von Befürchtungen und Hoffnungen. Irgendwo in der Nähe dieser Stadt wartet ein junger Esel darauf, daß ein Mann ihn als Reittier auserwählt. Irgendwo warten Palmzweige darauf, daß Menschen sie abreißen, um einen seltsamen Reiter zu begrüßen. Am Rande der Stadt, am Rande des Geschehens bereitet sich etwas vor, das in das Zentrum der Macht vordringen wird.
Es wird noch eine Weile dauern bis dahin. Wir haben noch Zeit für einen langen Blick zurück – in eine Geschichte, die über dreitausend Jahre von uns entfernt ist. Wir können lediglich ihre Konturen erkennen (und sie gibt

den Forschern manches Rätsel auf) – aber ein einzelner Ton klingt in ihr an, der eines Tages aufklingen wird in jenem »Gepriesen sei, der da kommt, der König, im Namen des Herrn! Im Himmel Friede und Ehre in den Höhen!«
Räumlich bleiben wir da, wo wir uns jetzt befinden: auf den Höhen des westjordanischen Gebirgslandes. Vor uns liegt eine Stadt. Ihr Name ist Urusalim, so jedenfalls ist er in einer Urkunde aus dem Jahre 1400 v.Chr. bezeugt. »Salim« – dieser Wortteil bedeutet Friede. Und dieselbe Bedeutung hat auch der Name »Salem«, wie diese Stadt eine Zeitlang später vermutlich hieß. Wir stehen vor Salem und erleben eine denkwürdige Begebenheit:
Gerade ist eine kriegerische Auseinandersetzung zu Ende gegangen. Ein Bündnis von Königen aus dem Osten hatte kanaanäische Städte überfallen. Eine davon war Sodom gewesen, und unter den Menschen, die von den Siegern verschleppt worden waren, war auch Lot gewesen. Lot, der Neffe Abrahams. Als Abraham davon gehört hatte, war er den Truppen mit 318 Männern nachgezogen, und es war ihm gelungen, Lot und seine Familie aus den Händen der Feinde zu befreien. Auf dem Rückweg, im Königstal, in der Nähe von Salem, geschieht das Ungewöhnliche: Der König von Salem kommt Abraham entgegen und bringt ihm Brot und Wein. Wir erfahren seinen Namen, Melchisedek. Und wir erfahren, daß er ein Priester des Höchsten Gottes ist. Dieser Priesterkönig segnet Abraham mit den Worten: »Gesegnet sei Abraham dem Höchsten Gott, der Himmel und Erde geschaffen hat. Gesegnet sei der Höchste Gott, der deine Feinde in deine Hand gegeben hat.«
Abraham, der Träger des Segens Gottes, der allen Völkern ein Segen sein sollte, wird gesegnet von einem heidnischen Priester! Ja, dieser Priester nimmt Abraham in eine religiöse Zeichenhandlung hinein, indem er ihm Brot und Wein bietet – eine Handlung der Kommunion im ursprünglichen Sinn des Wortes: Verständigung und Gemeinschaft. Dort vor Salem, in der grauen Vorzeit der Historie, findet eine Begegnung statt, die fast sakramentale Züge trägt (sakrale hat sie ohnehin)!
Und Abraham weist diese Zumutung zurück? Das wäre seine Pflicht und Schuldigkeit gewesen. Heidenkönig ist Heidenkönig, und Gottesvolk ist Gottesvolk. Da gab's kein Herüber und Hinüber! Aber Abraham läßt sich diese seltsame Kommunion nicht nur gefallen, er erkennt den Priesterkönig Melchisedek auch noch dadurch an, daß er ihm den Zehnten zahlt.
Abraham, das Vorbild des jüdischen Glaubens, der Hebräer, wie er im Heiligen Buche steht, huldigt dem König Melchisedek als dem König der Gerechtigkeit! König der Gerechtigkeit – das bedeutet nämlich der Königsname. Begeht Abraham damit einen Verrat an seinem Gott Jahwe? Die Bibel sagt kein Wort davon. Der Heide, der Priester zumal, begegnet Abraham als Freund. In dieser einmaligen Begegnung bricht ein ganzes System von Vorurteilen und Feindbildern zusammen. Ein Stückchen Friede

strahlt auf – zu einer aggressiven Zeit, in einem heiß umkämpften Gebiet: in Rufweite vor den Toren Jerusalems. Dort nimmt Abraham die Freundschaft eines Heiden an. Dort ordnet er sich einem Menschen unter, der mit dem Gottesvolk nichts gemein hat. Ein Zeichen der Weitherzigkeit und der Hoffnung in einer engstirnigen, kampfeswütigen Zeit.
Und nun, liebe Gemeinde, wenden wir unsere Blicke nach vorn in jene Zeit, in der Jerusalem Jerusalem und nicht mehr Urusalim oder Salim heißt. Wir hören zehn Verse aus einem Brief, der im ersten Jahrhundert an jüdische Christen geschrieben wurde.
Hebräer 5,1–10 lesen.
Da ist er wieder, Melchisedek, der Priesterkönig aus der Abrahamgeschichte. Und diesesmal wird er nicht nur erwähnt, weil er einem der Väter des Glaubens begegnet. Sondern er wird erstaunlicherweise als Beispiel dafür genommen, wie Christus zu verstehen ist. Melchisedek, der wahrhaftig nicht mehr ist als eine Randfigur im Alten Testament, von dem auch nur in jener Geschichte die Rede ist (und in einem Psalm, der sich auf sie bezieht) – Melchisedek, dieser Held in einer Geschichte, die nichts weiter ist als eine Nebensache, eine Randnotiz – Melchisedek bildet die Art ab, wie Christus in Ewigkeit Priester ist! Das ist nun mal eine ungewöhnliche Botschaft, egal, wie man die Sache betrachtet.

Zum weiteren Verlauf

1. Melchisedek ist als König auch Priester. Wie übt er sein König- und Priestertum aus, daß es als Vor-Bild für Christus dienen könnte? Wichtige Punkte:
– Er weiß sich dem »Höchsten Gott« verpflichtet, den er in dem Gott Abrahams wiederfindet. Er erkennt diesen Höchsten über sich an, versteht sich also selbst nicht als höchsten Gott. Insofern ist er, der Herrscher, einem größeren Herrscher, dem Weltenherrscher, gegenüber gehorsam. Derart kann er die Weltordnung repräsentieren.
– Sein Glaube hat universale Züge, ist nicht durch Stammes- oder Volksgrenzen eingeengt.
– Sein Glaube kennt elementare Ausdrucksformen, er ist eng mit der Natur und ihren Lebensgesetzen verbunden: Er bietet Brot und Wein – Ursymbole für das, was lebensnotwendig ist. Insofern trägt er auch weibliche Züge (und ähnelt darin der Göttin Demeter, die gelegentlich so dargestellt wird, daß sie in einer Hand eine Traube und in der anderen Hand eine Ähre trägt).
– Er ist Stadtkönig in der »Stadt des Friedens« und stellt einen sehr frühen Hinweis auf das Friedensreich dar, das sich in der Gestalt des »himmlischen Jerusalem« vollenden wird. Er ist ein Friede-Fürst.
2. Melchisedek ist ein sehr früher Hinweis auf Jerusalem als die Stadt Davids. An diese Stadt ist die Verheißung, die Israel geschenkt wurde, in besonderer Weise gebunden. Psalm 110 – als Psalm Davids – drückt diesen

Gedanken deutlich aus, und die Perikope bezieht sich ebenso deutlich auf ihn.
Wichtiger Punkt:
– Melchisedek ist wie David ein menschlicher König. David verhält sich darin menschlich, daß er auch einmal schwerwiegende Fehler macht, Melchisedek darin, daß er in Abraham den Helfer und nicht den Feind sieht.
3. Diese Punkte zeigen schon viel von Christus. Christus aber bedeutet mehr, als sie anzeigen.
Wichtige Punkte:
– Das Königtum Christi beruht nicht auf politischer und wirtschaftlicher Macht, sondern auf dem Verzicht auf diese Formen der Macht (Bild dafür: der Palmsonntagskönig).
– Das Priestertum Christi beruht nicht auf kultischer und institutioneller Macht, sondern auf dem Verzicht auf diese Formen religiöser Machtausübung. Das Priestertum Christi begründet keine Priesterkirche mit Machtstrukturen, sondern eine Kirche des Geistes, die den Gehorsam an dem lernt, was sie leidet (Vers 8).
Christus ist darin Priester, daß er mit unseren Schwachheiten Mitgefühl hat (4,15). Als Priester ist er solidarisch mit denen, die der Macht am fernsten sind. Anders gesagt: Seine Machtausübung fordert keine Opfer – er opfert sich selbst.
– Christus ist »für Menschen eingesetzt«! (Vers 1) Für wen denn sonst? Und »zum Dienst vor Gott«. Wozu denn sonst? Er repräsentiert das Äußerste, das Gott für die Menschen tun kann – nämlich sich für sie hingeben in Liebe.
– Christus verbindet uns mit dem ewigen Heil (Vers 9) – nicht mit einer religiösen Ware, die sich vermarkten, verkaufen und konsumieren läßt. Weder sein König- noch sein Priestertum ist wohlfeil und billig zu haben. Auch wenn es so aussieht, als sei er eine Randnotiz des lieben Gottes, eine im Großen und Ganzen vernachlässigbare winzige Größe: ohne diese Randnotiz in Jerusalem damals wäre unsere Erde ein Planet geblieben wie alle anderen, ein Körper im Universum, der sich eine Weile dreht, um irgendwann in einer Katastrophe unterzugehen. Mit dieser Randnotiz Gottes versehen wird die Erde zur Heimat dessen, der der Urheber des ewigen Heils geworden ist (Vers 9). Es ist nicht mehr die gute alte Erde, sondern der Raum, in dem sich die neue Erde entfalten wird. Die Randnotiz weist also auf die Hauptsache hin: auf die Herrschaft des Friedens in Gerechtigkeit.
4. Dieses Priestertum Christi kann und soll das Priestertum aller Menschen werden, die an Christus glauben – mit der wichtigen Einschränkung, daß Christus der Hohepriester ist, »der durch den Himmel hindurchgegangen ist« (4,14). Und das gilt weder für Melchisedek noch für David noch für uns. In diesem Sinne ist und bleibt Christus der Hohepriester, der Priester in der Höhe – auch wenn er sich tief mit unserer Erde verbunden hat.

Predigtschluß
Wir stehen in Rufweite vor den Toren Jerusalems und erleben eine Priestergeschichte, die wahrhaftig ihre Höhen und ihre Tiefen hat. Eine Geschichte, die alles andere als alltäglich ist. Wir stehen am Rand des großen Weltgeschehens und beobachten, wie ein neues Denken und ein neues Leben sich ankündigen – zunächst in einem einzelnen Ton, dann in einer Fülle von Stimmen, die rufen: »Hosianna dem Sohne Davids!« Und immer wieder Zeichen, priesterliche Zeichen. Aber noch ist Christus nicht in Jerusalem eingezogen. Noch sind das neue Denken und das neue Leben nicht am Ziel.
Jerusalem, Urusalim, Salem – der Schalom steht noch aus.
Aber es gibt eine Randnotiz, daß er sich unsere Erde zur Heimat gewählt hat. Amen.

Kontexte
die ich schließlich nicht verwendet habe (damit es keine Rede eines Pfarrers über Priester wird).

Der Kleriker »muß an den Inhalt seiner Weisungen als an etwas Göttliches glauben, ja, er muß sogar sein Klerikersein als vor Gott unabänderlich verstehen – er ist *sacerdos in aeternum*, Priester auf Ewigkeit; er ist, im Bilde gesprochen, selber ein Teil des zentralen Nervensystems, das den »Organismus« Kirche durchzieht; denn das Gegenüber seiner Identifikation ist nicht eine menschliche, sondern eine göttliche Person. Das heißt: in der gleichen Weise, wie das Selbstverständnis der göttlichen Erwählung zum Kleriker die eigene Person in die Sphäre des Göttlichen erhebt, ist auch die Kirche selbst für den Kleriker kein einfacher menschlicher Zweckverband mehr, sondern ein Gebilde göttlicher Vorsehung; hier ist Menschengehorsam zu betrachten als Gehorsam gegenüber Gott. Ein Kleriker, wenn er von Amts wegen »Kriege« führt, führt deshalb stets »heilige Kriege«. Mit anderen Worten: er darf sich als Amtsperson niemals eingestehen, einem Irrtum aufgesessen zu sein oder einen Irrtum begangen zu haben. Es ist die Grundlage seines Seins, im Recht zu sein und auf der rechten Seite zu stehen. – Zu dem Problem der kirchlichen Gehorsamsforderung werden wir noch ausführlich Stellung nehmen; hier geht es uns nur um die Feststellung, daß das beamtete Überichdenken der Kleriker wesentlich die Form eines bedingungslosen *Rechtfertigungsdenkens* annimmt, d.h. mit einem unvermeidlichen *Zwang zu Ideologiebildungen* aller Art verbunden ist und daß ein erheblicher Teil klerikaler Intelligenz eben deswegen zum Zwecke kirchlicher Apologetik verwendet werden muß.« (S. 114)

»Jesus ist nie als ›Priester‹ aufgetreten, und er hat nie daran gedacht, im Bruch mit dem Volk des Bundes eine eigene Kirche mit einem eigenen Stand von Priestern zu gründen, die in Umwandlung des jüdischen Passahs auf unblutige Weise die Feier seines Todes begehen sollten, um dadurch in einer göttlichen Mahlfeier sein Fleisch und Blut zu essen und zu trinken. Wohl aber läßt sich *ethnologisch* und *religionspsychologisch* auf den archetypischen Charakter solcher Vorstellungen hinweisen. Nicht historisch, wohl aber tiefenpsychologisch läßt sich die Gestalt und Funktion des Priesters in der katholischen Kirche begründen: Eine Religion, die der Erlösung des Menschen dienen will, bedarf derartiger Bilder und Sakramente, da sie in der Psyche des Menschen tief verankert sind.« (S. 733)
(Aus: Eugen Drewermann, Kleriker. Psychogramm eines Ideals, © Walter Verlag, Olten 1989)

Palmarum

Predigttext: Philipper 2,5–11

Monika Halpaap

Theologisch-homiletische Skizze

1. Kirchen in der Ökumene begehen den Palmsonntag vielfach mit »Aktionen« und treten so mit deutlichen Zeichen in die Karwoche ein (Palmsonntagsprozession, Kirchenschmuck). In unseren Gemeinden fragen Menschen gelegentlich nach solchen Bräuchen. Ältere Gemeindeglieder monieren, daß heute nicht mehr – wie früher – zu Palmarum konfirmiert wird (Konfirmation = Spezifikum von Palmarum). Also: Was *tut* sich in einer evangelischen Großstadtgemeinde am Palmsonntag?
Zum Beispiel: Vorgezogene Osterfeiern mit »Bescherung«, denn Ostern ist man unterwegs. Und es tut sich dies: Eine riesige »Fan-Gemeinde« begeht den letzten Fastensonntag im Rahmen von »Sieben-Wochen-Ohne«. Für diese Menschen beginnt der letzte Abschnitt eines ganz individuell zugemessenen Fastens (z.B. Verzicht auf Fernsehen, Süßigkeiten, Alkohol, Zigaretten, Rechthaberei usw.).
Für die Predigt halte ich fest: In meinem Umfeld ist an diesem Sonntag nicht die »Aktion« an der Tagesordnung (s.o.), sondern die Thematik in Richtung (Leidens-) Nachfolge durch Loslassen, Sein statt Haben, Machtverzicht.

2. Vers 5 in Richtung einer Gesinnungsethik auszulegen, wie die Lutherübersetzung sie nahelegt (»... sei gesinnt ...«), würde sicher zu kurz zielen. Schon Karl Barth wendet sich dagegen, Erniedrigung und Gehorsam Christi auf ein »sittliches Beispiel« zu reduzieren (»Erklärung des Philipperbriefes«, 1928); noch schärfer später Käsemann.
In der Predigt wird es darauf ankommen, den »grundsätzlichen Charakter des Machtverzichts Christi herauszuarbeiten«, diesen für christliche bzw. kirchliche Existenz »durchaus ›exemplarischen‹ Vorgang« (A. Lindemann im Exegesenband z.St.).

3. Christus verzichtet auf seine »Privilegien« und begibt sich in ein Sklavendasein, wobei »Menschsein und Knechtsein ... identisch« sind (Bornkamm, Ges. Aufs. II, 1959, S. 181). Ähnlich Sölle: »Der Sklave und seine Lebensbedingungen stehen hier für den Menschen überhaupt« (»Atheistisch an Gott glauben«, 1968, S. 19). Allerdings ist zu fragen, ob die »versklavenden Mächte« auch 1992 noch »nur gesellschaftlich verstanden werden« können (Sölle, a.a.O., S. 20).

Vorschläge zur Liturgie

Psalm
Psalm 69,31–37 (33 b!)

Alttestamentliche Lesung
Jes 50,4–9

Proprium
Joh 12,12–19.

Für die Auswahl der *Lieder* bieten sich an: als Eingangslied: EKG 487 »Er weckt mich alle Morgen« (Jochen Klepper) wegen seines Bezugs zur AT-Lesung; im Umfeld der Evangeliumslesung eines der adventlichen Einzugslieder, z.B. EKG 10,1+2,6+7 oder EKG 12; als Predigtlied evtl. die Strophen 1+3–5+7 aus dem Lied zu Philipper 2 von Detlev Block (Melodie »O Jesu Christ, meins Lebens Licht« EKG 317):

1. Seid zueinander so gesinnt,
daß Christi Vorbild Raum gewinnt.
Denkt an den Maßstab, den er jetzt
auch euch und eurem Handeln setzt.

3. Ein jeder soll des Nächsten Ich
in Demut achten so wie sich.
So steigt herab von eurem Thron
und gebt euch preis wie Gottes Sohn.

4. Er war in himmlischer Gestalt
und hatte göttliche Gewalt.
Er gab sie auf und wurde Knecht,
Geschöpf aus sterblichem Geschlecht.

5. Es war kein fremdes Soll und Muß,
es war sein eigener Entschluß,
daß er den Weg der Tiefe ging
sich selbst entsagend und gering.

7. Darum hat Gott ihn auch erhöht,
daß alle Welt ihm untersteht.
Sein Name hat den höchsten Rang,
und ihm gebührt der Lobgesang.

(aus: Detlev Block: In deinen Schutz genommen, Ehrenfried Klotz Verlag in der Verlagsbuchhandlung Vandenhoeck & Ruprecht Göttingen 1980², Reihe »Dienst am Wort« Nr. 34)

Kollektengebet
Ewiger Gott, du hast einen Menschen,
Jesus von Nazareth, unseren Bruder,
bekleidet mit deinem eigenen Namen
und deiner Macht –
er aber spielte seine Macht nicht aus.
Er war dein lebendiges Wort –

doch nur die Stillen im Lande
hörten seine Stimme.
Wir bitten dich, daß er lebendig sei
hier in unserer Mitte,
daß wir sein Wort vernehmen
auch im Gedröhn unserer Zeit.

Fürbittengebet
Herr Jesus Christus,
du hast den Widerspruch zwischen Jubel und Klage,
zwischen Glanz und Elend durchgehalten.
Wir aber werden oft zerrissen.
Wir fürchten das Leiden und passen uns deshalb den herrschenden Meinungen an.
Du aber machst uns Mut,
weil du deinem Auftrag treu geblieben bist.
Deshalb bitten wir dich für alle, die fasziniert sind von Versprechungen und Macht,
daß sie sich nicht verführen lassen.
Wir bitten dich für die, die durch böse Vermutungen und Schwarzmalerei starr geworden sind,
daß sie von deiner wärmenden Liebe aufgetaut werden.
Wir bitten dich für die Einflußreichen und Mächtigen,
daß sie von deiner Ohnmacht lernen,
und für die Ohnmächtigen,
daß sie deine Macht erfahren.
Herr, schenk uns deinen guten Geist,
damit wir nach deinen Weisungen leben können.
(aus: »Litgurgieentwürfe für das Kirchenjahr«, Beratungsstelle für Gestaltung, Frankfurt/M. 1982, S. 119)

Ferner – mit geringfügigen Veränderungen immer noch aktuell –:
A. Schilling: »Fürbitten und Kanongebete«, 1969[6], S. 76f.

Vorschläge für die Predigt

Möglicher Anfang
Mit alten Liedern machen wir sehr unterschiedliche Erfahrungen, besonders mit alten Kirchenliedern. Im Gottesdienst ist das manchmal deutlich zu spüren. Was für die ältere Generation vertrauter Liedtext ist, das löst in der nächsten Kirchenbank bei Konfirmanden und jungen Leuten Kichern oder Gähnen aus. Wieder andere Gottesdienstbesucher ärgern sich über die Bilder von Kampf und Glaubenskrieg, die in den Liedern vorkommen.

Manche stören sich auch an einer süßlich-romantischen Sprache. Sie fragen: »Was hat das mit uns heute zu tun?«
Doch wir erleben auch anderes mit den alten Kirchenliedern. Plötzlich singt da eine Gottesdienstgemeinde aus vollem Herzen, mit Inbrunst sozusagen: »Wach auf, wach auf, du deutsches Land, du hast genug geschlafen«. Auf einmal sind die alten Worte brandaktuell, weil die Welt sich verändert hat. Vor der »Wende« in der DDR, als in Kirchengemeinden des ganzen Landes der Aufbruch begann, da war genau dies Lied plötzlich wieder in aller Munde. Da trugen die Menschen die alt-neuen Lieder aus den Kirchen heraus auf die Straßen, in die Demonstrationen hinein. Die Situation war da. Dies Lied mußte einfach gesungen werden!
Die Zeit ist gekommen für das eine alte Lied.
So muß es Paulus empfunden haben, als er seinen Brief an die kleine christliche Gemeinde in Philippi schrieb. Einen tröstenden, mahnenden, seelsorgerlichen Durchhaltebrief an eine Gemeinde, die sich fragt, »was sollen wir denn tun? An wen oder was können wir uns halten?«. Sorge spricht daraus und Ratlosigkeit.
Paulus versucht weiterzuhelfen – mit eigenen Worten *und* mit einem alten, alten Kirchenlied, einem Hymnus. (Text Philipper 2,5–11)
Paulus ermutigt seine Christen in Philippi: Verhaltet euch so, wie es zu jemandem paßt, der zu Christus gehört.
Und was paßt zu so einem Menschen, der sich Christ nennt?
Das alte Lied fährt fort: Christus selbst ist Antwort auf diese Frage. Er ist ja ganz von Gott und ganz in Gott. Trotzdem hat er sich daran nicht festgeklammert. Er hat das nicht festgehalten wie ein Räuber seine Beute. Denn festhalten, besitzen wollen kann man nur das, was man *hat*, nicht das, was man *ist*.
Ganz in Gott sein und doch ganz in die Existenz eines gedemütigten Menschen hineingehen – das sind zwei Seiten der einen Identität des Christus. Das nicänische Glaubensbekenntnis formuliert: »Wahrer Gott und wahrer Mensch«.
Weder das eine noch das andere ist nur eine Art Verkleidung, ein geliehenes oder gestohlenes Image. Sondern weil Christus seine Identität vollkommen in Gott hat, darum kann er seine Vorrechte auch loslassen und einer von uns werden. Gott nimmt in Christus Knechtsgestalt an, er wird Sklave, er unterwirft sich den Lebensbedingungen des Menschen schlechthin. Das tut er nicht gezwungenermaßen, sondern freiwillig; und damit stellt er die Spielregeln der Mächtigen, ja, aller versklavenden Kräfte auf den Kopf.

Zum weiteren Verlauf
Im Folgenden möchte ich den exemplarischen Vorgang des Machtverzichts Christi und mögliche Auswirkungen/Konsequenzen für die Gemeinde Christi heute umsprechen.

»Gottes Kraft ist in den Schwachen mächtig«; vielleicht gelingt es, mit diesem Schlüsselsatz in den Duktus des hymnischen Gotteslobs vergangener Christengenerationen einzustimmen.
Mögliche Aktualisierungen:
1. Briefe und Erfahrungsberichte von Menschen, die an der Aktion »Sieben-Wochen-Ohne« teilnehmen, belegen und beschreiben, daß es die Möglichkeit gibt, an den meist selbstgezimmerten Machtstrukturen zu rütteln, ja, sie auf den Kopf zu stellen. »Unser versklavtes Ich ist ein Gefängnis ...« (Lied: Herr, deine Liebe) – aber gerade in Gefängnis und Sklaverei ist Christus – der Weg – zu finden.
2. Die Rolle der Kirchen in der DDR im Vorfeld und Vollzug der »Wende« 1989: Menschen, die Gewalt nicht mit Gegengewalt beantworteten; Gotteshäuser, die als einzige öffentliche Gebäude noch Raum boten, seine Meinung laut zu sagen – wenn auch mit Angst, so doch im Angesicht der Feinde.
3. Das Ohnmachtsgefühl des »einfachen Menschen« gegenüber den Giganten und monströsen Machtapparaten in Politik, Weltwirtschaft und Wissenschaftstechnologie nimmt nicht ohne Grund ständig zu. Ebenso das Leiden an dem Dilemma, indirekt mitverantwortlich zu sein an der Verarmung und Verelendung ganzer Völker und Weltgegenden – und scheinbar nichts dagegen tun zu können. Hoffnungslos müßten wir sein, wäre Christus nicht auch in diesen Sumpf hinabgestiegen. Und in der Tat: Einzelne Menschen, kleine Gruppen folgen auch dahin nach, scheinbar machtlos, doch letztlich effektiv wie der stete Tropfen; wirksam durch Tat und Gebet (hier ist es nötig, aktuell und konkret zu werden).

Predigtschluß
Philipper 2,5–11 in der Übertragung von Dorothee Sölle.

Kontexte

»Orientiert euch daran, was im Bereich Christi gilt.
Denn er, der bei Gott war,
hielt es nicht für sein Privateigentum,
bei Gott zu sein.
Er verließ seine Heimat,
verschenkte seine Vorrechte,
wurde Sklave
und machte keinen Unterschied zwischen sich und anderen.
Er übernahm freiwillig die Selbstentfremdung,
freiwillig das Zunichte-Werden,
den Tod am Kreuz.
Daher hat Gott ihn endgültig beheimatet auf der Erde,
er hat ihm, der eine Nummer geworden war,
einen Namen gegeben, der für alle gilt,
damit auf der Erde und im Weltraum

in diesem Namen die Fremdherrschaft ein Ende hätte
und Mut aufkäme zu sagen,
daß Jesus recht hat.
Denn das ist gut für Gott.«
Philipper 2,5–11, Übertragung: Dorothee Sölle (Atheistisch an Gott glauben, dtv, München 1983)

»Eines Morgens lag der Riese wach im Bett; da hörte er eine liebliche Musik ... er meinte, die Musikanten des Königs zögen vorbei. In Wirklichkeit sang nur ein kleiner Hänfling draußen vor seinem Fenster ... Und das Herz des Riesen schmolz, als er hinausblickte. ... Er schlich also hinunter, öffnete ganz sachte die Haustür und trat hinaus in den Garten. Aber als die Kinder ihn sahen, erschraken sie so, daß sie alle davonliefen, und im Garten wurde es wieder Winter. Nur der kleine Junge lief nicht davon ... Und der Riese stahl sich hinter ihn, hob ihn sanft auf seine Hand und setzte ihn hinauf in den Baum ... und der kleine Junge streckte seine beiden Arme aus und schlang sie um des Riesen Nacken und küßte ihn. Und als die anderen Kinder sahen, daß der Riese nicht länger böse war, kamen sie zurückgelaufen, und mit ihnen kam der Frühling. »Das ist jetzt euer Garten, ihr kleinen Kinder«, sagte der Riese, und er nahm eine große Axt und riß die Mauer nieder.«
Oscar Wilde

»Bei den Herbstrevolutionen 1989 wurde deutlich, was es heißt, wenn religiöse Menschen sich als Hefe im gesellschaftlichen Teig empfinden: Mauern fallen, Tyrannen stürzen, Grenzen öffnen sich. »Wunder« geschehen. ›Spiritual leaders‹ waren erfolgreicher als Machtpolitiker mitsamt ihren Generälen« ...
»Ein wirkliches Weltethos wird eher von unten wachsen – ... durch viele religiöse Menschen ... Um-Denken reicht nicht, erst Um-Fühlen bewirkt wirkliches Um-Handeln, eine Umkehr in der Tiefe ... Reine Männerkirchen sind Auslaufmodelle ... Geschwisterliche Kirchen erst werden die Kraft haben, Feindbilder abzubauen und Freundbilder zu entwickeln.«
Franz Alt: Rezension von »Projekt Weltethos« (Hans Küng) – in »DIE ZEIT« Nr. 45/2.11.90

Palmarum

Eine Predigt zum Palmsonntagsevangelium

Henning Schröer

Manchmal kann man im Fernsehen Geräte sehen, wie sie ein Erdbeben anzeigen, wenn wir auf der Richter-Scala die Stärke der Erschütterungen messen. Wir nennen sie Seismographen. Die eben gehörte Geschichte vom Einzug Jesu in Jerusalem veranlaßt mich, dem Evangelisten Matthäus einen neuen Beinamen zu geben. Ich möchte auch ihn einen Seismographen, einen Erdbebenbeschreiber nennen. Denn wir lesen bei ihm, und hörten es soeben als Zusammenfassung, von der Wirkung Jesu beim Einzug: »Und als Jesus zu Jerusalem einzog, erbebte die ganze Stadt und sprach: wer ist der?« (Vers 10)

Luther übersetzt »und die ganze Stadt erregte sich«; diese Übersetzung geht durchaus in Ordnung, denn Matthäus hat ja eine seelische Erschütterung gemeint, aber ich finde es bemerkenswert, daß dort bei Matthäus dasselbe griechische Wort steht, das wir in unserem Wort ›Seismograph‹ haben. Das sagt mir nämlich einiges darüber, worum es bei dem Einzug Jesu in Jerusalem ging und geht.

Eine ganze Stadt, die Metropole der Religion, die Stadt Gottes, Zion, Jerusalem, wurde erschüttert. Wie kam das? Offenbar war eine Frage Tagesgespräch. Stadtgespräch wurde die Frage: »Wer ist der?«

Bei uns, in der ganzen Stadt Bonn, setzt der Einzug Jesu in Jerusalem sicher kein seelisches Erdbeben frei. Wir kennen die Geschichte schon längst, wir finden sie eher etwas rührend als erschütternd. Vielleicht aber geraten wir doch in Bewegung, wenn wir uns wirklich einlassen auf die Frage, die Erschütterungsfrage: »Wer ist der?«

Ich will einen Vergleich ziehen, der natürlich, wie alle Vergleiche, etwas hinkt, aber doch seine Berechtigung haben dürfte. Was wäre, wenn heute, am Palmsonntag, die Nachricht die Runde machte, ein neuer Kanzler stünde vor den Toren Bonns? Das würde gewiß zum Stadtgespräch werden. Aber ist dieser Vergleich angemessen? Sehen wir zu, denn für wen haben damals die Leute Jesus gehalten? Das Volk hat eine deutlich ausgesprochene Meinung: Dies ist der Prophet Jesus aus Nazareth in Galiläa. Also das ist jener Mann aus der Provinz, von dem wir schon manches gehört haben. Er predigt anders als die Schriftgelehrten. Er soll Heilungen vollbracht haben. Er hat sich mit Kreti und Pleti an einen Tisch gesetzt. Nicht einmal ein ordentlicher Asket ist er, wie Johannes der Täufer. Jetzt rückt dieser sonderbare Heilige auf Jerusalem los, auf die Hauptstadt, wollen mal sehen, was das gibt. Propheten haben wir eine ganze Weile in Israel nicht mehr gehabt, wenn man Johannes den Täufer ausnimmt, nun gut, ein

Prophet, aber nicht mehr. Er mag sein Glück versuchen, es ist bekannt, daß die meisten Propheten in Jerusalem umkommen. Matthäus allerdings und die Jünger und auch alle, die da gesungen haben, auch wenn sie vielleicht nicht alle genau wußten, was es bedeutet, die meinten, er wäre mehr als ein Prophet, denn es heißt ausdrücklich, daß sie öffentlich, laut gerufen haben, skandiert haben, würden wir heute sagen: »Hosianna, dem Sohn Davids«. Mit Davids Sohn ist eine Hoffnung ausgesprochen auf einen König in der Tradition Davids. In der vorangegangenen Geschichte von der Heilung der Blinden von Jericho rufen die Blinden: »Sohn Davids, erbarme dich unser!« Davids Sohn, das war der kommende Helfer-König. Eine neue Art von König, anders als ein nur politischer Messias. Von Jesus wußten die Leute, daß er aus dem Geschlecht Davids stammte. Und was er in Galiläa getan hatte, gab Anlaß zu der Hoffnung, jetzt, wenn es nach Jerusalem ging zur Entscheidung, dann ist das die Machtergreifung des Helfer-Königs der Armen. Daß dieser Helfer-König gemeint ist, hat Matthäus besonders deutlich gemacht, indem er den Einzug in Jerusalem als die wörtliche Erfüllung einer Prophezeiung aus dem Alten Testament, nämlich aus dem Propheten Sacharja Kap 9, verstand. Ich habe diesen Text vorhin als Schriftlesung gebracht, damit man weiß, was dort erwartet wurde, nämlich der Frieden mit der Zerstörung der Waffen, und wer er sei, nämlich einer, der Gerechtigkeit, Hilfe und Solidarität mit den Armen bringe. Wahrlich eine erschütternde Nachricht, wenn sie stimmt, daß ein neuer König angekommen ist, der Davidsohn vor der Stadt Davids.

Ein Prophet nicht nur, sondern ein König, aber ein König besonderer Art: Luther hat ihn in einer Predigt treffend »Bettlerkönig« genannt. War der Esel vorher auch ein fürstliches Reittier, so ist er nun das Zeichen des Friedenskönigs ohne Gewalt, keine Streitrosse, keine Wagen. Ein alternativer König ist es also, ein König mit nicht viel Staat, ja mit dem vielleicht überhaupt kein Staat zu machen ist, keine Königsparade, sondern mit einer improvisierten Huldigung des Volkes einiger Sympathisanten, die wahrhaft Mächtigen halten sich noch zurück, Pilatus braucht nicht einzugreifen, die anderen stehen beobachtend hinter der Gardine. Was soll uns solch ein Bettlerkönig?

Zur Antwort mag uns ein Gedicht von Paul Celan helfen, das einzige seiner vielen Gedichte, in dem das Wort König vorkommt. Es hat den Titel »Mandorla«. Damit ist ein mandelförmiges Relief gemeint, in dem eine verwitterte Christusfigur abgebildet ist.

»In der Mandel, was steht in der Mandel?
Das Nichts.
Es steht das Nichts in der Mandel.
Da steht es und steht.«

Das ist die Antwort für die oberflächliche Sichtweise: Das Bild ist verwittert, nichts ist mehr da, viele wissen nicht mehr, wer das ist, oder war, Davids Sohn, der Bettlerkönig. Aber Celan fährt fort:

»Im Nichts – wer steht da?
Der König.
Da steht der König.
Da steht er und steht.
Judenlocke, wirst nicht grau.«

Also, es gibt mehr als das Nichts, das Bild des Königs wird sichtbar. Im Nichts, wobei wir nur erfahren, daß er dort unverwandt weiterhin steht. Geh in das Nichts, und du wirst ihn wahrnehmen können, diesen jüdischen König, denn die Judenlocke wird nicht grau, dieser König bleibt. Damit ist es noch nicht zu Ende, das Gedicht schließt so:

»Und dein Aug – wohin steht dein Auge?
Dein Auge steht der Mandel entgegen.
Dein Aug, dem Nichts stehts entgegen.
Es steht zum König. So steht es und steht.
Menschenlocke, wirst nicht grau.
Leere Mandel, königsblau.«

Also sollen wir nicht nur nach dem König fragen, sondern nach unserem Verhältnis zu ihm. Ihm stehen wir gegenüber mit unserem Auge, mitten im Augenblick. Diese Konfrontation ist nun für alle Menschen gegeben, mit dem humanen König, dem König der Menschlichkeit. Nicht in einem Jedermannsgrau, sondern in einem Königsblau. Das kann schon eine ganze Stadt, ja eine ganze Welt erschüttern, wenn sie erfährt, der König der Menschlichkeit, der wahrhaft humane König, hält seinen Einzug.

Geht in Erfüllung, was er gesagt hat »Selig sind die Sanftmütigen, denn sie werden das Erdreich besitzen!«? Dieser König ist nicht herrisch, sondern herrlich, obwohl er ein Bettlerkönig ist.

Haben wir einen ersten Eindruck gewonnen, wer dieser König ist, so fragen wir doch weiter:

Wo und wann spielt sich das ab? War das nur damals? Ist Jesus aufgehalten worden? Und die andere Frage: Was geht uns das an? Uns Leute von Bonn und Umgebung? Wo und wann geschieht das?

Es geschieht zwischen Galiläa, der Provinz, und Jerusalem, der Metropole, es geschieht vor dem Zentrum der Macht, es geschieht zwischen dem Alten Testament und dem Schritt zum Neuen Testament, es geschieht zwischen Davids Sohn und dem Gottessohn am Kreuz. Palmsonntag geschieht zwischen Advent und Passion.

Die Alte Kirche hat diesen Text zur Schriftlesung als Evangelium bestimmt am Anfang der Passionszeit, unsere Lieder dazu sind fast alle aus der Adventszeit – »Tochter Zion, freue dich« –, doch es ist auch ein Passionstext, wie wir heute erkennen. Warum eigentlich dieses merkwürdige Vorspiel der Passion, ein Festtag zu Anfang des Leidens? Offenbar, damit wir begreifen, Jesus macht nicht halt, sondern zieht ein, auch wenn ungeschickter Jubel, Mißverständnisse und am Ende der Tod ihn erwarten.

Damit bin ich schon bei der dritten Frage: Was geht uns dies an? Ich meine, daß das Thema unserer Gottesdienstreihe in diesem Semester dazu paßt. »Christlicher Lebensgottesdienst« soll hier bedacht werden, dazu soll ermutigt werden. Was sich dort abspielte, war Lebensgottesdienst, wenigstens auf der Straße, auch ein Stück Straßentheater dabei. Öffentliche Wegbereitung kann man es nennen, ich nehme damit Gedanken von D. Bonhoeffer auf, der sich fragt, was wir tun können, wenn das Wort Gottes, wenn Jesus zu uns Menschen kommt, wenn dieses Letzte geschieht, daß Gott sich unser annimmt: Wir können und sollen das Vorletzte tun, öffentliche Wegbereitung, wir sollen unser Hosianna öffentlich bezeugen. Hosianna, was heißt das?

Jeder kannte dies aus den Psalmen zum Passa- und Laubhüttenfest als Gebetsruf. »Hosianna«, das heißt »hilf, o Helfer«. Und dieser Bittruf war schon zum Jubelruf geworden. – Ich finde es besonders bemerkenswert, daß mit diesem Ruf Jesu Name »Jeschua«, in dem dasselbe Wort Helfen steckt, aufgenommen ist. *Hilf, Helfer, hilf doch!* Das ist die Liturgie, auch unseres Alltags, es sei denn, wir meinen, so stark zu sein, daß in dieser Welt keine Hilfe mehr nötig wäre. Das haben sogar die Kinder begriffen, wir brauchen in Matthäus nur ein Stückchen weiter zu lesen, wo die Kinder diese Liturgie immer wiederholen, den ersten Kindergottesdienst gegen den Willen der Erwachsenen feiern, Hosianna dem Sohn Davids.

Dieser Einzug in Jerusalem ähnelt dem, was Volkskirche ist: Jünger, Sympathisanten, Gleichgültige, Mitläufer, Nachläufer und eine Liturgie, die Bitte und Lob zugleich ist. Wir wissen, worauf dies hinausläuft, auf das Kreuz und auf die Auferstehung, wir können nur das Vorletzte tun, so etwas wie die Leute damals in ihrer Improvisation, und wir dürfen nicht vergessen, worauf es hinausläuft, aber wir können es in einer ähnlichen Weise feiern, öffentlich den Weg bereiten, er kommt souverän, ob wir den Weg bereiten oder nicht, aber für uns wird es gut sein, diesen Weg zu bereiten, damit es auch ein Weg zu uns wird.

Das fängt an beim Abendmahl, wo wir die Liturgie ja wieder singen, so wie damals. Das macht uns klar, daß hier ein Unterschied ist zu dem schon erschütternden Gedicht von Paul Celan, wo der König unbeweglich im Nichts verharrt und uns damit zur Konfrontation zwingt. Dieser König, dieser Davidsohn geht auf uns zu, er läßt sich nicht aufhalten, er steht nicht nur als Denkmal der Seele vor uns, sondern er kommt auf uns zu, damit Zukunft geschieht. Wirkliche Zukunft haben wir nur, wenn wir wissen, wer auf uns zukommt. Wer ankommt, was rüberkommt, wie man heute sagt, so daß wir bewegt werden mitzugehen, bis ins Zentrum, das dann wieder vor der Stadt liegen wird, auf dem Wege zum neuen Jerusalem. Wie wir das machen können, so fragt man den Praktischen Theologen, ich antworte: Sicher mit einfachen Schritten, indem wir auf andere zugehen.

Vor zwei Wochen ist ein Pfarrer, den ich besonders als theologischen Freund sehr geschätzt habe, aus diesem Leben jäh herausgerissen worden.

Hans Pfeiffer aus Wuppertal, der Vorsitzende des Ausbildungsausschusses der Landeskirche. Als wir im vertrauten Kreis uns darüber aussprachen, was er uns bedeutet hatte, da wurde immer wieder erwähnt, daß er in ruhiger Souveränität und Freundlichkeit auf Menschen, die sich noch fremd fühlten, zugegangen sei, auf sie zugekommen sei, so daß man aus der Isolierung befreit wurde. Ich kenne viele Beispiele, wo alles davon abhing, daß jemand bereit war, auf jemanden zuzugehen, weil Jesus auf uns zugekommen ist, um das »Hosianna«, »hilf doch, Herr« zu leben, zu bezeugen mit Wort und Tat, denn seine Ankunft ist das Fundament unserer Zukunft. Sein Dienst an Gottes Stelle, bei dem er sein Leben für uns ließ, ist die Grundlage unseres Lebensgottesdienstes. Für diese alle anderen Fundamente erschütternde Mitteilung sei bedankt Matthäus, der Seismograph.

Gründonnerstag

Predigttext: 1. Korinther 11,17–26

Helmut Herberg

Theologisch-homiletische Skizze

»Gast sein einmal.
Nicht immer selbst seine Wünsche bewirten
mit kärglicher Kost.
Nicht immer feindlich nach allem fassen;
einmal sich alles geschehen lassen
und wissen:
Was geschieht, ist gut.«
(Rainer Maria Rilke, Die Weise von Liebe und Tod des Cornets Christoph Rilke.)

Am liebsten würde ich den Abendmahlsgottesdienst mit diesen Versen Rilkes beginnen. In ihnen finde ich das ausgedrückt, was ich wünsche, ersehne und auch immer wieder in Ansätzen beim Abendmahl erfahre.

Willi Marxsen hat die Geschichte des Abendmahls in seiner lesenswerten Schrift: ›Das Abendmahl als christologisches Problem‹ (Gütersloh 1963) aufgearbeitet und deutlich gemacht: Das Abendmahl hat seine Wurzeln in den Mahlgemeinschaften Jesu mit den Menschen seiner Zeit. Beim Essen und Trinken, indem sie miteinander am Tisch saßen, feierten sie die Gegenwart Gottes, das Eschaton ereignete sich schon jetzt.

Waren die Traditionen von den Mahlgemeinschaften Jesu ursprünglich Ausdruck der »Christologie im Vollzuge« (Marxsen, S. 21), so werden die Mahlgemeinschaften nach Ostern in Anknüpfung an die Jesustradition zur »Ekklesiologie im Vollzuge« (Marxsen, a.a.O.).

Die christliche Gemeinde feierte die Mahle in ihren Hausgemeinden, meistens in Häusern von wohlhabenden Frauen, und sie feierten sie als vollständige Mahlzeiten. »Mit diesen Mahlen wurde dann die Jesus-Tradition fortgesetzt. Man weiß ihn seit Ostern als den Lebendigen; man weiß ihn bei diesen Mahlen dabei ... Beim Mahl *ereignet* sich die christliche Gemeinde als eschatologische Gemeinde« (Marxsen, a.a.O.).

Was Frauen und Männer, Kranke und Gesunde, Erwachsene und Kinder in der Begegnung mit dem irdischen Jesus erfahren haben, nämlich Annahme als Gottes geliebte Töchter und Söhne, das erlebt und feiert die Gemeinde beim Abendmahl. Und wiederum wird der ganze Mensch angesprochen: Jede und jeder ist eingeladen, Gottes Liebe zu schmecken, zu kauen, zu verdauen. So, wie uns das Brot und der Saft der Traube Kraft zum Leben gibt, so ist alles, was Jesus gesagt und getan hat, für uns geschehen, damit wir in dieser Welt als Gottes Kinder leben und durch unser Leben die Liebe Gottes weitergeben.

Für Paulus ist die Abendmahl feiernde Gemeinde der Leib Christi, d.h. immer auch der Herrschaftsbereich des Christus: »Indem der Christus sakramental unsere Leiber zu seinem Dienst an seinem Leibe beschlagnahmt, erweist er sich als der Kosmokrator, der in unseren Leibern die Welt in seine Herrschaft reißt und mit seinem Leibe die neue Welt konstituiert« (Käsemann, Ex. Versuche, S. 34).

Wo beim Abendmahl der Hunger nach Brot, nach Gerechtigkeit, nach Friede, nach Geborgenheit und leiblichem Wohlergehen ausgeblendet oder gar hingenommen werden, verrät die Gemeinde ihre Bestimmung: Leib Christi zu sein. Wer Abendmahl feiert, wird in den leiblichen Gehorsam des Christus gestellt, der uns in den Hungernden … begegnet. Das ist der Stachel und die Herausforderung für unsere Art, Abendmahl zu feiern.
In einer erzählenden Predigt möchte ich die Hörerinnen und Hörer hineinnehmen in das Ringen um eine christusgemäße Feier des Abendmahls, so daß sie sich als Gemeinde des Auferstandenen verstehen, die eigenen Defizite erkennen und überwinden.

Vorschläge zur Liturgie

Zum Eingang

Du, unser Gott, deine Gäste sind wir heute abend,
willkommen an deinem Tisch.
Du hast uns eingeladen, und wir haben uns einladen lassen.
Uns alle hast du eingeladen als deine Gemeinde:
Uns, die Glaubenden und Zuversichtlichen,
uns, die Zweifelnden und Fragenden,
uns, die Fröhlichen und Zufriedenen,
und uns die Traurigen und Müden.
Du machst uns Mut, so zu dir zu kommen,
wie wir sind.
Du kennst auch unsere Bedenken, die wir voreinander haben.
Du weißt, daß wir uns untereinander oft so schwer verstehen.
Befreie uns dazu, einander als Schwestern und Brüder anzunehmen
und so miteinander deine Gegenwart zu feiern.
Deine Gäste sind wir. Du bist mitten unter uns.
Öffne unsere Augen, daß wir dich erkennen.
Öffne unsere Ohren, daß wir deine Stimme hören.
Öffne unsere Herzen, daß wir dir Raum geben in uns.
Laß uns deine Güte und Freundlichkeit schmecken
durch unseren Herrn Jesus Christus. Amen.

Vor der Austeilung

Jede, jeder ist nun an den Tisch des Herrn eingeladen. Wir feiern die Gegenwart Gottes, wir feiern die Vergebung unserer Schuld.
Wir feiern die Verbundenheit mit Christus. Wir feiern die Gemeinschaft untereinander und reichen einander unsere Hände.
Sichtbare Zeichen der Gegenwart Gottes sind Brot und Wein und die Hand in meiner Hand, die Nähe des Menschen, der mir durch Christus zum Nächsten wird.
Darum kommt, es ist alles bereit.
Schmeckt und seht, daß Gott in Christus mitten unter uns ist.

Oder:
Nehmt und eßt, nehmt und trinkt!
So wie euer Körper das Brot und den Saft der Trauben umwandelt in Haut und Haare, in Körperwärme und Lebensenergie, so nehmt das, was Christus gesagt und getan hat, in euch auf. Laßt es in euch wirken, verdaut es in euren Herzen zum Mut für heute, zur Hoffnung auf morgen, zum Licht auf eurem Weg, zur Tat der Liebe, zum Widerstand gegen die Mächte des Todes, zur Solidarität mit der göttlichen Macht der Befreiung.
Nehmt und eßt, nehmt und trinkt, damit eure Freude wachse und vollkommen werde.

Lesungen
Psalm 42/43 oder 146. 1. Kor 10,16+17 oder Markus 14,17–26.

Lieder
Kanon: Wo zwei oder drei in meinem Namen versammelt sind, in: Einladung zum Feierabendmahl, Arbeitsmappe zum Kirchentag 1985. – EKG: 445 / 159 – Der Herr segne dich, Neue Lieder Nr. 716, Hänssler-Verlag Stuttgart

Vorschläge für die Predigt

Einstieg
Gedicht von Rilke (s.o.)
Liebe Zuhörerinnen, liebe Zuhörer, ja es müßte vieles geschehen an Heilung, an Veränderung, an Erneuerung. Aber was ist dieses »einmal sich alles geschehen lassen und wissen, was geschieht, ist gut«, was ist das für Sie, für Dich?
Für mich bedeutet es, zu hören und gelten zu lassen, daß ich um meiner selbst willen von Gott geliebt bin, daß ich vor Gott nichts werden muß, sondern angenommen bin. Das kann ich mir selbst hundertmal sagen und glaube es doch nicht. Mein Kopf versteht es, aber es dringt nicht zu meinem Herzen.
Jesus hat sich mit den Menschen an den Tisch gesetzt, so, als wollte er sagen: Auch die Liebe Gottes geht durch den Magen. Und er lädt uns heute abend ein, Gäste am Tisch Gottes zu sein.«
Hier könnte ein kurzer Rückblick auf die Geschichte des Abendmahls folgen von den Mahlen Jesu mit den Zöllnern und Sündern hin zur ›reduzierten kultischen Mahlfeier‹.

Mittelteil
1. Bei Jesus ging es immer um dieses »sich alles geschehen lassen«. Alles, was Gott zu schenken hat, schenkt er dir und mir, schenkt er uns, heute,

jetzt. Das sollen wir schmecken, kauen, verdauen. Leib und Blut Jesu meint IHN, der die Liebe Gottes verkörpert hat. Alles, was er gesagt und getan hat, sollen wir in uns aufnehmen.

2. Was geschieht dabei mit uns? so fragen wir. Was ändert sich bei uns? Wir werden einbezogen in einen Prozeß, in ein heilsames Geschehen. Wir erfahren Vergebung unserer Schuld, können Frieden schließen mit dem, was war, und uns nach vorne ausrichten. Wir begeben uns auf einen Weg, werden zu Weggefährten, zu Schwestern und Brüdern, zur Gemeinde des Christus. In der Sprache des Apostels: zum Leib Christi. Er verleiblicht sich in uns, so daß andere durch uns Gottes Barmherzigkeit erleben. Und was für die einzelne, den einzelnen von uns gilt, gilt für die Familie der Völker: Jedes Volk ist Teil des weltweiten Leibes Christi.

Schlußteil

Hier würde ich ausführen, was M. Josuttis in dem Satz: »Das Abendmahl ist Realitäts- und Hoffnungssymbol in einer grausamen Welt« umschreibt (a.a.O., S. 124). »Ist das alles nicht zu schön, um wahr zu sein? Diese Frage ist wichtig und erinnert uns an den ersten Satz des Predigttextes: ›Der Herr Jesus in der Nacht, da er verraten ward‹. Das Abendmahl stand von Anfang an unter dem Zeichen des Verrats. Die Not, die todbringende Not war mit am Tisch und eben nicht ausgeblendet.«

Es wäre möglich, an dieser Stelle auf die Nöte einzugehen, die die Gemeinde am Gründonnerstag bewegen:

»Nein, wir feiern das Abendmahl nicht als Menschen, die den Kopf in den Sand stecken oder in traute Gefühle abtauchen, sondern als Menschen, die es wagen,

- alles, was sonst trennt, zu relativieren und geschwisterlich zu leben;
- nicht zu warten, bis die andere, der andere das lösende Wort der Vergebung ausspricht;
- bedingungslos für den nächsten dazusein;
- den Frieden zu leben, auch wenn es Verzicht bedeutet;
- jeden Tag im Angesicht Gottes zu leben;
- Gott ernst zu nehmen und sich darauf zu verlassen, daß er uns immer schon voraus ist;
- ...»

ALTERNATIVE (NARRATIV)

Priska schaute immer wieder zu ihrer Schwester hinüber: Würden die fünf vom Hafen heute wieder zu spät kommen?

Die anderen Gäste, 23 hatte Priska gezählt, hatten bereits mit dem Essen begonnen. Priska und Aquila kannten die allermeisten mit Namen und wußten, wo sie wohnten und arbeiteten.

Sie alle trafen sich jetzt schon ein ganzes Jahr lang jeden Abend mit Priska und Aquila in dem schönen großen Haus zum gemeinsamen Abendessen und zum Mahl des Herrn. Eine bunt gemischte Gruppe waren sie. Da saßen einfache Handwerker neben sehr wohlhabenden Bürgern, Sklaven neben freien Arbeitern, ganze Familien waren zu Gast und viele Alleinstehende. Jeden Abend mischten sich auch einige Hungerleider aus dem Slumgebiet um den Hafen in die Runde. Es waren immer wieder andere, die einfach Hunger hatten und sich einmal richtig sattessen wollten. Vor allem Aquila war es, die sich um diese Hungerleider kümmerte und darauf achtete, daß sie von allem genug bekamen. Sie fragte nie jemanden nach seinem Namen, wenn er oder sie ihn nicht von sich aus sagten. Von den Speiseresten gab Aquila ihnen einiges mit. »Für eure Freunde«, sagte sie und nickte ihnen freundlich zu.

Aber meistens blieb nichts übrig, und genau das war der Grund, warum sich die beiden Gastgeberinnen so viele Sorgen machten ...

In der letzten Zeit kam es oft vor, daß die fünf Sklaven, die im Hafen arbeiteten, noch einige Schiffe entladen mußten und darum erst spät zur Gemeinde kamen. Ein paarmal war es auch schon vorgekommen, daß sie nur noch leere Schüsseln vorfanden. Ja, so war es auch an diesem Abend, als die fünf müde und hungrig in die Hausgemeinde von Priska und Aquila kamen. Freudig wurden sie begrüßt.

»Jetzt können wir endlich mit dem Mahl des Herrn beginnen«, rief Claudius, der Beamte aus der römischen Verwaltung. Er hatte schon einiges getrunken und war ziemlich in Stimmung.

Priska war entsetzt. Sie verstand das nicht. Wie kann man das Herrenmahl feiern, wenn einige noch Hunger haben? Für sie gehörte beides untrennbar zusammen: miteinander sich satt zu essen, dabei fröhlich zu sein *und* das Abendmahl zu feiern. Gemeinde des Christus sein, dachte Priska, das heißt doch, alles miteinander teilen und so die Gegenwart des auferstandenen Jesus zu erleben. Er ist doch nicht irgendwo, sondern wirkt durch uns. Wir alle miteinander sind sein Leib ...«

Zum weiteren Verlauf

Es kommt zum Gespräch in der Hausgemeinde darüber, ob Abendmahl und Abendessen zusammengehören. Da man sich nicht einigen kann, wird eine Anfrage an Paulus gerichtet. Der antwortet mit dem Predigttext.

Alle waren tief betroffen.

»Paulus erinnert uns an Jesus«, unterbrach Priska das Schweigen. »Bei IHM, so habe ich gehört, bei Jesus war das gemeinsame Essen immer eine Mahlzeit für alle. Alle waren eingeladen, und immer wurden alle satt. Hunger war bei IHM nie Nebensache. Maria aus Magdala, die Jüngerin, hat uns erzählt, bei den Tischgemeinschaften mit Jesus fühlten sich jede und jeder als Tochter oder Sohn des lebendigen Gottes angenommen und verstanden. Beim letzten Abendmahl, von dem Paulus hier spricht, saß selbst Judas, der Verräter, noch mit am Tisch.«

»Schade«, fügte Junia, die Diakonin der Gemeinde hinzu, »schade, daß die alte Sitte vergessen wurde, vor dem gemeinsamen Essen das Brotwort und

nach dem Essen das Kelchwort zu sprechen. Essen und Trinken hält Leib und Seele zusammen.«
»Ja«, sagte Aquila, »und daß Jesus von Leib und Blut sprach, ist ganz einleuchtend. Das Brot, das wir essen, verdaut unser Körper und wandelt es um in Haut und Haare, in Lebenskraft und Körperwärme. Ebenso den Wein. Genauso sollen wir alles, was Jesus gesagt und getan hat, in uns aufnehmen und daraus Mut, Hoffnung, Zuversicht und Trost gewinnen. Gott möchte durch uns Fleisch und Blut, Hand und Fuß, Augen und Ohren werden.« »Da kann ich mich gut anschließen«, sagte Achaikus, der schüchterne Sklave. »Gäste des Gekreuzigten sind wir doch nicht nur in den wenigen Stunden unseres Beisammenseins. Wenn ich hier mit euch das Abendmahl feiere, dann sehe ich den gekreuzigten Christus vor mir. Und in seinem Bild sehe ich die Gesichter meiner Mitsklaven, der gequälten, gekrümmten, ihrer Menschenwürde beraubten Männer und Frauen im Slum am Hafen. Während ich hier bei euch sitze, bin ich oft in Gedanken schon wieder bei ihnen und überlege, wie ich ihnen die hier bei euch erfahrene Barmherzigkeit Gottes weitergeben kann.«
»Wenn wir fünf hier sind«, warf Erastus, der andere Sklave ein, »wenn wir hier sind, dann ist immer die Not da.« Er brachte den Satz kaum zu Ende, so tief bewegt war er. »Darum tut es uns so weh, wenn wir spät von der Arbeit kommen, und ihr habt alles aufgegessen.« Wieder war es ganz still in dem engen Wohnzimmer. Diesmal war es Aquila, die die Stille unterbrach. »Paulus hat recht«, sagte sie, »wir feiern das Abendmahl unwürdig, wenn wir die Not ausblenden, den Hunger nicht ernstnehmen, zur Sklaverei schweigen, die Ausnutzung und Demütigungen von Frauen übersehen. Die traurigen Augen der verstoßenen Kinder und die schwielenbedeckten Hände der entlassenen Arbeiter dürfen uns nicht gleichgültig sein. Das Mahl unseres Herrn Jesus Christus würdig zu feiern heißt doch wohl, wie unser Herr den dämonischen Mächten Widerstand zu leisten. Den Mächten, die unseren Herrn ans Kreuz genagelt haben: Herrschaft von Menschen über Menschen, Feigheit, Habgier, Vertrauen auf Waffen, Drohung mit Gewalt, Verweigerung von gerechtem Lohn.«
(Hier lasse ich noch andere aus der Hausgemeinde erzählen, was für sie Abendmahl bedeutet.)

Schluß

Einer erhebt Einspruch. Er möchte das Abendmahl als ein Mahl der wahren Christen verstanden wissen und feiern:
Claudius, Chef der Lagerhallen am Hafen, räuspert sich: »Wenn wir hier schon alles sagen dürfen, dann möchte ich doch auch noch loswerden, was mich stört! Wir sind ja heute abend ausnahmsweise unter uns«, sagte er und blickte noch einmal prüfend in die Runde, ob auch kein Fremder mithörte. »Mich stört es schon seit langem, daß aus dem Slum am Hafen immer wieder Frauen und Männer sich ungefragt in unsere Runde mischen. Es sind, wie man ja weiß, nicht gerade die Anständigsten unter den Armen, um es

einmal vorsichtig auszudrücken. Wir sollten das ändern.« Einen Augenblick lang war es totenstill. Dann stand Stephanus auf. Er war einer der Ältesten in der kleinen Hausgemeinde von Priska und Aquila, Fischer von Beruf. Stephanus war kein Mann der großen Worte. Aber er hatte ein feines Gespür für Gefahren der Gemeinde. »Im Gebet, das unser Herr am Kreuz gebetet hat, steht: Die Elenden sollen essen, daß sie satt werden. (Psalm 22,27) Wenn wir diese ungerufenen Gäste des Gekreuzigten aus unserer Mitte ausschließen, schließen wir Christus selbst aus. Dann haben wir kein Recht mehr, Abendmahl des Gekreuzigten zu feiern. Denn am Tisch Jesu saßen und sitzen immer nur solche, die es nicht verdienen.« (Käsemann)
Aquila stand auf und nahm Stephanus lange in den Arm. Alle waren sehr betroffen. »Ich glaube«, rief Priska in das Schweigen hinein, »ich glaube, wir können jetzt wieder Abendmahl feiern. Kommt, es ist alles bereit.« Sie stand auf und führte alle an die festlich gedeckte Tafel in dem großen Speiseraum.

Kontexte

Allmacht und Ohnmacht erlebten wir zuallererst im Zusammenhang mit Gefüttertwerden und zerstörerischem Hunger. Gesättigtwerden hieß: nicht allein sein auf der Welt, Einssein mit dem fütternden Objekt, extreme Sicherheit und Geborgenheit, letzten Endes höchste Seligkeit. Hunger haben: allein und verlassen sein, ausgesetzt, also die Hölle.
Ist es zu waghalsig, anzunehmen, daß vorbewußte Erinnerungsspuren aus dieser Zeit das Mahl und seine Aufnahme den Menschen sensibel bleiben lassen auch für nicht materielle Speise? (Johann Zauner, Einverleibung und Individuation, in: M. Josuttis/ G.M. Martin, Das Heilige Essen, Stuttgart 1980, S. 93f.)

Wenn man das Abendmahl als heiliges Essen interpretiert und die Kulturwissenschaften zum Verständnis des Sakramts heranzieht, hat man also drei theologische Vorentscheidungen von einiger Tragweite getroffen:
1. Das Abendmahl ist nicht nur von der schriftlichen Tradition, sondern auch von den psychischen und sozialen Prozessen der an der Feier beteiligten Personen her zu interpretieren.
2. Die schriftlichen Dokumente selber können zureichend nur verstanden werden, wenn man sie eingebettet sieht in die psychische und soziale Lebenspraxis ihrer Verfasser und der Gemeinden, in denen die Verfasser gelebt haben.
3. Wir selber werden das Abendmahl neu erst zu feiern vermögen, wenn wir uns als Person in den Akt der Feier einzubringen und wenn wir wahrzunehmen lernen, was dann an uns und mit uns geschieht ...
Das heilige Essen in der Feier des Abendmahls bringt dann mindestens dieses zum Ausdruck, daß die Gemeinschaft, die sich da zusammengefunden hat, mehr umfaßt als die Summe der Anwesenden, daß sie eingebettet ist in die auch Schuld und Tod umgreifende gute Ordnung der Welt und daß sich im Essen und Trinken die Präsenz jener Macht ereignet, die alles, was man essen und trinken kann, selber geschaffen hat ...
Im Abendmahl kommt heraus, worum es in jedem Mittagsmahl geht und was wir in jedem Säuglingsmahl schon erfahren haben: um Heil und Gemeinschaft zwischen dem Ich und dem Anderen. (M. Josuttis, a.a.O., S. 115–120)

Karfreitag

Predigttext: 2. Korinther 5,(14b–18)19–21

Christian Bunners

Theologisch-homiletische Skizze

Liturgie und Predigt am Karfreitag sind gefährdet durch Rührseligkeit und Lehrhaftigkeit. Beides führt nicht recht weiter. Entweder man/frau wird in der Erinnerung an eigenes Scheitern festgehalten, oder die Aussagen über Stellvertretung und Versöhnung bleiben hoch über den Hörern stehen. Die »Kunst« der Karfreitagspredigt bestünde darin, von dem uns vorgängigen Christusgeschehen so zu reden, daß aus der Erkenntnis der »Sympathie« Gottes mit den Menschen existentielle Wandlungen in Gang gesetzt werden.

Für unseren Auftrag gibt die Karfreitagsepistel Wichtiges zu bedenken: Wir predigen »an Christi Statt« (Vers 20). Das ist Glanz und Elend unseres Dienstes. Hohe Berufung! Aber dabei auch überhört, mißverstanden, in die Ecke gestellt. Wär's anders, wir stünden nicht an Seiner Statt. Und dann schärft Paulus ein, Verkündigen und Predigen sei »Bitten«. Also nicht postulatorisches Auftrumpfen, nicht rhetorisches Vergewaltigen, nicht Verurteilung oder falsches Drängen. Bitten! Predigt ist Bitte darum, Versöhnung geschehen zu lassen. Mann/frau könnte auf den Gedanken kommen, die ganze Predigt hierauf zu basieren: »Liebe Karfreitagsgemeinde, ich habe heut eine große Bitte ...«

Wenn denn auch anders thematisiert, wäre doch in einen solchen Duktus hinein zu verflüssigen, was den Predigttext von apostolisch-konzentrierter Redeweise wie von späterer Auslegungstradition her mit theologischen Tonnengewichten füllt, um nicht zu sagen belastet. Für solche Verflüssigung erscheint mir der Vorschlag von Michael Hoffmann (Band 4) hilfreich, in der Predigt »die neue Schöpfung« in den Mittelpunkt zu rücken.

Christi Leben, Sterben und Auferstehen sind Grund der Versöhnung und des neuen Seins. Dieser *ontische Aspekt* will durch Gottesdienst und Predigt vermittelt werden, und nicht ist Christus nur ein Modellfall für revolutionär erneuernde psychische Prozesse. Freilich hat die »neue Schöpfung« neben den ontischen zugleich *ethische Aspekte*, sehr deutlich benannt in Vers 15. Den Anfechtungen über die Bruchstückhaftigkeit, mit der neues Leben gelingt, darf mit der von Paulus betonten Botschaft begegnet werden, daß die Christustatsache für den Glaubenden dennoch gilt und daß um ihretwillen auch sich das neue Sein des Glaubenden einst ungebrochen zeigen wird. Das ist der *eschatologische Aspekt*, der beachtet sein will.

Als einem Bürger aus den sog. neuen Bundesländern ist mir in verdeckter Form die Frage nach der »neuen Schöpfung« in den letzten Monaten immer wieder begegnet. Nach der »Wende« meinten hier viele Menschen, nun sei ein neues Dasein angebrochen. Dann erlebten sie, wie sehr Altlasten aus der Vergangenheit, wie sehr das eigene Selbst, wie sehr die Kräfte der »alten Welt« dem Neuwerden im Wege standen und stehen.

Vorschläge zur Liturgie

Für die »Dramaturgie« des Gottesdienstverlaufes schlage ich vor, von der Konzeption einer Versöhnungsfeier auszugehen. Der Vorentwurf für die »Erneuerte Agende« kann dafür Rahmenbedingungen und Materialien bieten. Auf sie möchte ich hinweisen, da wir uns gegenwärtig in einem ersten Umgang mit dem Vorentwurf befinden. Weil der Vorentwurf noch oft als liturgischer Irrgarten empfunden wird, mögen einige navigatorische Hinweise willkommen sein.
Für den Gottesdienstteil A (»Eröffnung und Anrufung«) könnte man/frau sich an Variante A 1 orientieren (vgl. Vorentwurf S. 98f.). Diese Variante betont Bußgebet und Gnadenwort. In Anlehnung daran schlage ich für diesen Gottesdienstteil folgenden Verlauf vor: Musik zum Eingang – Chorgesang oder/und Gemeindelied – Begrüßung (Bibl. Votum, Hinweis[e] zum Gottesdienst, evtl. Abkündigungen) – Psalm (Vorentwurf S. 212f; kann auch entfallen, um das Bußgebet zu akzentuieren) – Bußgebet (empfohlen wird aus dem Vorentwurf Nr. 319 auf S. 468 mit Variation) – Kyriegesang – Gnadenzusage – Kollektengebet.

Einzelmaterialien:

Das *Bußgebet* ließe sich auch von mehreren SprechernInnen ausführen. Wo »Gebetsstille« wenig gebräuchlich ist, sollte vorher ein kurzer entsprechender Hinweis erfolgen. Besonders sei die Ausformung mit »aktuellen Notständen« empfohlen.

Vorschlag für den *Gnadenspruch*
Gott ist uns entgegengekommen. Er vergibt uns um Jesu Christi willen unsere Schuld. Er beruft uns zu einem erneuerten Leben. Denn Gott war in Christus und versöhnte die Welt mit sich selber und rechnete ihnen ihre Sünden nicht zu und hat unter uns aufgerichtet das Wort von der Versöhnung.

Vorschlag für das *Kollektengebet*
Unerhörter Dinge Zeugen sind wir, Gott: Jesus von Nazareth, den wir als einen von uns ansehen, hast du die Macht gegeben, für andere barmherzig zu sein und bereit zu vergeben. Auch wir bitten dich um diese Macht, um diese Freiheit: daß wir für alle, die mit uns leben, Heil und Gnade seien in dieser Welt, zum Zeichen, daß du aller Sünden Vergebung bist. (Huub Oosterhuis, Verlag Herder, Wien)

Für die weiteren Teile des Gottesdienstes noch folgende Bemerkungen:
Als *Credo* könnte die Erklärung Luthers zum zweiten Artikel gemeinsam aus dem Gesangbuch gesprochen werden. Als Vorschlag für ein neues Bekenntnis sei angeboten:

Ich glaube, daß du an all meine Fehler geduldig einen neuen Anfang knüpfst. Ich glaube, daß du die Dunkelkammern meines Ichs in lichte Welten auftun wirst. Ich glaube, daß du mein kümmerliches Lieben-wollen annimmst und hundertfach blühen läßt. Ich glaube, daß die Kette menschlicher Schuld in dir ein Ende hat. (Ulrich Höckner)

Als prosphonetisches *Fürbittengebet* eignet sich aus dem Vorentwurf »Erneuerte Agende« Nr. 404 auf S. 521f., als *Eucharistiegebet* Nr. 485 S. 620–22, als *Dankgebet* nach dem Mahl Nr. 522 S. 660. Der *Friedensgruß* vor der Austeilung sollte im Kontext der Predigt möglichst ausgestaltet werden.

Für die *Liedauswahl* sei empfohlen »Holz auf Jesu Schulter« von J. Henkys nach W. Barnard. Das Lied steht in vielen neuen Sammlungen und auch im Vorentwurf zum »Evangelischen Gesangbuch«. Es meditiert die Passion in kosmischem und weltverantwortendem Horizont. Auch EKG 54 ist gut geeignet: Str. 2: »nach seinem Willen leben«, »die Lieb erzeigen jedermann«.

Vorschlag für die Predigt

Der Vorschlag folgt dem sog. lernpsychologischen Kompositionsmodell. D.h. auf eine das Hörerinteresse weckende Einleitung (1) folgt die Problemstellung (2). Sie wird auf verschiedene Antwortmöglichkeiten hin bedacht (3). Ihnen wird das Lösungsangebot aufgrund des Bibeltextes angeschlossen (4). Diese Position wird dann noch exemplarisch in Praxisbereiche hinein ausgezogen (5).

1. »Herbst 1989. Die Lage in der ehemaligen DDR scheint unversöhnlich. Reformkräfte auf der einen – Partei, Staatssicherheit und Armee auf der anderen Seite. In der Leipziger Nikolaikirche finden Friedensgebete statt. Die Menschen kommen zu Hunderten. Zu Tausenden. Schließlich sind es Hunderttausend, die nach den Gottesdiensten demonstrieren. Für Freiheit. Für Gerechtigkeit. Wird es zu Gewalt kommen? Wird gar geschossen werden? In einem der Friedensgebete hat der Leipziger Superintendent Friedrich Magirius über die Worte aus dem 2. Korintherbrief gepredigt. Versöhnung! Magirius sprach von abgebrochenen Brücken in den Kriegsgeschichten des deutschen Volkes. Er sprach von den Spannungen in jenem Herbst '89. Er sprach von den abgebrochenen Brücken, die jeder in seinem Leben kennt: ›Wieviel Brücken hat jeder von uns schon abgebrochen: Brücken zur Kinderzeit, zum Elternhaus, Brücken zum Freundeskreis, zu Menschen, mit denen wir früher einmal verbunden waren, vielleicht sogar zu einem, dem wir uns als Partner anvertraut hatten. So geht das: die Verbindung ist gerissen.‹«

2. Daß Welt und Leben von Unversöhntsein geprägt sind, braucht diesmal nicht näher entfaltet zu werden. Die Hörer haben selbst reichlich Erfahrung

davon. In der (ebenfalls kürzeren) Phase der Problemstellung ist auf die Frage zuzusteuern, ob denn abgebrochene Brücken wieder neu gebaut werden können. Sicher sind's nicht dieselben, vielleicht nicht am selben Ort. Aber: »Karfreitag kommen wir in die Kirche, um Versagen und Versäumnis auszusprechen. Um abgebrochene Brücken zu beklagen ...« »Karfreitag kommen wir aber auch, weil wir glauben, wissen oder es noch ahnen: Es gibt eine Botschaft von der Versöhnung. Die christliche Gemeinde feiert zu Karfreitag ein Versöhnungsfest.« »Da würde das Leben heil, da kämen wir mit uns selbst wieder überein, da würde es mitten in dieser alten, zerrissenen Welt so etwas geben wie neues Menschsein, wie neue Schöpfung, wenn Versöhnung gelänge.« Wie kann es zu neuem, versöhnten Leben kommen?

3. Im dritten, längeren Predigtteil sind einige Antworten »durchzuspielen«, die auf die zuletzt genannte Frage heute gegeben werden. Es sollte sich um Antworten handeln, die mutmaßlich für jeweils einen Teil der Hörer eine gewisse Rolle spielen. Solche Lösungsversuche sind nicht »abzukanzeln«, jedoch sind ihre Grenzen behutsam aufzuzeigen. Denkbar wäre beispielsweise:

3.1. »Vergebliche Mühe! Schließlich bleibt doch alles beim alten! Es gibt nur Grade der Veränderung, kein wirkliches Neuwerden. Die unbewältigte Vergangenheit schleicht uns immer nach.« Der alte Adam. Kain kehrt immer wieder. Was jetzt in den neuen Bundesländern läuft, war es das, was die Menschen dort erwarteten? Aber so ist der Mensch nun mal. Immer auch ein Wolf. Bleibt realistisch, Leute! – Aber vermag man/frau es auf die Dauer, mit solch satter Resignation zu leben? Wäre das nicht totales »Verkalktsein«?

3.2. »Wenn etwas neu werden soll, müssen die Verhältnisse geändert werden!« Viel ist unter dieser Devise investiert worden. Wer's madig machen möchte, soll lieber den Mund halten. Freilich: der neue Mensch ist durch geänderte Verhältnisse nicht entstanden. Siehe Osteuropa.

3.3. Sind Versöhnung mit dem eigenen Selbst, sind Selbsterneuerung und Selbstverwirklichung ein besserer Weg? Wird die neue Schöpfung aus psychischer Revolution geboren? (Vgl. dazu auch unten Text 1 der Kontexte.) Doch was schlummert alles an vielleicht noch gar nicht gewußtem Dunkel in mir? Woraufhin soll ich mich selber ausarbeiten?

4. In diesem Teil wäre verstärkt auf den Predigttext einzugehen. Ich schlage dafür ein zunächst mehr begründendes, sodann ein mehr zusprechendes Reden vor.

4.1. »Der Eintritt in das Neue Sein verlangt nicht, daß wir irgend etwas vorweisen. Wir müssen nur offen sein, damit das Neue Sein uns ergreifen kann, obwohl wir nichts vorzuweisen haben.« (P. Tillich) Herkunftsgrund für unser Neuwerden ist Jesus Christus. Er war der ganz und gar versöhnte Mensch: versöhnt mit sich selbst, mit Mitmenschen und Natur, mit Gott. Er begab sich freiwillig in die Verstrickungen des Bösen, scheute nicht die

Gottesferne. Die Konsequenzen, die aus den Selbstbehauptungs- und Selbsterlösungsversuchen der Menschen immer folgen – er hat sie getragen: Aggression, Angst, Haß, Tod. Christus sagte bei dem allem Ja zu Gott, er hielt den Bund durch. Das Kreuz als äußerster Ort der Ablehnung und Sünde wurde solcherart »umgebogen und umgelitten zum Ort neuen Lebens und neuen Bundes« (G. Greshake).

4.2. Für das zusprechende Reden schlage ich vor, rhetorisch dadurch zu intensivieren, daß die Wendung »von nun an« (Vers 16) wiederkehrend gebraucht wird. Etwa: »Wenn wir immer wieder versuchen, uns in unseren eigenen Augen beliebt zu machen und wir dann spüren, wie die heimliche Feindseligkeit in uns zunimmt – seit Karfreitag, von nun an gilt: Das neue Sein ist erschienen, in dem auch wir versöhnt sind.« »Wenn wir Ablehnung von anderen erfahren ... Wenn die eigene Schuld gegen uns aufsteht ... Wenn wir die Kirche und ihre Vertreter als enttäuschend und allzu menschlich erfahren – von nun an gilt, daß die Kirche in aller Schwachheit dennoch die neue Schöpfung weitervermitteln soll.«

5. Für die »Lösungsverstärkung« schlage ich drei Möglichkeiten vor, die kaum alle, aber auswahlweise angesprochen werden könnten.

5.1. Gottesdienst: Das Abendmahl als das große Versöhnungsmahl (ausgehend von der anthropologischen Funktion gemeinsamen Essens und Trinkens, das Familie, Freunde und Fremde erneut zusammenzuführen vermag, könnte von der im Sakrament weitergehenden Versöhnungsgeschichte Christi mit uns gesprochen werden).

5.2. Seelsorgerlich akzentuiert: Die neue Perspektive! Gegenüber individuellen Enttäuschungserfahrungen könnte das »von nun an« in seiner eschatologischen Gültigkeit entfaltet werden.

5.3. Politisch akzentuiert: »Versöhnte leben anders!« Wirksames Beispiel: die »Aktion Sühnezeichen«. Versöhnungsarbeit z.B. im Nachbarland Polen. Oder: die »gewaltlose Revolution« 1989, vgl. oben! »Der eigentliche Heilungsprozeß geschieht in der Begegnung von Mensch zu Mensch, von Familie zu Familie, von Gemeinde zu Gemeinde. So bleibt das auch unsere Hoffnung in den Spannungen und Schwierigkeiten unserer Zeit, zwischen Ost und West, Nord und Süd.« (Friedrich Magirius)

Kontexte

1. Ein Kon- und Antitext zugleich: »Das Leben von Jesus Christus hat mich stets fasziniert. In ihm sehe ich den ›gesunden Menschen‹ an sich, der aus seinen Emotionen kein Hehl machte, der klar, direkt und offen und vor allem zum Leiden und zum Schmerz fähig war. Über den Passionsweg begriff ich die Bedeutung des Leidens und was der Mensch durchmachen und auf sich nehmen muß, will er zu neuem Leben gelangen. Ich wehre mich gegen die Interpretation, daß Jesus den Menschen etwas abgenommen hätte und daß das ›wahre‹ Leben erst nach dem Tod kommen soll. Ich sehe darin einen falschen Trost, der geeignet ist, die Menschen am Leben zu hindern und ihre Not zu verdrängen und zu verleugnen. Dies jedenfalls ist mir als ›christliche Praxis‹ wiederholt begegnet, und ich fand eingeengte und geängstigte Menschen, die durch eine Mauer von Schuldgefühlen am Leben gehindert waren. Fanden sie aus

dieser Verstörung heraus, konnten sie ihr »Kreuz« auf sich nehmen, indem sie sich emotional öffneten, erfuhren sie sehr häufig eine Befreiung zu neuem Leben. Sie fühlten sich plötzlich eingebunden und gehalten, sie erfuhren aus sich heraus Sinn oder erlebten geschriebene oder gesprochene Sinnangebote als innere Zustände, sie empfanden für Augenblicke Liebe und Frieden ... Schuld, Reue und Vergebung bekamen die Qualität leibseelisch erlebter Erfahrung. Solche »Sternstunden« waren regelmäßig gebunden an eine tiefe Gefühlsarbeit mit viel Zorn, Schmerz und Trauer über lebensgeschichtliche Erfahrungen von Unterdrückung, Demütigung und Kränkung.« (Hans-Joachim Maaz)

2. Besinnung

Das Kreuz durchkreuzt
Was keiner wagt, das sollt ihr wagen
was keiner sagt, das sagt heraus
was keiner denkt, das wagt zu denken
was keiner anfängt, das führt aus
Wenn keiner ja sagt, sollt ihr's sagen
wenn keiner nein sagt, sagt doch nein
wenn alle zweifeln, wagt zu glauben
wenn alle mittun, steht allein
Wo alle loben, habt Bedenken
wo alle spotten, spottet nicht
wo alle geizen, wagt zu schenken
wo alles dunkel ist, macht Licht
Das Kreuz des Jesus Christus
durchkreuzt, was ist und macht alles neu.

Lothar Zenetti (© Verlag J. Pfeiffer, München)

Was ich auch noch gerne realisieren würde

Das persönliche Miterleben des Versöhnungsganges in Gottesdienst würde vermutlich gesteigert werden, wenn von Gottesdienstteilnehmern selbst aktuelle Situationen von Unversöhntsein genannt würden. Das ließe sich von einer Gruppe vorbereiten. Oder vor bzw. zu Beginn des Gottesdienstes könnte gebeten werden, aus der Gemeinde entsprechende Erfahrungen und Anliegen zu nennen. Soll das noch mit einem nonverbalen Ausdruck verbunden werden, können diese auf Zetteln notiert und die Zettel an ein Tuch geheftet werden, das in der Nähe eines Kreuzes in der Kirche angebracht ist bzw. das selbst ein Kreuzeszeichen trägt. Im Zusammenhang des Bußgebetes (s. oben) werden die Erfahrungen und Anliegen kurz benannt.

Quellenbelege

Erneuerte Agende. Vorentwurf. Luther. Verlagshaus Hannover u. Luther-Verlag Bielefeld 1990

Das Kollektengebet nach: Huub Oosterhuis, Ganz nah ist dein Wort, Herder Vlg. Wien 1980[12], S. 85

Das Credo aus: Türklinken zum Leben. Vorstellungen, Benno-Vlg. Leipzig 1990, S. 121

Die Passagen aus der Predigt von Friedrich Magirius aus: Dona nobis pacem. Fürbitten und Friedensgebete Herbst '89 in Leipzig, hg. von Günter Hanisch u.a., EVA Berlin 1990, S. 16-19 (Die Predigteinleitung S. 16, der Schlußsatz S. 19).

Text 1 der Kontexte aus: Hans-Joachim Maaz, Der Gefühlsstau. Ein Psychogramm der DDR, Argon Verlag Berlin 1990 (W-1000 Berlin 30, Potsdamer Str. 77-87), S. 230

Text 2 der Kontexte aus: Ein Weggeleit für 1991. Hrsg. v.d. Männerarbeit der Evg. Kirche von Westfalen, Berliner Platz 12, W-3860 Iserlohn, Tel.: 0 23 71 / 352-38, S. 15.

Ostersonntag

Predigttext: 1. Korinther 15,1–11

Claus Marcus

Theologisch-homiletische Skizze

Ostern 1992 – acht Jahre vor der Jahrtausendwende. Prediger wie Hörer stehen vor schwierigen Fragen. Die Mächte des Todes und die Kräfte des Lebens befinden sich in einem erbitterten Kampf. Kaum einer kann mit guter Überzeugung sagen, daß das Leben endgültig den Sieg davontragen wird. Während ich diesen Gottesdienstentwurf schreibe, ist die politische Szene in Osteuropa in einen starken Wandel getreten. Das löst große Freude und tiefe Angst gleichzeitig aus. Desgleichen stellen die Aufgaben im geeinten Deutschland Gesellschaft und Kirche vor schwerwiegende Probleme. Die sozialen Aufgaben fordern das Letzte. Die Zahl der Drogentoten ist gestiegen. Die Meldungen über die Zunahme der Ausländerfeindlichkeit besonders in den neuen Bundesländern ruft in vielen dunkle Erinnerungen an vergangene Zeiten wach. Die Vereinsamung der Menschen hat zugenommen. Das Angewiesensein auf begleitende Hilfe wird für das Überleben vieler Menschen notwendig werden. Die Frage nach dem Sinnzusammenhang des Ganzen bewegt nicht nur die heranwachsende Jugend, sondern ist auch der verborgene Grund großer Unzufriedenheit bei den Erwachsenen. Der Blick in die Zweidrittel-Welt läßt nachdenklich werden, da gegenwärtig alles Interesse auf Europa gerichtet zu sein scheint.

Die Hoffnung auf bessere Lebensqualität wird durch die Macht des Faktischen in Frage gestellt. Die Sehnsucht nach aufrechtem Gang schlummert in vielen Menschen, doch die Kraft reicht oft nur zum gebückten Stolpern. In diese Situation gespannter Erwartung auf erfülltes Leben trotz vielfacher Enttäuschungen will die Botschaft von der Auferstehung zu Ostern vermittelt werden. Grundlegendes Problem in der Vermittlung bleibt die tägliche Erfahrung des Zerbrechens von Sinnzusammenhängen, des Scheiterns von Beziehungen, der tiefe Zweifel an einer Wende bei soviel Ungerechtigkeit und Unfrieden in der gesamten Welt. Die ökologischen Folgen des Golfkrieges sowie die Nachrichten über die Sicherheit mancher Atomkraftwerke und die Gefahren der Gentechnologie drohen die Einladung zum Leben außer Kraft zu setzen.

Der Gottesdienst am Osterfest wird die bestehenden Anfragen an die Wirksamkeit des Osterglaubens zur Sprache bringen müssen und die Botschaft der Befreiung zum Leben in die Spannung des unerfüllten Lebens zu verkünden haben. Ostern als Zeitansage zum Leben. Ich verstehe den Text als Hilfe, diese Zeitansage so zu umschreiben: Ostern nimmt uns hinein in eine Geschichte des Vertrauens; erinnert uns daran, daß menschliches Leben Leben in der Geschichte ist. Ostern stiftet Gemeinschaft aus neuem Sehen und Sagen.

Ich entwerfe diesen Gottesdienst für eine Gemeinde im Südwesten von Berlin. Zum Gottesdienst kommen aufgeschlossene, kritische Menschen.

Als *Lesungen* übernehme ich das Osterevangelium nach Mk 16,1–8 und die Verse aus Ps 118,14–24.

Neben den bekannten Osterliedern aus dem EKG scheinen mir *folgende Lieder* verwertbar zu sein: Aus »Singt und dankt« Beiheft 84 zum EKG 621 »Christus ist auferstanden«; 647 »Herr, wir bitten: Komm und segne uns«; 649 »Hört, wen Jesus glücklich preist«; 657 »Unfriede herrscht auf der Erde«; 711b »Ihr seid das Volk«; 715 »Ins Wasser fällt ein Stein«; 719 »Wir haben Gottes Spuren festgestellt«; 737 »In Christus ist nicht Ost noch West«. Aus »111 Lieder für Kirchentage« (24. DEKT 1991): 18 »Einer ist unser Leben«; 22 »Das könnte den Herren der Welt«; 31 »Freunde, daß der Mandelbaum«; 40 »Eines Tages wird die Erde«; 44 »Fürchte dich nicht«; 58 »Ich lobe meinen Gott«; 66 »Jesu meine Freude« (ein anderer Text von Gerhard Schöne); 83 »Mache den Furchtsamen Mut«; 89 »Selig seid ihr«; 97 »Unsere Zeit in Gottes Händen«. Gut zu verwenden sind auch Melodien aus Taizé.

Vorschläge zur Liturgie

Eingangsvotum
Miteinander Gottesdienst feiern / seiner Einladung folgen / sich neu dem gemeinsamen Erinnern und Hören aussetzen / Vertrauen wagen / für das Leben neue Zielrichtung finden / die eigene Gegenwart annehmen / aus dem Vertrauen auf Gott, der uns zu Treuhändern seiner Welt berufen und uns unser Leben anvertraut hat / in der Zuversicht auf Christus, der Spuren der Liebe in diese Welt gezeichnet hat / in der Gewißheit des Heiligen Geistes, der uns auf den Weg des Lebens aus Güte und Freiheit ruft.

Psalmvariation (Mk 16,8; Matth 28,8; Apoc 1,18)
Die Nacht der Nächte ist vergangen / das Licht des Ostermorgens wandelt die Finsternis / Kerker des Todes öffnen sich / das Unglaubliche geschieht / unglaubbar bis zuletzt / der neue Anfang ist gesetzt / Ketten der Angst zerbrechen / Mauern des Zweifels zerfallen
... und sie fürchteten sich!
Aufbrechen aus den Gräbern der Verlassenheit / Wachsen und Verändern zulassen / das Leben wagen / Spuren von Leben entdecken / das Leben im eigenen Leben wahrnehmen / die Einladung zum Leben annehmen / endlich zu sich selbst finden / aus dem Einklang mit sich selbst zu leben wagen / die eigenen Wurzeln finden / Menschen treffen / einander begegnen / zueinander finden / den Weg gemeinsam gehen
und sie gingen eilends weg vom Grab mit Furcht und großer Freude und liefen, um es seinen Jüngern zu verkündigen.
Dem Leben auf der Spur bleiben / dem ewigen Geheimnis von Du und Ich sich nähern / der neue Dialog hat begonnen / Ewigkeit ist in unsere Zeit hereingebrochen / dem Tod ist der Kampf angesagt / die Schöpfung beginnt neu / wir brechen auf in das Leben / es lebt sich gut auf den Bergen der Hoffnung.
Christus spricht: Ich war tot, und siehe, ich bin lebendig von Ewigkeit zu Ewigkeit!

Eingangsgebet
An diesem Ostermorgen kommen wir mit unseren Hoffnungen und Erwartungen. Wir suchen den Weg inmitten unserer Ausweglosigkeit, die Wahrheit inmitten unseres Versteckspiels, das Leben mitten in dieser Welt der Tode. Wir spüren, wie stark wir in den alten Lebenszusammenhängen verfangen sind, begraben in Gräbern der Mutlosigkeit und des Kleinglaubens. Wir sehnen uns nach Befreiung aus den Kerkern der Verlassenheit, der Sinnlosigkeit und der Angst. Wir hoffen auf Leben trotz unseres Verstricktseins in Zusammenhänge von Schuld. Wir vertrauen deiner Einladung zum Leben, o Gott, und wollen an deiner Hand Schritte wagen, aufbrechen und mutig die Gegenwart annehmen.

Gnadenzusage
2. Kor 4,6

Schlußgebet
Die Tür zum Leben hast du uns geöffnet. Ketten der Angst zerbrechen. Mauern der Einsamkeit beginnen zu zerbröckeln. Wege der Hoffnung wirst du uns führen. In unserer Welt ist es Ostern geworden. Der Tod soll nicht mehr das letzte Wort behalten. Du hast uns zum Leben berufen. Mit uns willst du deine Welt in eine Welt der Freude und der Hoffnung verwandeln. Wir danken dir für das Vertrauen, mit dem du uns entgegenkommst.
Vor dir breiten wir aus, was uns trotz Ostern bedrückt und ängstet: Wir denken an die vielen Kinder auf dieser Erde, die auch an diesem Tag kein Zuhause haben und nichts zu essen bekommen / an die vielen Mütter, die mit letzter Kraft aus dem Abfall etwas Eßbares für ihre Kinder suchen / an die heranwachsenden Jugendlichen nicht nur bei uns, sondern besonders in den Ländern von Afrika, Lateinamerika, Indien: Laß sie für ihr Leben eine sinnvolle Aufgabe finden und nicht länger am Leben verzweifeln / an die Völker, die nach Gerechtigkeit und Frieden hungern; daß ein friedlicher Wandel ohne weiteres Blutvergießen möglich wird in Südafrika, in Zaire und in anderen Regionen.
Wir denken an alte Menschen in unseren Gemeinden, die niemanden mehr haben, der ihnen zuhört / an die Kranken und Sterbenden, daß sie einen Menschen neben sich haben, der ihre Ängste und Zweifel aushalten kann / an die Menschen, die in ihrem Leben keinen Sinn mehr finden und sich dem Nichts gegenüber sehen: Laß du sie einen Menschen finden, der ihre Ausweglosigkeit mit ihnen teilt.
Wir denken an die Menschen, die in der Politik und in der Wirtschaft Verantwortung tragen: Laß du sie ihre Entscheidungen zum Wohl der Menschen treffen und nicht ihren eigenen Machthunger stillen, du kannst Herzen und Sinne wandeln.
Wir denken an Menschen, die in Gefängnissen leben und an anderen Menschen schuldig geworden sind. Gib du ihnen Menschen zur Seite, durch die

sie wieder das Leben lernen in der Gemeinschaft mit den anderen. Wir denken an unsere Gemeinden, daß sie ein Ort der Freude und der ansteckenden Hoffnung werden, daß Menschen sich wohlfühlen und sich angenommen wissen.
Mit uns willst du deine Welt in eine Welt für die Menschen verwandeln. Du berufst uns zu Freunden des Lebens, zu Friedensstiftern. Wir bitten um die Kraft, den Herausforderungen des Tages entgegentreten zu können. Wir hoffen auf die Einsicht, daß wir auch mit unserem kleinen Glauben in der Gemeinschaft mit anderen Menschen Oasen des Lebens, der Liebe und des Vertrauens gestalten können.
Wir danken dir, daß es auch in uns Ostern wird. Wir sehen jetzt wie in einen Spiegel. Die Kräfte des Lebens sind stärker als die Todesmächte. Dein Osterlicht läßt uns die Dunkelheit aushalten. Deine Nähe überwindet unseren Abstand. Deine Zuversicht läßt unsere Unruhe klein werden. In deiner Gemeinschaft finden wir das Leben. Du hast uns die Tür zum Leben geöffnet. An deiner Hand laß uns die Schwelle überschreiten. Dann werden wir unsere Freude wie Vögel an den Himmel werfen. Die Nacht ist vergangen, und der Tag des Lebens beginnt jetzt!

Vorschläge zur Predigt

Möglicher Predigtanfang
Ostern – ältestes Fest der Christenheit. Es ruft uns heraus aus unseren gewohnten, festgefahrenen Denk- und Lebensgewohnheiten. Inmitten einer Welt von kriegerischen Auseinandersetzungen und täglichem Erfahren eigener Vergänglichkeit und eigenen Scheiterns werden wir eingeladen zu einem Weg, der uns wegführt von den Gräbern.
Doch stellt uns gerade dieses Fest immer neu vor Fragen des Verstehens. Unsere Erfahrungen, die wir miteinander machen, sprechen eine andere Sprache. Nicht selten erscheint uns das Leben ohne Sinn und Ziel. Wir spüren den Abstand zur Freude vom Ostermorgen. Was kann sich denn wirklich in unserem Leben ändern? Ist nicht der Lebensweg jedes Menschen durch verschiedene Faktoren festgelegt? Bestimmen nicht Hunger und Ausbeutung weiterhin das Leben vieler Völker auf der Erde? Wohin sind wir unterwegs? Sind Sterben und Scheitern die letzten Aussagen über den Weg von uns Menschen? Oder ist da eine Kraft am Wirken, eine Kraft Gottes, die stärker ist als alle Mächte dieser Welt, die uns über Abgründe trägt und sich durchhält? Ohne das Zeugnis von der Auferstehung Christi verliefe unser Leben tatsächlich im Sande. Die Botschaft des Völkerapostels Paulus konfrontiert uns mit der wichtigsten Aussage für unseren Glauben.

Zum weiteren Verlauf der Predigt
1. Korinth – eine griechische Hafenstadt, kurze Hinweise auf die soziale Situation der christlichen Gemeinde. Viele Arme und wenige Wohlhabende.

2. Menschen sind umgetrieben von der Frage nach dem Ziel ihres Lebens. In drei Schritten führt Paulus seine Leser an das Zeugnis von der Auferstehung heran. Er erinnert sie an gemeinsame Erlebnisse und knüpft an gemeinsame Erfahrungen an. Er überliefert ihnen, was auch er empfangen hat. Da ist eine große Schar von Zeugen für die Auferstehung bis auf ihn als dem Letzten in dieser Reihe. Hier könnte kurz über den Aufbau des Textes gesprochen werden.
3. Zwischen der Gemeinde und ihrem Apostel läuft eine »Geschichte der Vertrautheit«. Verdeutlichen würde ich das an dem auffallenden Wechsel von »ich« und »euch« wie an den Verben »verkündigen, annehmen, feststehen, gerettet werden, festhalten«. Dadurch sind die Empfänger des Briefes in diese Geschichte mit einbezogen. Das Stichwort »Evangelium« signalisiert den umfassenden Lebens- und Glaubenshorizont. An den einen wird erinnert, der den schuldigen Menschen freispricht, den Ausgestoßenen wieder in die Gemeinschaft aufnimmt, in einer völlig verfahrenen Situation den Neuanfang wagt. Evangelium ist eine revolutionäre Kraft, die Botschaft zum Leben in einer dem Tode verfallenen Welt.
4. Diese Geschichte der Vertrautheit gründet in einer besonderen Überlieferung. Hier spreche ich von der Notwendigkeit der Überlieferung für menschliche Gemeinschaft. Ich würde die Hörer an eigene Erfahrungen erinnern; auch an die falsche Weitergabe von Tradition. Nicht zufällig hat das Verbum paradidonai die doppelte Bedeutung von überliefern und verraten.
Leben ohne Überlieferung wäre Leugnung der gelebten Geschichte. Für den Hörer mag es eine Hilfe sein, an die katechismusartige Struktur dieses Bekenntnisses zur Auferstehung zu erinnern.
An dieser Stelle würde ich einladen zu einer freien Assoziation, was dem einzelnen Auferstehung bedeutet, was er damit verbindet:
Auferstehung feiern, das meint aufbrechen aus der Gleichgültigkeit, der Angst standhalten, die Selbstbezogenheit überprüfen, den Bannkreis des Todes aufsprengen. Ich denke persönlich dabei an Erlebnisse, wie ich sie in den Osternachtgottesdiensten in schwarzen Christengemeinden in Soweto gemacht habe. Menschen aller Altersgruppen und aus verschiedenen sozialen Gruppierungen treffen sich am Ostersonnabend in ihren Kirchen. Sie singen, beten, halten kurze Ansprachen. Trotz ihrer Demütigungen als Menschen in diesem Apartheidstaat springen Funken des Lebens, der Freiheit und der Freude über. Diese Gottedienste dauern bis in die frühen Morgenstunden und lassen Auferstehungshoffnung erleben inmitten dieser armen, unterdrückten Menschengruppen.
5. Die Botschaft der Auferstehung stiftet Gemeinschaft. Unter diesem Thema würde ich die Kette der vielen Zeugen bedenken. Dabei wäre auf die Frage nach den Visionen als dieser besonderen Weise der Wahrnehmung neuer Wirklichkeit einzugehen. Zur kritischen Besinnung würde ich einladen, inwieweit sich in unseren Gemeinden etwas von dieser dynami-

schen Kraft der Auferstehungshoffnung widerspiegelt. Geschieht unter uns ansteckende Lust und Freude zum Leben? Zu erinnern wäre an die Basisgemeinden in Lateinamerika, an konkrete Zeugen der Auferstehung wie z.B. Oscar Romero, Mutter Teresa, Desmond Tutu u.a.

6. Ostern leitet uns zu neuem Sehen und Sagen an. Der Augenblick erhält neue Qualifizierung. Wir werden zur Gegenwart ermutigt. Die Kraft, die bewegt und verändert, ist Gnade Gottes:

Lassen wir uns darauf ein, so werden wir staunend wahrnehmen die Ansätze neuer Gemeinschaftsbildungen unter persönlichem Einsatz, die Gewährung von Freiheit unter Einbringung von Liebe und Hoffnung.

Aber auch hier wird noch einmal an die Spannung zu erinnern sein, in die uns diese Osterbotschaft in unserer unerlösten Welt führt. Vielleicht ergeben sich aus dem konkreten Gemeindeleben Hinweise. Ich denke an eine schwerkranke Frau, deren Mann gerade von mir beerdigt worden ist. Wie erlebt sie ihr Ostern? Und ich denke an den jungen Studenten aus unserer Jungen Gemeinde, der engagiert mitgearbeitet hat, dann plötzlich in eine Psychose verfällt und unter Schock sich erhängt hat. Was bedeutet Ostern für seine Familie, für seine Freunde?

Möglicher Schluß

Und dennoch, Ostern lädt uns zum Feiern ein. Das Leben ist unter uns erschienen. Wir feiern das Fest der Auferstehung, das Fest der barmherzigen Liebe Gottes, das Fest der Hoffnung und der Freiheit. Blumen der Hoffnung wachsen an den Wegrändern des Lebens. Lieder der Freiheit erklingen aus den Kerkern der Einsamkeit. Gesänge der Liebe übertönen die schrillen Parolen des Hasses. Boten der Gerechtigkeit entmachten die Mächtigen. Freunde des Lebens halten gemeinsam das Grauen des Todes aus. Ostern geschieht jetzt. Laßt uns aufstehen aus unseren Gräbern. Zu Zeugen des Lebens werden wir berufen!

Kontexte

Ca IRA (für Peter Weiß)
Die Verbrechen von gestern haben / die Gedenktage / an die Verbrechen von vorgestern / abgeschafft
Angesichts der Verbrechen von heute / machen wir uns zu schaffen / mit den Gedenktagen / an die Verbrechen von gestern
Die Verbrechen von morgen / werden uns Heutige abschaffen / ohne Gedenktage / wenn wir sie nicht verhindern. (E. Fried)

Status quo
zur Zeit des Wettrüstens
Wer will / daß die Welt / so bleibt / wie sie ist / der will nicht / daß sie bleibt. (E. Fried)

Vorübungen für ein Wunder

Vor dem leeren Baugrund
mit geschlossenen Augen warten
bis das alte Haus
wieder dasteht und offen ist

Die stillstehende Uhr
so lange ansehen
bis der Sekundenzeiger
sich wieder bewegt

An dich denken
bis die Liebe
zu dir
wieder glücklich sein darf

Das Wiedererwecken
von Toten
ist dann
ganz einfach
(E. Fried)

Als kein Ausweg zu sehen war

Die umherirren
und sagen noch
daß sie wissen
daß sie umherirren
und daß sie noch sagen wollen
was sie in ihrem Umherirren sehen
wenn sie
noch etwas sehen
die haben noch etwas zu sagen

Nämlich daß sie nichts sehen
wenn sie nichts sehen
und daß sie etwas sehen
wenn sie etwas sehen
und daß sie umherirren
weil sie nicht wissen wo
oder ob überhaupt noch
ein Weg der kein Irrweg ist
ist

Und vielleicht ist dann ihr Umherirren gar kein so arges
Umherirren wie das derer die nicht sagen
daß sie wissen daß sie umherirren
und die nicht sagen wollen was sie dabei sehen
oder wenn sie nichts sehen nicht sagen wollen
daß sie nichts sehen
weil sie nicht sehen wollen
daß sie umherirren
daß es vielleicht keinen Weg gibt
(E. Fried)

Der Ulmenstamm

Wir sägten Holz, griffen dabei nach einem Ulmenbalken und schrien auf. Seit im vorigen Jahr der Stamm gefällt wurde, war er vom Traktor geschleppt und in Teile zersägt worden, man hatte ihn auf Schlepper und Lastwagen geworfen, zu Stapeln gerollt, auf die Erde geworfen – aber der Ulmenbalken hatte sich nicht ergeben!
Er hatte einen frischen grünen Trieb hervorgebracht – eine ganze künftige Ulme oder einen dichten, rauschenden Zweig.
Wir hatten den Stamm bereits auf den Bock gelegt, wie auf einen Richtblock; doch wagten wir nicht, mit der Säge in seinen Hals zu schneiden. Wie hätte man ihn zersägen können? Wie sehr er doch leben will – stärker als wir!
(A. Solschenizyn)

Einhorn

Die Freude
dieses bescheidenste Tier
dies sanfte Einhorn

so leise
man hört es nicht
wenn es kommt, wenn es geht
mein Haustier
Freude

wenn es Durst hat
leckt es die Tränen
von den Träumen.
(H. Domin)

Über auferstehung

Sie fragen mich nach der auferstehung
sicher sicher gehört hab ich davon
daß ein mensch dem tod nicht mehr entgegenrast
daß der tod hinter einem sein kann
weil vor einem die liebe ist
daß die angst hinter einem sein kann
die angst verlassen zu bleiben
weil man selber gehört hab ich davon
so ganz wird daß nichts da ist
das fortgehen könnte für immer

Ach fragt nicht nach der auferstehung
ein märchen aus uralten zeiten
das kommt dir schnell aus dem sinn
ich höre denen zu
die mich austrocknen und kleinmachen
ich richte mich ein
auf die langsame gewöhnung ans totsein
in der geheizten wohnung
den großen stein vor der tür

Ach frag du mich nach der auferstehung
ach hör nicht auf mich zu fragen
(D. Sölle)

›Seids gewesen, seids gewesen!‹

Die letzte Erde
der Erde letzter Tag
die letzte Landschaft
die eines letzten Menschen Auge sieht
unerinnert
nicht weitergegeben
an nicht mehr Kommende
dieser Tag
ohne Namen ihn zu rufen
ohne Rufende

nicht grüner
nicht weißer
nicht blauer
als die Tage die wir sehn
oder schwarz
oder feuerfarben
er wird einen Abend haben
oder er wird keinen Abend haben
seine Helle sein Dunkel
unvergleichbar.
Die Sonne die leuchtet falls sie leuchtet
unbegrüßt
nach diesem Tag
wird es sich unter ihr öffnen?
Werden wir
als Staunende
wieder herausgegeben
unter einem währenden Licht?

Zünder der letzten Lunte
Maden der Ewigkeit?
(M. Domin)

Dann lebe ich

Es wird in aller Frühe sein
wie damals.

Der Stein ist weggerollt.
Ich bin aus der Erde aufgestanden.
Meine Augen können das Licht ertragen.
Ich gehe und stolpere nicht.
Ich spreche und verstehe mich.
Menschen kommen mir entgegen –
verwandelt sind wir:
einander bekannt.

Der Morgennebel zieht auf.
Ich meinte eine dürre Ebene zu sehen,
Volle Garben seh' ich, lange Halme, Ähren,
darinnen das Korn reift.
Bäume umgrenzen das Bauland.
Hügel zogen in die Ferne,
die Berge hinauf, und werden Wolken.

Dahinter,
Kristall geworden, blendend,
das Meer, das seine Toten zurückgab.
(H. Oosterhuis, Verlag Herder, Wien)

Ostermontag

Predigttext: 1. Korinther 15,12–20

Klaus Zillessen

Theologisch-homiletische Skizze

1. Exegetische Überlegungen

a) Die liturgische Zuordnung dieses Briefausschnittes zum zweiten Ostertag steht in Spannung zum Argumentationstrend des Paulus: *Paulus* geht von der Behauptung der Korinther aus, daß es im strengen Sinne keine Totenauferstehung gäbe. Er will seinen Lesern deutlich machen, was diese Überzeugung für katastrophale Folgen im Hinblick auf zentrale christliche Glaubensüberzeugungen habe, und zwar für die, die das Evangelium verkünden, für die, die diese Botschaft glauben, und für die, die in diesem Glauben entschlafen sind. Die Leugnung jeglicher Totenauferstehungshoffnung würde den Glauben an die Auferstehung Christi unmöglich machen, würde die Heilstat Gottes grundsätzlich in Frage stellen, die Verkündigung jeglichen Inhalts entleeren und den Glauben der Vergeblichkeit preisgeben.
Die liturgische Zuordnung dieses Briefabschnittes geht aber von der umgekehrten Fragestellung aus: Christus ist von den Toten auferstanden, so lautet die Botschaft des ersten Ostertages – was hat das für Konsequenzen (so fragen wir am Ostermontag), was bedeutet das z.B. für unsere Toten, für die, »die in Christus entschlafen sind«? Ich denke, daß diese Umkehrung der ursprünglichen Fragestellung und Argumentationsrichtung nicht verboten ist – man sollte sich aber dieses Problems bewußt bleiben.

b) Der Glaube an die Auferstehung Jesu Christi hat für Paulus – im Gegensatz zu unserer Gemeindetheologie und Gemeindefrömmigkeit – zentrale Bedeutung: Für die Gemeindefrömmigkeit ist der *Kreuzestod* Jesu die entscheidende Heilstat Gottes (Versöhnung, Sühne, Stellvertretung, Opfer, Erlösung). *Ostern* dagegen ist für die Gemeindefrömmigkeit eigentlich eher die *Beglaubigung* des Gekreuzigten als des Gottessohnes, vielleicht auch so etwas wie »Beweis« oder Verheißung dafür, daß Gott jenseits des Todes denen, die durch den Kreuzestod Jesu erlöst sind, neues Leben schenken wird. Für Paulus dagegen ist die Auferstehung Jesu (zusammen mit dem Kreuzestod) die (Doppel-)Heilstat Gottes schlechthin. Besonders deutlich wird das bei Paulus im Zusammenhang seiner Adam-Christus-Typologie (z.B. 1. Kor 15,21–22): »Denn da durch *einen* Menschen der Tod gekommen ist, so kommt auch durch *einen* Menschen die Auferstehung der Toten. Denn wie sie in Adam alle sterben, so werden sie in Christus alle lebendig gemacht werden. Mit der Heilstat der Auferweckung Jesu Christi von den Toten beginnt für Paulus unsere Auferstehung von den Toten. – Unseren Gemeinden ist Ostern eher eine Tat Gottes am *Gekreuzigten*. Für Paulus dagegen ist es eine Heilstat Gottes an *uns*. EKG 59,1 (»Wir danken dir, Herr Jesu Christ, daß du für uns gestorben bist«) braucht als Ergänzung EKG 84,1 (»Wir danken dir, Herr Jesu Christ, daß du vom Tod erstanden bist und hast zerstört des Todes Macht und *uns* das Leben wiederbracht.«)

2. Homiletische Überlegungen

a) Eindrucksvoll an unserem Predigttext ist die Stringenz der (dreifachen) Argumentationskette des Paulus. Sie läuft auf den Alptraum einer dreifachen Katastrophe hinaus:

Gibt es keine Auferstehung der Toten

(Vers 13ff.) ↓	↓ (Vers 16ff.)	
so ist Christus nicht auferstanden	so ist Christus nicht auferstanden,	→ so sind die in Christus Entschlafenen verloren
↓	↓	
so ist die Predigt vergeblich,		
↓	↓	
so ist der Glaube nichtig,	so ist der Glaube nichtig,	
↓	↓	
so sind wir falsche Zeugen.	so seid ihr noch in euren Sünden.	

Die (zugleich sprachlich und argumentativ) eindrucksvolle alptraumhafte Stringenz dieser dreifachen »Todeskette« sollte in der Predigt nicht verloren gehen.

b) Andererseits aber sollte das befreite Aufatmen (nach dem Erwachen aus diesem Alptraum), das (durch die Abgrenzung der Perikope) im Predigttext nur aus einem einzigen Satz beteht (»Nun aber ist Christus auferstanden von den Toten als Erstling unter denen, die entschlafen sind«), nicht zu kurz kommen, sondern entfaltet werden. Vielleicht in einer Umkehrung, in einem Gegenbild zur »Todeskette«: Den beklemmenden eisernen Gliedern der »Todeskette« des Paulus werde ich als Gegenbild den »Lebensbrunnen« gegenüberstellen, dessen übereinandergeordnete Schalen das Wasser des Lebens weitergeben. Vielleicht kann man auf dem Gottesdienstblatt oder auf einer Grafik an der Altarwand das der Gemeinde auch optisch nahe bringen.

Zur Liturgie

Eingangsspruch

Der Herr ist auferstanden. Was sucht ihr den Lebendigen bei den Toten? Er ist wahrhaftig auferstanden!

Bußgebet

Herr Jesus Christus, du bist vom Tode auferstanden – vergib, daß deine Gemeinde schläft. Du hast den Todesschlaf abgelegt – vergib so viel dumpfe Müdigkeit bei uns. Du lebst – vergib, wenn unser Glauben, Hoffen und Lieben erstarrt ist. Herr, erbarme dich über uns …

Gnadenzusage

Der auferstandene Christus erbarmt sich über uns. Er ruft uns zu: »Ich lebe, und ihr sollt auch leben.«

Schlußgebet
Gott, du läßt uns das Fest der Auferstehung feiern.
Du bist größer als der Tod,
stärker als alle Mächte der Zerstörung.
Wo der Tod uns Grenzen setzt,
da führen deine Wege weiter
durch Karfreitagsfinsternis ins Licht der Ostersonne,
durch Schuldigwerden zur Vergebung,
durch Gräber hindurch zur Auferstehung,
durch Sterben zu Neuschöpfung und Vollendung,
durch Tod zu Leben, das bleibt.
Wir danken dir,
daß unsere Entschlafenen im Tode nicht verloren sind.
Wir danken dir,
daß auch der Tod uns nicht trennen kann von deiner Liebe.
Nun überwinde auch alle Todesbesessenheit und Zerstörungssucht in uns:
den bösen Wahn, Konflikte mit Krieg und mörderischen Waffen lösen zu können,
die verhängnisvolle Anmaßung,
das Leben auf dieser Erde verbrauchen, zerstören und ausrotten zu dürfen,
und die kalte Gleichgültigkeit,
zuzusehen, wie unzählige Menschen auf dieser Erde verhungern.
Gib uns den Geist Jesu Christi, des Auferstandenen,
der lebendig ist, lebendig macht und Leben schenkt.

Zum Abendmahl
Nachdem in der Karwoche immer wieder die klassischen Einsetzungsworte von der Stiftung des Abendmahls am Vorabend des Todes Jesu: »in der Nacht, als er verraten wurde« zu hören waren, schlage ich für Ostern als *Einsetzungsworte* den Bericht vom österlichen Mahl Jesu mit den Emmausjüngern vor, vielleicht etwas gekürzt oder auch auf zwei Sprecher verteilt:
1. Spr.: Und siehe, zwei von den Jüngern gingen an demselben Tag in einen Ort, der lag von Jerusalem zwei Wegstunden entfernt, mit Namen Emmaus. Und sie redeten miteinander von all den Geschehnissen. Da nahte sich Jesus selbst und ging mit ihnen. Aber ihre Augen wurden gehalten, so daß sie ihn nicht erkannten.
2. Spr.: Er aber sprach zu ihnen: Was sind das für Reden, die ihr zwischen euch führt unterwegs?
1. Spr.: Da blieben sie traurig stehen. Und der eine von ihnen, mit Namen Kleophas, antwortete ihm: Bist du der einzige in Jerusalem, der nicht weiß, was in diesen Tagen geschehen ist?
2. Spr.: Und er sprach zu ihnen: Was denn?
1. Spr.: Sie antworteten: Das mit Jesus von Nazareth, der ein Prophet war, mächtig von Taten und Worten vor Gott und allem Volk; wie ihn unsere

Oberen gekreuzigt haben. Und wir hatten doch gehofft, er sei es, der Israel erlösen würde! Vor drei Tagen war das. Und jetzt haben uns einige von unseren Frauen erschreckt. Sie waren früh am Grabe, haben seinen Leichnam aber nicht gefunden, kommen und behaupten, sie hätten eine Erscheinung von Engeln gehabt, welche sagten, er lebe. Und einige von uns waren am Grabe und fanden es so, wie die Frauen erzählt hatten – aber IHN sahen sie nicht.

2. Spr.: Da sprach er zu ihnen: O ihr Toren, zu trägen Herzens, um all dem zu glauben, was die Propheten geredet haben! Mußte nicht Christus solches leiden und zu seiner Herrlichkeit eingehen? Und er fing an bei Mose und allen Propheten und legte ihnen die Schrift aus, was darin von ihm gesagt war.

1. Spr.: Und sie näherten sich dem Ort, zu dem sie kommen wollten. Und er stellte sich, als ob er weitergehen wolle. Aber sie nötigten ihn und sprachen: Bleibe bei uns, Herr, denn es will Abend werden und der Tag hat sich geneiget!

2. Spr.: Und er ging hinein, bei ihnen zu bleiben. Es geschah aber, als er mit ihnen zu Tische saß, *nahm er das Brot, dankte, brach es und gab es ihnen*. Da wurden ihre Augen geöffnet, und sie erkannten ihn. Er aber verschwand vor ihnen.

1. Spr.: Und sie sprachen untereinander: Brannte nicht unser Herz in uns, als er mit uns redete auf dem Wege und uns die Schrift öffnete? Sie standen auf zur selben Stunde, kehrten nach Jerusalem zurück, fanden die Elf und die bei ihnen waren. Die sprachen: Der Herr ist wahrhaftig auferstanden und Simon erschienen. Und sie erzählten ihnen, was auf dem Wege geschehen war und wie er von ihnen erkannt worden sei, als er das Brot brach.

Gebet vor dem Empfang des Abendmahlsbrotes

»Brich uns, Herr, das Brot
wie den Jüngern beiden,
weil wir Angst und Not
auf dem Weg leiden,
daß wir dich erkennen,
dich mit Namen nennen,
vor dir brennen.« (EKG 162,1)

Predigtskizze

So könnte die Predigt beginnen:

»Der Herr ist auferstanden, er ist wahrhaftig auferstanden« – Man kann diese Osterbotschaft auf verschiedene Weise aufnehmen: Man kann den Blick *rückwärts* richten und fragen: Wie war das damals wohl? Was ist da geschehen, und wie soll ich mir das vorstellen? Im Grunde wären das dann wenig fröhliche Gedanken, eher pedantisch und humorlos, Fragen verkniffener Vergangenheitsschnüffelei.

Heller und frischer waren die Ostergedanken der Korinther, mit denen Paulus hier korrespondiert: Sie kontrollieren nicht mißmutig die Vergangenheit, sondern versuchen in ihrer *Gegenwart* Spuren und Wirkungen von Ostern zu entdecken. Sie sind fasziniert von der Erfahrung, daß schon jetzt in ihrem Leben und ihrem Miteinander von der Auferstehung Christi etwas gegenwärtig und wirksam ist: ein Stück neuer Lebendigkeit und Glaubenskraft. Ostern ist für sie erlebbare Gegenwart. Sie entdecken, daß sie (in gewissem Sinne) schon mit Christus auferstanden sind: »Wir haben schon den neuen Geist, das neue Leben, das mit Christi Auferstehung wirksam geworden ist – was interessieren uns schwer nachvollziehbare Glaubenssätze wie die von der »Auferstehung der Toten und ewigem Leben«!

Sympathisch dieser Osterglaube der Korinther? Paulus allerdings erschrickt: Ostern hat doch nicht nur eine Vergangenheitsgeschichte (damals, als Jesus auferstand) und nicht nur eine Gegenwartswirkung (über die sich die Korinther mit Recht freuen), sondern auch eine *zukünftige* große Wirkungsgeschichte: die Vernichtung des Todes. Solange noch drüben auf unserem Friedhof alte Gräber gepflegt und neue ausgehoben werden müssen, ist Ostern noch nicht zum Ziel gekommen. »Der letzte Feind, der vernichtet wird, ist der Tod« (1. Kor 15,26).

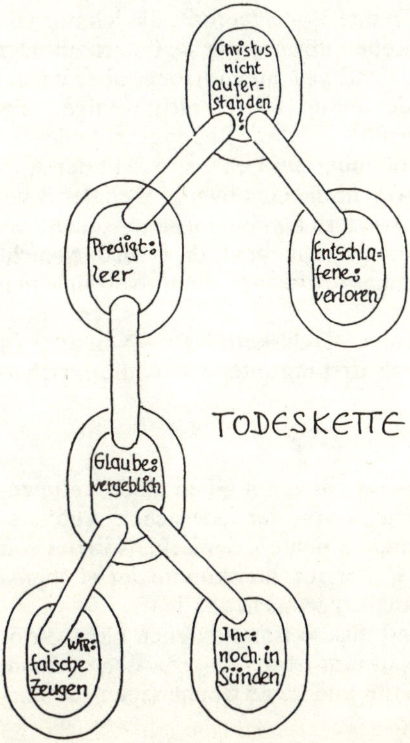

Wer auf diese Zukunftsgeschichte verzichten zu können meint, wer die Auferstehungsbotschaft an diesem Punkt verdünnt, verdiesseitigt, zu einem bloßen Symbol für gegenwärtige geistliche Erfahrungen macht, der verspielt alles, auch die ermutigenden Zeichen des Lebens in der Gegenwart, sogar das tragende Fundament aller Hoffnungen in der Vergangenheit: die Osterbotschaft von der Auferstehung Jesu Christi. –

(So könnte die Predigt weitergehen:)

1. Glied um Glied einer kalten eisernen Kette von beklem-

menden Konsequenzen läßt Paulus vor unseren Augen sichtbar werden, ein Alptraum ohne Hoffnung und Ausweg: »Gibt es keine Auferstehung der Toten, so kann auch Christus nicht auferstanden sein: ist Christus nicht auferstanden, so ...« (an dieser Stelle der Predigt könnte den Zuhörern die »Todeskette« auch optisch vor Augen geführt werden).

2. Bei all dem geht es nicht darum, daß wir bestimmte (schlichte oder komplizierte, theologisch spekulative oder philosophische) Auferstehungs*vorstellungen* teilen sollen, sondern es geht darum, ob unser Glaube vor dem Tod als letzter Grenze kapitulieren zu müssen meint. Es steht beim Auferstehungsglauben auf dem Spiel, ob unser Glaube an Gott den Schöpfer schließlich doch nur der Glaube an eine Naturgottheit ist, die zwar Leben schenkt, aber doch nur Leben, das begrenzt ist, auf Vergehen und Verwesen zugeht. Es steht auf dem Spiel, ob das Reich des lebendigen und lebenschenkenden Vaters Jesu Christi dort seine Grenzen und sein Ende hat, wo der Herrschaftsbereich des Todes beginnt. Es geht darum, ob wir letztlich doch nicht an den Gott des Lebens, sondern an einen Gott des Todes glauben müssen. Es geht darum, ob der Gekreuzigte nur so etwas wie ein exemplarischer Toter – oder »die Auferstehung und das Leben« ist. Es steht auf dem Spiel, ob Gott, der Schöpfer, auch der Gott der Neuschöpfung und Vollendung jenseits aller Todesgrenzen ist.

Noch einmal: Es geht nicht um bestimmte *Vorstellungen*, die ich mir von der Auferstehung und dem ewigen Leben mache, wie sie innerhalb oder außerhalb der Kirche da und dort Gestalt gewonnen haben, aber darum geht es, daß das, was jenseits des Todes auf uns wartet, nicht weniger, eingeschränkter und verdünnter sein darf als das, was Leben jetzt bedeuten kann – so wahr Gott der Gott und Vollender des Lebens ist. Mit der Auferstehungsbotschaft steht also nicht so sehr die Glaubwürdigkeit der Bibel oder der Osterzeugen auf dem Spiel, sondern *Gottes* Gottsein – und *meine* Zukunft. Die Auferstehung Jesu ist unendlich mehr als die (nun doch nicht durchgehend überzeugende) Wirkungsgeschichte eines verblichenen Rabbi unter uns ...

3. Paulus schüttelt den Alptraum seiner »Todeskette« ab: »Nun aber ist Christus auferstanden von den Toten als Erstling unter denen, die entschlafen sind –« ...

Möglicher Schluß

Wie Paulus vorher bei seinem Alptraum Glied um Glied einer Kette zusammenfügen mußte, so kann man jetzt von der österlichen Auferstehungsbotschaft her einen Lebensbrunnen errichten, der Lebenswasser von einer Schale in die nächsten Schalen weitergibt (hier könnte der »Lebensbrunnen« der Gemeinde optisch zugänglich gemacht werden).

Christus ist auferstanden – darum sind unsere Entschlafenen nicht verloren. Gott ist ein Gott des Lebens – darum ist die Osterbotschaft keine angstbeschwichtigende Placebo-Tablette und keine treuherzige Schönfärberei, sondern verläßliche gute Nachricht.

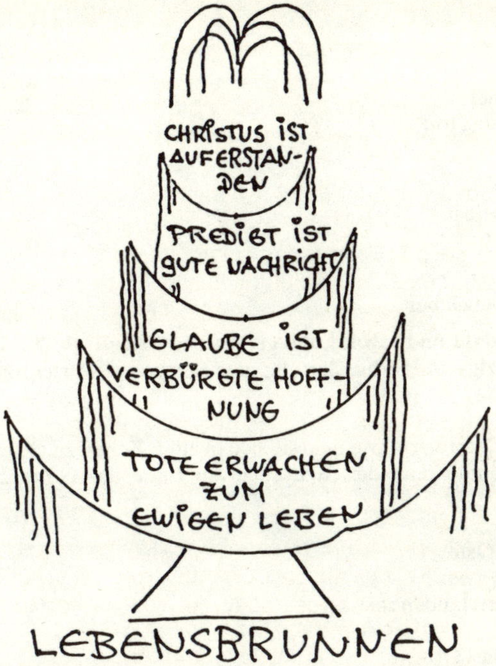

Christus ist auferstanden – darum ist unser Glaube nicht Selbstbetrug, sondern Lebenselexier und verbürgte Hoffnung.
Christus ist auferstanden – darum ist Osterfreude nicht Galgenhumor, sondern befreites Osterlachen. Ostergottesdienste sind nicht bloße Frühlingsfeste, sondern Feste, die das Leben feiern, dem Zukunft offensteht.
Christus ist auferstanden – so ist das Abendmahl Jesu am Vorabend seines Todes nicht bedrückende Henkersmahlzeit, sondern Verheißung für die Ewigkeit: »… bis ich's aufs neue mit euch essen werde in meines Vaters Reich«. Und unsere Abendmahlsfeier, die wir in diesem Gottesdienst feiern werden, ist nicht ein (reichlich verspäteter) Leichenschmaus in pietätvoller Erinnerung an den, der gekreuzigt, gestorben und begraben wurde, sondern Begegnung mit dem auferstandenen Lebendigen. Christus ist auferstanden – darum ist unser Tod nicht das Ende unseres Lebens, sondern: »der Tod ist mir Schlaf geworden« (Luther). Schlaf, aus dem es ein österliches Erwachen gibt im »Morgenglanz der Ewigkeit«.

Kontexte

1. ein grab greift
   tiefer
   als die gräber
   gruben

   denn ungeheuer
   ist der vorsprung tod

   am tiefsten
   greift
   das grab das selbst
   den tod begrub

   denn ungeheuer
   ist der vorsprung leben

(Kurt Marti: geduld und revolte, die gedichte am Rand, Reihe: Dichtung im ausgehenden Zwanzigsten Jahrhundert, hg. von Ingeborg Drewitz, Bd. 5, Radius-Verlag, Stuttgart 1984)

2. Sprüche auf Ostereiern, wie man sie sich in alten Zeiten zu Ostern schenkte (vielleicht könnte man diesen Brauch am Ende des Gottesdienstes aufleben lassen?):

a) Was sagt dies Osterei?
daß alles Leben neu,
weil Christus erstanden sei.

b) Künden will dies Osterei,
daß Jesus Christ der Sieger sei
und alle Todesnacht vorbei.

c) Das sich nach oben verjüngende Ei
sagt uns, daß Christus Sieger sei,
der verjüngt aus dem Tod erstanden
und uns erlöst von des Todes Banden.

Quasimodogeniti

Predigttext: 1. Petrus 1,3–9

Jochen Vollmer

Theologisch-homiletische Skizze

Eine Eulogie, die zur Trostrede an die Gemeinden wird und zur Hoffnung in Bedrängnis anstiften will. Die Situation des Leidens ist wenig spezifisch und konkret, sie besteht vielmehr in der Andersartigkeit und Fremdlingschaft der Christen in einer nichtchristlichen Umwelt. Die junge Christenheit lebt als unangepaßte Minderheit in der Welt. In Ablehnung und Diskriminierung, in offener Aggression, Feindschaft und Verfolgung die christliche Hoffnung zu leben, dazu will das Pseudepigraph 1. Petr Mut machen. Die Hoffnung ist begründet in der Gabe des neuen Lebens durch die Auferstehung Jesu Christi von den Toten. Das neue Leben wird als lebendige Hoffnung im Glauben ergriffen und in der Taufe zugesprochen und erfahren. Glaube und Taufe erschließen eine neue Lebenspraxis, ermöglichen und eröffnen Zukunft aus Gott, eine Perspektive, einen Durchblick durch die alltäglichen Erfahrungen des Leidens und der Traurigkeit hindurch auf das Ziel des Glaubens, das Heil. In der Hoffnung ist das Heil trotz widriger und gegenteiliger Erfahrungen als Freude schon gegenwärtig. Auffallend sind die präsentischen Formulierungen in den Versen 6 und 9. Der 1. Petr deutet die Leiden theologisch im apokalyptischen Horizont als vielfältige Erprobungen von Gott zur Läuterung und Bewährung des Glaubens. Das gewisse und unverbrüchliche Heil bestimmt schon die Gegenwart, auch wenn es in seiner Fülle und Ungebrochenheit erst in der Zukunft am Ende der Zeit Wirklichkeit wird. Der 1. Petr mutet seinen Gemeinden zu, sich nicht in eine ghettohafte Existenz aus der Welt zurückzuziehen, sondern die christliche Hoffnung offensiv zu vertreten in einem bewußt von der Umwelt sich unterscheidenden Lebensvollzug. Wer christliche Hoffnung lebt, fällt auf, stößt auf Ablehnung, wird zum Fremden und zur Rechenschaft über seine Hoffnung genötigt (3,15f.).

Zwei Differenzen unserer Situation heute sind zu markieren: Wir leben weder in Bedrängnis auf Grund eines extremen Minderheitenstatus noch in dem apokalyptischen Milieu angespannter Naherwartung. Daß wir (in Westdeutschland) nicht Fremdlinge sind und nicht angefeindet werden, ist m.E. darin begründet, daß wir die christliche Hoffnung in ihrer Unterschiedenheit und Distanz zu unserer Gesellschaft nicht deutlich und nicht offensiv genug leben. Wir haben uns als Kirche und als Glieder der Kirche nahezu bis zur Unkenntlichkeit angepaßt.

Eine Homilie empfiehlt sich bei der gedrängten, traditionellen und formelhaften Sprache nicht, vielmehr eine thematisch orientierte Predigt über die christliche Hoffnung, ihren Grund und ihren Vollzlug in der Kraft der Auferstehung Jesu Christi.

Wenn wir nicht Fremde sind, dann liegt das nicht an der »christlichen« Gesellschaft, in der wir leben, und auch nicht an der »christlichen« Regierung, sondern vielmehr daran, daß wir die christliche Hoffnung weithin verraten haben. Lebenspraxis Hoffnung in der Kraft der Auferstehung Jesu Christi machte auch uns zu Fremden in der Welt. Christliche Hoffnung beruft sich auf die in Jesus, seiner Bürgschaft für Gottes Reich, seinem Tod und seiner Auferweckung durch Gott schon angebrochene, aber noch keineswegs plausible und rational vermittelbare Zukunft des Heils, des unversehrten Lebens, das Gott schenkt und dem der Tod nichts anhaben kann. Durch Jesus ermächtigt, haben Christen ein grundlegend anderes Verständnis von Realität als ihre vom Tod gezeichnete Umwelt. Wer den Tod als in Jesus Christus entmachtet und getötet glaubt, wird in der Welt, die unter der Herrschaft des Todes steht, des Realitätsverlustes bezichtigt und so zum Fremden und Diskriminierten. Angesichts offener Gäber wird zwar von der Kirche und ihren beamteten Priestern und Funktionären die Verkündigung des individuellen ewigen Lebens erwartet, doch erhebt sich entschiedener Protest, wenn den Mächten der Gewalt und des Todes, der Rüstungsproduktion und der Legitimation von Kriegen die Gefolgschaft verweigert wird, wenn derartige Verweigerung nicht der Gewissensentscheidung des einzelnen Christen anheimgestellt, sondern als im Wesen christlicher Hoffnung begründet erklärt und also im Namen Jesu zu ihr aufgefordert wird. Für die Welt ist der Tod die stärkste Macht. Darum ist es für sie selbstverständlich und realistisch, auf dem Wege des Todes Leben schützen und erhalten zu wollen. Für den zu der lebendigen Hoffnung auf Gottes unversehrtes Leben Neugeborenen ist der Tod schon getötet, darum ist es für ihn realistisch, sich dem Todesweg der Welt zu verweigern, eben weil der Tod nicht das letzte Wort hat. Wo Hoffnung in der Berufung auf Jesus gelebt wird, ist der Streit um die Wirklichkeit unausweichlich.

Im Streit um die Wirklichkeit hat Martin Luther uns ein höchst zwiespältiges Erbe hinterlassen. Auf der einen Seite hat er in seinem reformatorischen Kampflied den Gott christlicher Hoffnung als »feste Burg« und »gute Wehr und Waffen« gerühmt, auf der anderen Seite hat er »christliche« Kriegsleute, die auf Jesus Christus und die Macht des Todes vertrauen (!), ungebrochen des seligen Standes vergewissert. Mit seiner Übersetzung »der Seelen Seligkeit« (Vers 9) hat Luther die Weltlosigkeit des Heils und des Reiches Gottes wirkungsgeschichtlich programmiert.

Der Text spielt wahrscheinlich auf die Taufe an. In der Taufe wird die Neugeburt des Täuflings besiegelt, wird der Täufling eingegliedert in das Volk Gottes, das sich als Hoffnungsgemeinschaft von der Welt in bewußter Fremdlingschaft unterscheidet. Einer allein kann die Hoffnung nicht tragen, auch sog. Hoffnungsträger werden von der Hoffnung der Gemeinschaft getragen.

Was im 1. Petr nicht im Blick ist und verstärkt durch Luthers Übersetzung ausgeblendet wird, was aber im gesamtbiblischen Zeugnis und in der Berufung auf Jesus angesprochen werden muß, ist der Dienst des Volkes Gottes in der Welt. Es geht eben nicht allein um das Heil des einzelnen Glaubenden, es geht um das Heil der Welt. Das Volk Gottes ist Hoffnungsgemeinschaft für die Welt. Stellvertretend für die Welt bezeugt es die Realität des Gottes, dem alle Macht gegeben ist (5,11) und der dem Tod die Macht schon genommen hat. In kritischer Distanz zur Welt und in dem Bewußtsein, daß sie in den Todesstrukturen der Welt keine dauernde Bleibe haben und nie heimisch werden können, diskriminiert und angefeindet ob ihrer Hoffnung und ihrer Andersartigkeit, bezeugen die Gemeinden Jesu Christi weltweit (1,1; 5,9) als das Volk Gottes das Leben, dem der Tod nichts mehr anhaben kann – der Welt zugute.

Vorschläge zur Liturgie

Eingangsgruß

Wir feiern unseren Gottesdienst
im Namen Gottes des Vaters, dem wir unser Leben mit allem, was wir sind und haben, verdanken;

im Namen des Sohnes, der sich mit seinem Leben, Lieben und Sterben für Gottes Reich verbürgt hat;
im Namen des Heiligen Geistes, der uns in der Kraft der Auferstehung Jesu wiedergeboren hat zur Hoffnung auf ein Leben, dem der Tod nichts anhaben kann. Amen

Eingangspsalm
Psalm 118

Eingangsgebet
Herr, unser Gott, in der Auferweckung deines Sohnes von den Toten hast du deine Macht über den Tod bekundet, den Tod getötet und uns zur Hoffnung ermächtigt auf unversehrtes und erfülltes Leben gegen den Augenschein und gegen die Herrschaft des Todes in der Welt.
Wir bitten dich, erweise deine Macht auch an uns. Erwecke uns aus Hoffnungslosigkeit und Resignation, aus Kleinglauben und Verzagtheit zu einem Leben, das deiner Zukunft gewiß ist und deiner Liebe entspricht. Mache unser Leben neu und gib uns den Mut, um der Hoffnung auf dein Reich willen Fremde in der Welt zu sein, damit die Welt an uns und durch uns erkennen kann, daß du sie zum Leben, nicht zum Tode bestimmt hast. Amen

Schlußgebet
Gott, wir danken dir, daß du uns durch Jesus Christus neu geboren hast zur Hoffnung auf gelingendes und erfülltes Leben. In Jesus ist dein Reich angebrochen, und du hast uns zum Hoffen ermächtigt, nicht nur für uns selbst, sondern für die Welt.
Mach uns, wir bitten dich, als deine Gemeinde und dein Volk, zu glaubwürdigen Zeugen der Hoffnung für die Welt. Gib uns deinen Geist, daß wir in der Kraft der Auferstehung Jesu uns an deinem Reich orientieren und ausrichten, daß wir nicht aus der Scheinrealität der Vergangenheit und des Todes leben, sondern aus der Realität deiner Zukunft und des Lebens, das du schenkst. Gib uns die Einsicht, wo wir uns als dein Volk den Maßstäben, Normen und Strukturen der Welt zu widersetzen haben, und gib uns die Kraft, dieser Einsicht gemäß deine unangepaßten Zeugen zu sein.
Gott, mache uns zu glaubwürdigen Zeugen für das Leben, indem wir als dein Volk gegen den von Menschen verfügten und gemachten Tod protestieren, für Gerechtigkeit und Frieden eintreten, unser Brot und unsere Hoffnung teilen, der Gewalt absagen. Du hast uns aus der Welt zu deinen Zeugen erwählt. Gib uns den Mut, Fremde in der Welt zu sein, damit die Welt durch dein Volk das Heil erfährt, zu dem du sie um deiner Liebe willen bestimmt hast. Amen

Lieder
EKG 75,1–3; 84; 87; 89
Neue Lieder II, Hänsler Verlag Neuhausen-Stuttgart: 772,1–5 »Komm in unsere stolze Welt, Herr, mit deiner Liebe Werben«; 790b,1–3 »Freut euch, ihr Christen, erstanden ist der Herr«

Lesung
Jesaja 40,26–31 oder Matthäus 10,16–20

Vorschläge zur Predigt

Möglicher Anfang
»Ich fühle mich wie neugeboren«, so kann sprechen, wem das Leben noch einmal geschenkt worden ist nach einer schweren Krankheit, wer mit knapper Not einem Unfall entgangen ist, wer nach bitteren Enttäuschungen unversehens in einer neuen Beziehung liebend und geliebt werdend sich vorfindet, wer nach einer Phase tiefer Depression zu neuem Lebensmut erwacht ist; wenn wir aus der Dumpfheit und dem Nebel unklarer Gedanken plötzlich in die Klarheit des Lichtes gestellt sind und es uns wie Schuppen von den Augen fällt. »Ich fühle mich wie neugeboren«, vielleicht haben Sie dieses Lebensgefühl auch schon einmal gehabt, von Resignation und Mutlosigkeit befreit, ein Ziel vor Augen und einen Weg, das Gefühl, daß uns unser Leben neu aufgegangen und geschenkt worden ist und wir innewerden, wozu wir da sind und daß wir gebraucht werden.
Der erste Petrusbrief, ein Rundschreiben an verschiedene Gemeinden am Ausgang des ersten Jahrhunderts, drückt dieses Lebensgefühl auf seine Weise aus: »Gepriesen sei Gott, der uns neu geboren hat zu einer lebendigen Hoffnung.« Wer keine Hoffnung mehr hat, ist tot. Wer nichts mehr vom Leben erwartet, wer sich mit der ewigen Wiederkehr des Gleichen, mit dem täglichen Trott, mit Lüge und Betrug, Gewalt und Tod abgefunden, wer die Welt und die Menschen abgeschrieben hat, wer nicht mehr auf Gerechtigkeit und Frieden hofft, auf die Sprache und die Macht der Vernunft, auf unversehrtes und unbeschädigtes Leben auch für die anderen, wer nicht mehr hofft, der ist tot, auch wenn er physisch noch ohne Störung funktioniert.

Zum weiteren Verlauf
Die Gemeinden des 1. Petr lebten in Bedrängnis. Auf Grund ihres Glaubens und ihrer Hoffnung waren sie unangepaßte, kleine Minderheiten in der Welt, Fremdlinge, wurden sie abgelehnt und diskriminiert, was sich bis zu offener Aggression, Feindschaft und Verfolgung steigerte. Ihre Hoffnung, ihre andere Lebenspraxis war der Grund für ihre Fremdlingschaft in unchristlicher Umwelt, für ihre Bedrängnis und ihr Leiden, ihre Hoffnung war ihr Trost, Fremdheit und Leiden zu ertragen und zu bewältigen.

»Neugeboren zu einer lebendigen Hoffnung«, das war die Visitenkarte der jungen Christenheit im römischen Reich, ihr Unterscheidungsmerkmal, für das sie einen hohen Preis zahlen mußte, den Preis der Ächtung und der Diffamierung, den Preis des Leidens und der Verfolgung.

Welchen Preis müssen wir bezahlen für unsere Hoffnung? Kirche bei uns ist noch immer ein relativ angesehener Faktor in der Gesellschaft. Wir sind keine unangepaßte, kleine Minderheit. Wir sind keine Fremden, in Westdeutschland gehören noch immer etwa 85 v.H. einer der beiden Großkirchen an. Der Staat läßt sich die Präsenz der Kirchen in der Schule, im Strafvollzug und beim Militär viel kosten, und die diakonischen Leistungen sind unumstritten. Wir sind keine Fremden, wir sind angepaßt, integriert, relativ angesehen. Natürlich könnte vieles besser sein in den Kirchen, aber sie genießen noch immer gesellschaftliche Anerkennung.

Woran liegt das? Weil wir mit unserer Hoffnung hinter dem Berge halten, müssen wir auch ihren Preis nicht entrichten. Wenn wir die Lebenspraxis Hoffnung in der Kraft der Auferstehung Jesu lebten, würden auch wir zu Fremden in der Welt. Die christliche Hoffnung ist radikal, höchst anstößig. Sie zielt auf die neue Welt Gottes, auf unversehrtes und unbeschädigtes Leben für alle Menschen auf Gottes Erde, ja für die ganze Schöpfung.

Zugegeben, der 1. Petr scheint in seiner Bedrängnis und im Milieu der Naherwartung nicht das Heil für die Welt, sondern das Heil für den einzelnen Glaubenden in der himmlischen Herrlichkeit im Blick zu haben, was in der Erfahrung persönlichen Leidens durchaus verständlich ist und was durch Martin Luthers Übersetzung »der Seelen Seligkeit« noch verstärkt wird. Aber christliche Hoffnung muß sich an Jesus messen lassen, an seiner Verkündigung des Reiches Gottes und seiner Bürgschaft für Gottes Reich. Es geht nicht um meiner Seele Seligkeit, um meine Neugeburt in der Hoffnung für mich allein, sondern um meine Neugeburt zu einer lebendigen Hoffnung für die Welt.

Worin besteht die Neugeburt des Glaubens? In der unverbrüchlichen Gewißheit, daß Jesus recht hatte, obwohl er am Kreuz scheinbar gescheitert ist, in der unverbrüchlichen Gewißheit, daß Gottes Reich in ihm schon angebrochen und nicht mehr aufzuhalten ist, in der unverbrüchlichen Gewißheit, daß Gott sich zu Jesus und seiner Bürgschaft für Gottes Reich bekannt hat, in der unverbrüchlichen Gewißheit, daß in der Auferweckung Jesu vom Tode der Tod schon entmachtet ist, in der unverbrüchlichen Gewißheit, daß nicht der Tod, daß Gott das letzte Wort hat.

Christliche Hoffnung orientiert sich zuerst an Gottes Reich und seiner Gerechtigkeit, sie lebt aus der Zukunft, die Gott schenkt, nicht aus der Vergangenheit, die wir erfahren haben und endlos hochrechnen.

Hoffnung lebt aus der Zukunft. Solange wir als Pfarrer und Pfarrerinnen an offenen Gräbern das individuelle, ewige Leben im Himmel bei Gott verkündigen, entsprechen wir den Erwartungen unserer Gesellschaft, beschränken wir uns als Kirche im Supermarkt der Welt auf die uns zugewiesene Abteilung »religiöse Bedürfnisse«, werden wir akzeptiert. Sobald wir aber die Hoffnungspraxis Jesu, das Reich Gottes, das unversehrte und unbeschädigte Leben in der unantastbaren Würde ihrer Person als Ebenbilder Gottes und Kinder des himmlischen Vaters für alle Menschen dieser Erde vertreten, sobald wir aufstehen gegen den von Menschen verfügten Tod und uns den Todesstrukturen dieser Welt verweigern in Rüstungsindustrie und militärischer Gewalt, in einer Wirtschaftsordnung, die die Reichen zwangsläufig reicher und die Armen ärmer macht, sobald wir uns der Euphorie über den Pyrrhussieg des freien Marktes und des Kapitalismus über den realexistierenden Sozialismus entziehen, weil wir wissen, daß die Rechnung, die der Kapitalismus zu bezahlen hat, noch offen ist und von der Zweidrittelwelt und den Lebensgrundlagen der Schöpfung längst bezahlt wird, sobald wir dem von Menschen verfügten Tod im Krieg gegen die Schöpfung und im Krieg gegen die Ärmsten der Armen die Gefolgschaft aufkündigen, werden auch wir zu Fremden in der Welt.

Der Predigttext spielt wahrscheinlich auf die Taufe an. Was wir mit unserer höchst fragwürdigen Kindertaufpraxis in der Volkskirche kaum mehr nachvollziehen können: Der Getaufte wird in die Kirche als den Leib Jesu Christi eingegliedert. Er gehört fortan Jesus Christus, dem Leben. Er ist von der Machtsphäre des Todes in die Machtsphäre des Lebens übergetreten. Wer getauft ist, kann unmöglich noch dem Tod dienen und z.B. gegen andere Menschen die Hand mit der Waffe erheben.

Christliche Hoffnung lebt aus der Zukunft Gottes, aus Gottes neuer Welt, die in Jesus angebrochen ist und für die er sich mit seinem Leben verbürgt hat. Als zur Hoffnung Jesu Neugeborene haben wir auf Grund der Auferweckung Jesu den Tod schon hinter uns und das Leben vor uns. Daß wir, weil der Tod nicht das letzte Wort hat, nicht dem Tod dienen können, dem Wohlstand der einen auf Kosten der anderen, dem partikularen Gewaltfrieden militärischer Macht der einen gegen die anderen, das macht uns in der Welt höchst verdächtig und zu Fremden ...

Möglicher Schluß

Es ist die Perspektive des Lebensvollzuges im Namen und im Geiste Jesu, die uns in der Welt unausweichlich zu Fremden macht. Der Welt ist das Gewisseste die Realität, die aus der Vergangenheit abgeleitet wird, die Realität von Strafe und Vergeltung, Abschreckung und Gewalt und Tod. Wir aber leben aus der Realität der Zukunft, aus der Realität der Barmherzigkeit Gottes, aus der Realität von Gottes neuer Welt, in der Strafe und Vergeltung, Abschreckung, Gewalt und Tod überwunden sind. Als aus der Realität der Zukunft Gottes Lebende werden wir zwangsläufig des Realitätsverlustes, der Schwärmerei bezichtigt, nicht nur von der Welt, sondern auch in der Kirche.

Das Evangelium hat seinen Preis. Wir haben es nicht ohne die Zumutung der Umkehr, des Exodus aus den Todesstrukturen der Welt, nicht ohne die Bedingung der Fremdheit in der Welt. Wir können nicht die Hoffnung auf Gottes neue Welt leben als in dieser Welt ganz und gar Angepaßte. Wir müssen uns entscheiden. Was wir vom 1. Petr zu lernen haben, ist, daß Fremdheit die Signatur christlicher Existenz in der Welt ist. Nur wenn wir den Mut haben, andere und Fremde zu sein, können wir der Welt das Lebenszeugnis Hoffnung geben. Wir sind von Gott durch Christus zu Fremden in der Welt erwählt worden, damit die Welt aus ihrer Todesverfallenheit befreit und heil wird. Haben wir Mut, Fremde zu sein – um der Welt und des Lebens willen. Amen.

Kontext

Als Christ muß man doch der Meinung sein, daß die Zeit des Wartens vor etwa 2000 Jahren beendet wurde. Damals kam der Erwartete. Er hieß Jesus und stammte aus Nazaret. Er wurde nach dreijährigem Auftreten in der Öffentlichkeit von der eigenen Regierung und der Besatzungsmacht umgebracht. Aber Gott hat sich auf seine Seite gestellt und ihn von den Toten erweckt. Seitdem ist die Welt anders. Das ist die zentrale christliche Glaubensaussage. Wer sie ernst nimmt, kann kein Wartender mehr sein. Er lebt in der Zeit der Erfüllung …

Auch das Wunder Jesus von Nazaret war ein Wunder aus Freiheit. Ein Mensch hat da ohne Vorbehalt Gott in sich handeln lassen. Das ist das größte aller Wunder, denn es ist das am wenigsten zu Erwartende. Daher ist auch die Multiplikation dieses Wunders in Gesellschaft und Geschichte hinein nur durch menschliche Freiheiten hindurch möglich.

Keiner kann gezwungen werden, keiner darf gezwungen werden. Es muß den lebendigen Bund derer geben, durch deren Freiheit hindurch das Wunder Jesus sich multipliziert. Es muß den gesellschaftlich weiterlebenden Leib Christi geben: die Kirche, die Gott sich erträumt. Sie kann der Ort des von den Propheten verheißenen Wunders sein, auch wenn der Rest der menschlichen Gesellschaft, weil er das Wunder nicht will, nicht aufhören sollte, auf sie einzuschlagen und ihre Vernichtung zu planen.

(aus: Norbert Lohfink, Kirchenträume. Reden gegen den Trend, Freiburg/Basel/Wien 1982, S. 11. 24)

Misericordias Domini

Predigttext: 1. Petrus 2,21–25

Axel Denecke

Theologisch-homiletische Skizze

Wirklich nicht nur seltsam, sondern einfach ärgerlich ist die rigorose Abgrenzung der Perikope nach vorn, wo gewaltsam der Kontext (Situation der Sklaven) weggeschnitten wird zugunsten einer aus der Tradition übernommenen Christologie des stellvertretenden Leidens. Jeder soll für sich entscheiden, ob er solchem liturgisch-agendarischen Vorverständnis auch hier bereitwillig nachkommen kann. Durch die Aufnahme der Sklavenproblematik (nicht nur im historischen Kontext) erhielte die ganze Predigt ein anderes Gewicht.

Aber auch sonst birgt die Perikope genügend Problematik. Ausgewählt wurde sie – das liegt auf der Hand – für diesen Sonntag wegen Vers 25: »Denn ihr irrtet umher wie Schafe ...« Lapidar bemerkt dazu P. Weigandt im Exegesenband: »Wichtig ist noch eines: Das Jesus- oder Christusbild des Briefes deckt sich nicht mit dem, das uns die Evangelien überliefern, denn Jesus hat sich immer wieder gegen Leid und die davon Betroffenen gewandt.«

Hier liegt für mich in der Tat die sachliche Problematik des Predigttextes. Haben die Evangelien weithin in der Hirten/Schaf-Metapher Jesus als den »Hirten« im Blick, der sich für die Seinen sorgt (der »gute Hirte«, der »Hirte, der nicht müde wird zu suchen ...« usw.), so steht hier trotz der Stellvertretungschristologie und trotz Vers 25b nicht der Hirte im Blickpunkt, sondern die »verirrten Schafe«. Macht sich in den Evangelien der Hirte auf den Weg, um die Schafe zu suchen, wo auch immer sie sind, so wenden sich hier die Schafe wieder hin (zurück) zu dem (auf sie wartenden) Hirten, damit er »Bischof eurer Seelen« sein kann. Also: Das ist schon etwas anderes, das sind nicht nur andere Akzente.

Wie damit umgehen? Es gibt mehrere Möglichkeiten:

a) Man kann dies eine Überinterpretation nennen oder das Problem einfach ignorieren und wie gewohnt eine Hirte/Schaf-Predigt halten oder eine über das stellvertretende Leiden Christi für uns. Das ist möglich.

b) Man kann sagen: Ich nehme den besonderen Akzent des Petrus-Briefes auf und predige über die »umherirrenden Schafe«, die dann zum Heil gelangen, wenn sie sich zurückwenden zum Hirten und Hüter der Seelen – auch dann, wenn ihr Leiden und ihre Unterdrückung äußerlich weiter bestehen bleiben. So kann man auch predigen – oft ist so gepredigt worden.

c) Man kann auch gegen den Text predigen und das Hirte-Motiv der Evangelien in diesen Text hineintragen. Der Hirte macht sich mit Einsatz seines Lebens auf den Weg, daß er das eine verirrte Schaf bloß finde, koste es, was es wolle. So kann man auch predigen – sicher nicht die schlechteste Möglichkeit.

d) Man kann gerade die Spannung zwischen dem Hirten-Motiv der Evangelien und dem Schaf-Motiv des Predigttextes zum »Thema« der Predigt machen. Wartet der Hirte, bis die Schafe kommen (weil sie einsehen, sie sind in die Irre gegangen)? Oder macht sich der Hirte von sich auf den Weg zu den (verirrten) Schafen, unabhängig

davon, ob die »Schafe« umkehren wollen oder nicht? Heißt gar »Umkehr« der Schafe einfach dies: vom Hirten gefunden worden zu sein? Kehren die Schafe um oder kehrt der Hirte die Schafe um, bringt sie zur Umkehr? Viele Fragen. Warum entstehen so viele Fragen? Warum kann man es so verschieden sehen? Warum gar wurde im 1. Petr-Brief das Hirte/Schaf-Motiv selbst »umgekehrt«?
So kann man auch predigen – und aus dem Gesagten ist klar: So zu predigen ist meine Entscheidung. Ich greife damit die innere Problematik (und auch Chance, ja das Kerygma) des Predigttextes auf und stelle dies Kerygma in Beziehung zur gesamtneutestamentlichen Tradition des Hirte/Schaf-Motivs. Denn daß der 1. Petr-Brief dies Motiv umkehrt, ist in sich noch nicht schlecht, er kommt einem weit verbreiteten und auch beliebten Interesse nach. Dies gilt es positiv aufzugreifen.
Keine Frage am Ende, daß man an diesem Sonntag dem Hirte/Schaf-Motiv selbst nicht ausweichen kann, ja nicht ausweichen darf. Es ist m.E. eines der elementarsten und segensreichsten Bilder, die uns die Bibel für die Menschenfreundlichkeit, Güte, Liebe, Gnade Gottes in Jesus Christus zur Verfügung stellt.

Vorschläge zur Liturgie und zur Gottesdienstgestaltung

Zum Kyrie/Sündenbekenntnis
O Herr, unser guter Gott / oft, nur allzuoft gehen wir in die Irre / auf Irrwegen, in Irrgärten, im Irrsinn unserer Welt / wir wissen nicht mehr, wo wir sind / wissen nicht mehr, wo unser Weg ist / wissen nicht mehr, wohin wir gehen sollen / Erbarm dich unser, guter Gott.

Zum Gloria/Gnadenzusage
Du hast Worte ewigen Lebens / Du sprichst zu uns: Ich suche euch, wo auch immer ihr seid / ich gebe euch nicht auf / ich finde euch an den verborgensten Orten / ich bringe euch auf rechte Wege / daß ihr laufen könnt und nicht müde werdet / daß ihr erreicht das Ziel des Lebens / ich bin bei euch, jetzt und alle Tage.

Eingangsgebet/Kollektengebet
Herr, unser guter Gott / Dir vertrauen wir uns an, auch heute / in diesem Gottesdienst. / Wir vertrauen Dir / wie einem guten Vater, der sich sorgt für seine Kinder / wie einem guten Hirten, der sich sorgt für seine Herde / denn wir wissen: / Wir haben Verlangen nach Dir als dem guten Hirten / der uns behütet in unserem Leben / damit wir nicht verlorengehen / heute, morgen, alle Zeit.

Schlußgebet/Fürbittengebet (thematischer Teil)
Herr, unser Gott, unser Bruder in Jesus Christus / Du bist der gute Hirte für uns (oder: für mich) / Du suchst uns, wo immer wir auch sind / manchmal sträuben wir uns dagegen / wir meinen schon allein zurechtzukommen / Doch dann merken wir auch / wir kommen doch nicht allein zurecht / ganz und gar nicht / Wir haben dich nötig, bitter nötig / als den guten Hirten / der

uns kennt / der uns behütet / der uns nachgeht / der uns auf den rechten Weg bringt / der uns wieder auf die Beine hilft / uns aufrichtet, wenn wir gestrauchelt sind / der uns neuen Mut macht, wenn wir resignieren / der uns für andere zum Hirten macht / dem wir einfach Vertrauen schenken können / voll und ganz / / Denn Herr, unser guter Hirte / es gibt so viele andere um uns herum / die vorgeben, uns behüten zu wollen / die unser Vertrauen mißbrauchen / die uns einflüstern, sie meinen es gut mit uns / Herr, es ist so schwer, den klaren Blick zu behalten / genau zu unterscheiden / uns allein und nur von dir finden zu lassen / den Blick ganz auf dich zu richten / allein dir zu vertrauen als dem guten Hirten / / Herr, lehre uns hellsichtig und hellhörig zu werden / mach uns stark, selbst zu guten Hirten zu werden untereinander / daß wir uns gegenseitig behüten und bewahren / ohne daß wir Angst haben müssen, der andere wäre ein schlechter Hirte, wolle uns nur einfangen / / So bitten wir ...

Zur Lesung

Als Kontrapunkt zum Predigttext ist es selbstverständlich, daß die Evangeliumslesung vom »guten Hirten« (*Joh 10,11ff.*) gelesen wird. Einzelne Aussagen der Lesung können kontrapunktisch auch mit in die Predigt übernommen werden.

Wo zwei Lesungen (neben dem Predigttext) üblich sind, schlage ich die alttestamentliche Lesung *Hes 34,1ff.* vor. Diese Lesung steht in sich als Lesung von den »bösen Hirten« wieder kontrapunktisch zur Evangeliumslesung, so daß sich bei drei Lesungen die Spannung von a) guter Hirte (Joh 10), b) böse Hirten (Ez 34), c) verirrte Schafe (1. Petr 2) ergeben würde.

Hinführung zu beiden Lesungen

Der heutige Sonntag »Misericordias Domini« ist in Lesung und Predigttext bestimmt durch das bekannte Bild vom »guten Hirten«, der die »verirrten Schafe« sucht. Die Bibel ist voll von diesem schönen Bild. »Der Herr ist mein Hirte« ist eines der bekanntesten Worte der Bibel, für jedermann sofort verständlich, für Junge und Alte, Frauen und Männer (Joh 10).

Wenn die Bibel von Jesus als dem guten Hirten spricht, so ist ihr doch auch ganz nüchtern die Vorstellung vom »bösen Hirten« vertraut, der so tut, als sorge er sich um die seinen, der im Grunde aber nur an den eigenen Vorteil denkt. Im Hesekiel-Buch ist davon eindrücklich berichtet. Gott selbst greift ein und löst die falschen Hirten ab. Wenn wir jetzt die Worte des Propheten Hesekiel hören, so denken wir daran, daß sie mit der gleichen Dringlichkeit auch in unsere Zeit hineingesprochen sind, für unsere Politiker, unsere Kirchenführer, für einen jeden von uns (Hes. 34).

Lieder

Sicherlich 178,1.3.5 »Der Herr ist mein getreuer Hirt« – dann Lob- und Danklieder; ferner 245, 251, 256.

Vorschläge zur Predigt

Möglicher Predigtanfang

Liebe Gemeinde, »Ihr werdet sein wie Schafe«. Ihr, liebe Gemeinde. »Aber nun seid ihr bekehrt zu dem Hirten und Bischof eurer Seelen.« Der gute Hirte also als »Bischof eurer Seelen«. Wie schmeckt euch das? Wie paßt das zusammen?

Ungewöhnlich wirkt es auf mich, höchst ungewöhnlich. Dieser Sonntag heißt seit alters: »Misericordias Domini«: »das menschenfreundliche Erbarmen Gottes« kann man frei übersetzen oder auch: »das weiche Herz Gottes«. Das Bild von Jesus als dem »guten Hirten« prägt diesen Sonntag. Eines der schönsten Bilder, das die Bibel hat für Gott und für Jesus, Gottes Sohn. »Der Herr ist mein Hirte«, so heißt es bereits in der Bibel unserer jüdischen Schwestern und Brüder, im 23. Psalm. Wohlbekannt! Selbst im Konfirmandenunterricht wird es noch auswendig gelernt. »Der Herr ist mein Hirte.« Wenn ich die Konfirmanden bitte, ihre Konfirmationssprüche auszusuchen, so ist dieser Spruch der Favorit. Alt und jung spricht er gleichermaßen an. Denn es stimmt einfach: Gott ist wie ein guter Hirte zu uns, wie ein guter Hirte, der die Seinen kennt, der sein Leben einsetzt für die Seinen, der uns nachgeht bis in die finstersten Winkel, der uns sucht, wo immer wir uns auch aufhalten, wo immer wir uns auch versteckt oder verirrt haben oder vor ihm Reißaus genommen haben. Nicht weil er uns mit Macht zurückzwingen will hinters Gatter, hinters Gitter, nicht weil er – wie mir einst jemand sagte – seine Hunde auf uns jagt, um uns aufzuspüren und wieder zur Herde zurückzutreiben. Nein, so nicht! Sondern weil er keinen aufgibt, weil jeder von uns ihm am Herzen liegt, jeder einzelne – also wirklich ganz konkret: Du und Du und Du und Ich. Ja, so ist Gott, der gute Hirte. »Der Herr ist mein Hirte, mir wird nichts mangeln – er weidet mich auf einer grünen Aue ...« Und damit wir auch alle glauben, daß das wirklich so ist, daß Gott uns behütet und bewahrt wie seinen Augapfel, deshalb – so glaube ich – hat er es uns im Leben des Jesus von Nazareth, den wir als Gottes Sohn bekennen, so handfest, unübersehbar vor Augen geführt. Er ist der wahre gute Hirte. Ganz menschlich und ganz massiv, für jeden zu sehen.

Kein Wunder, daß das Bild vom guten Hirten bei alt und jung nicht nur beliebt ist, sondern daß es weiterhilft, daß es tröstet, daß es ein Leben begleiten kann. Warum? Einfach, weil es stimmt. Denn so ist Gott und nicht anders. »Misericordias Domini.« Das große menschenfreundliche Erbarmen Gottes für alle Menschen. »Gott sucht den Menschen«, wie Abraham Heschel, ein frommer und kluger jüdischer Theologe, sein Buch über »Jüdische Philosophie« nannte. Einfach: »Gott sucht den Menschen«.

Ja – und nun hier und heute: »Ihr wart wie irrende Schafe«. Ausrufezeichen! Gehobener Zeigefinger! »Aber nun seid ihr bekehrt zu dem Hirten und Bischof eurer Seelen.« Der gute Hirte als Bischof der Seelen. Nicht er kommt zu uns, weil er uns überall sucht – nein, wir gehen reumütig zu ihm zurück, bekehren uns zu ihm. Und er wartet und nimmt uns großmütig wieder auf. Paßt das zum guten Hirten? Da hat sich vielleicht doch einiges geändert. Da weht ein anderer Geist, der Geist Gottes weht hier anders. Doch so überliefert uns Petrus den christlichen Glauben in unserem heutigen Predigttext. Und so ist seit 2000 Jahren auch gepredigt worden. Mit guten Gründen und gutem Gewissen. Welchen Grund hatte es? Warum wird vom »Hirten« einmal so und einmal so gepredigt? Gehört beides zusammen – wie Vor- und Rückseite einer Münze? Oder sind es doch zwei verschiedene Münzen?

Zum weiteren Verlauf

a) Die Situation des 1. Petr-Briefes beschreiben. Der »Hirte« hütet – und indem er hütet, wird er für die, die gehütet werden, zum »Hüter/Bischof«. Gerade dann, wenn man vertrauensvoll sich darauf verläßt, daß er es wirklich tut.

b) Im 1. Petr-Brief wird dies am Beispiel der Sklaven, die Unrecht leiden, klargemacht. Für sie hat Christus am Kreuz gelitten. So unvergleichbar anders als die Sklaven damals sind wir heute auch nicht. Es gilt aufzuspüren, wo wir »Sklaven« sind. Konkrete Gemeindesituationen nennen.

c) Nun gibt es zwei Möglichkeiten, damit umzugehen. Es gibt eine »innerliche« und eine »äußerliche« Befreiung vom Leiden.

1. Innerliche Befreiung: Christus hat unser Leiden auf sich genommen und uns innerlich befreit, auch wenn das Leiden äußerlich noch da ist. So sagt der Petr-Brief (Beispiel: Sklaven). Mit einigem Recht, denn wir können das reale Leiden ja auch nicht einfach wegzaubern. Es ist unübersehbar da (z.B. bei Sterbenden; in Trauersituationen, Hiob-Situation).

2. Äußere Befreiung: Christus hat nicht nur das Leiden von uns stellvertretend auf sich genommen, sondern uns (auch) Mut, Kraft, Vertrauen geschenkt, in dieser Welt gegen Leid und Unrecht anzukämpfen. Denn »wir stehen in den Fußstapfen Jesu«. So deutet es der Petr-Brief an, so sagen es vor allem die Evangelien-Texte vom »guten Hirten«, der sich um seine ihm anvertrauten Schafe ganz äußerlich sorgt und sie aus ihrem Leid real befreit.

d) Beides muß zusammengesehen werden. Beides gehört zusammen. Deshalb gehören die Bilder vom »guten Hirten« und vom »Bischof der Seelen« zusammen. Beides gilt es auch heute zusammenzusehen. Konkrete Beispiele aus Gemeinde / Politik / Zeitgeschehen nennen.

Liebe Gemeinde, sicher habt ihr schon gemerkt: Ich habe beides geschildert. Und ich glaube wirklich, daß beides zusammengehört, daß beides sein gutes Recht hat, der »gute Hirte« und der »Bischof der Seelen«. Ja, aber ich gebe es offen zu – mein Herz schlägt bei dem »guten Hirten«, der ist mir nahe. Ich sage: So ist Gott! Für mich ist so Gott. Er ist wie ein guter Hirte. Er geht auf mich zu. Er sucht mich. Wo immer ich auch bin. Und er findet

mich. Und daß er der gute Hirte für mich ist, wirklich der »Hirte«, dem ich am Herzen liege, der mich auf einer grünen Aue weidet, so daß mir Zeit meines Lebens nichts mangelt, das genügt mir. Das genügt mir völlig. Und ich weiß: Vielen anderen genügt das auch.
Ja, und so sind wir alle vielleicht auch auf dem Weg, daß dieser Hirte zum Bischof unserer Seelen werden kann, daß er es wirklich wird. Langsam. Petrus ist schon so weit. Vielleicht ist er uns schon einen Schritt voraus, vielleicht kommen wir auch noch dahin. In seinem Brief sagt es Petrus ganz deutlich. »Christus hat für euch gelitten ... Durch seine Wunden seid ihr heil geworden.«

Möglicher Schluß
Heil geworden, gesund geworden, ganz geworden. Ja, das sind wir. Das bin ich. Auch dann, ja auch dann, wenn ich es nicht immer weiß.
Das ist das große Erbarmen Gottes. »Misericordias Domini«. So können wir leben. Und noch mehr als dies. Wie gut, daß wir von dem großen Erbarmen Gottes so unterschiedlich reden können. Wirklich ganz verschieden. Die einen sagen es so: »Der gute Hirte geht auf uns zu, er sucht und findet uns überall.« Schön, wer so reden kann, glauben kann, leben kann. Die anderen sagen es so: »Der Bischof der Seelen nimmt alle auf, die sich zu ihm bekehren.« Schön auch, wer so reden kann, glauben kann, leben kann.
Amen

Es hat sich so ergeben, daß ich bereits vor 13 Jahren die Predigt-Meditation in »Gottesdienstpraxis« zu diesem Sonntag (vgl. GD-Praxis I,2 1978) schreiben durfte. Ich verweise auf die dort angedeuteten Varianten bzw. auf die drei Predigt-Alternativen. Eine Anknüpfung und auch sachliche Weiterentwicklung des damals Gesagten wird in dieser Predigtmeditation festzustellen sein.

Jubilate

Predigttext: 1. Johannes 5,1–4

Reinhard Kramm

Theologisch-homiletische Skizze

Kinder (aus Gott) zu zeugen ist eines. Aber wie bringt man sie zur Welt, diese geistlichen »Kinder« des 1. Joh? Folgendes ist bei der Geburt einer Predigt zu bedenken:

Verständlichkeit:
»Jeder, der glaubt, daß Jesus der Christus ist, der ist aus Gott gezeugt; und jeder, der den liebt, der ihn gezeugt hat, liebt auch den, der aus ihm gezeugt ist.« Ein Satz mit insgesamt neun Satzzeichen. Weitere folgen in diesem Stil. Leckerbissen für Tüftler und Akademiker unter den Zuhörern! Aber sind die am Sonntag in der Kirche?
Konsequenz: Der Text bleibt vermutlich stumm beim ersten (und zweiten) Hören. Die Predigt muß ihn zur Sprache bringen. Ist es vielleicht verständlicher, nur über eine Auswahl aus den vier Versen zu predigen? Aber über welche? Wo steckt der Kern des Textes?

HörerIn:
»Kinder Gottes?« – »Gezeugtsein durch Gott?« – »Liebe?« Am Sonntag tauft eine Familie ihr Kind. Der Mann fährt im Winter mit dem Skirettungsschlitten, seine Frau ist Verkäuferin. Verstehen sie die metaphorische Sprache des Textes? Ich befürchte: Diese Nichtakademiker haben ihre eigenen Phantasien über Kinder und Zeugungsakt. Mehrheitlich werden sie ganz konkret verstehen, was 1. Joh *abstrakt-theologisch* meint.
Konsequenz: Die Bilder des 1. Joh (Zeugung, Geburt, Kinder, Liebe) sind zweideutig. Die Chance für die Predigt liegt darin, von *beiden* Aspekten zu reden: zum Beispiel konkret von der Zeugung, wie abstrakt-theologisch von der Genealogie des Menschen von Gott.

Geschichtlicher Hintergrund:
1. Joh geht an eine angefochtene Gemeinde. Sie ist verunsichert durch »die fortdauernde Unheilsgeschichte«, »Ausschluß jüdischer ›Christen‹ aus der Synagoge« und »die Erfahrung von Martyrien« (Exegese Hoffmann, Band 4).
Konsequenz: Verunsicherung, Zweifel an der eigenen Identität als Christ: Ich erkenne Aspekte auch unserer volkskirchlichen Situation. Die Hintergründe gleichen sich. Sie können in der Praxis benannt werden.

Exeget:
Michael Hoffmann (Band 4) schlägt dem Prediger vor, statt der »vollmundige(n) Redeweise vom ›Gezeugtsein aus Gott‹« lieber »das Gebot der Bruderliebe bzw. Nächstenliebe in den Mittelpunkt seiner Predigt« zu rücken.
Aber ist das eine Hilfe? Denn gerade dieser Exeget hat mir klar gemacht, daß in unserem Text zwei Themen miteinander *verbunden* sind: nämlich erstens das Bekenntnis zu Jesus, dem »Gezeugtsein aus Gott«. Und zweitens die »daraus resul-

tierende« Liebe der Kinder Gottes zueinander (aus der man dann wieder »reziprok« auf die Abstammung von Gott schließen kann). Unterschlägt Michael Hoffmanns Predigtvorschlag »Nächstenliebe« nicht genau diese Verbindung, die er gerade zuvor exegetisch aufgezeigt hat?
Konsequenz: Ein Thema des Textes lautet: Gottesliebe und Nächstenliebe haben miteinander zu tun.

Prediger:
Aber bei mir macht sich Unmut breit: Dieses Thema ist ein alter Hut! Indikativ und Imperativ gehören zusammen ... Welcher Pfarrer hat nicht schon diverse Predigten über diesen Zusammenhang gehalten?
Was ist denn das *Besondere* dieses Gedankens – wie ihn Johannes hier darstellt? »Typisch für 1. Joh ist«, sagt Hoffmann, »daß dieser Gedanke auch umkehrbar ist: Vom Verhalten (des Menschen) kann man auf die Abstammung (gezeugt durch Gott) schließen.«
Konsequenz: Dieser Gedanke findet sich angedeutet in Vers 4 (unser Glaube *hat* die Welt überwunden). Ich reduziere also den Predigttext auf 1. Joh 5,4 und behaupte zudem: Wer Vers 4 auslegt, kann dabei über den gesamten Sinn der Verse 1–4 predigen.

Vorschläge zur Liturgie

Eingangsspruch
1. Kor 4.15: »In Jesus Christus habe ich Euch durch das Evangelium gezeugt.«

Lesung
Um das Bild von »Kind« und »Zeugung« nicht überzustrapazieren, wähle ich Mk 12,28–34 (das größte Gebot) als Lesung. Alttestamentliche Alternative: Jes 9,2–7.

Lieder
»Ist Gott für mich, so trete gleich alles wider mich« (EKG 250,1–3), »Ich weiß, woran ich glaube« (EKG 278,1.5.6), »Ich will dich lieben, meine Stärke« (EKG 254,1–3).

Gebet vor der Predigt
(Im Anschluß an die Lesung von Mk 12,28–34):
Manche Leute sagen: ›Ich bin Christ, auch ohne am Sonntag in die Kirche zu springen.‹
Sie haben wohl recht! Denn Jesus sagt nur eines: ›Liebe Gott.‹ Und: ›Liebe deinen Nächsten.‹ Wer das tut, ist Christ!
Aber kann ich lieben, ohne selbst geliebt zu werden?
Gott, du Quelle ungeahnter Möglichkeiten. Wir sind trotz solcher Sätze heute in die Kirche gekommen. Und wir bitten um deine Liebe, wie Jesus

sie beschrieb: Laß uns aus diesem Gottesdienst herausgehen mit einem vollen Herzen!
Wir bitten auch um die Liebe unserer Mitmenschen. Ich bin nicht allein, in dieser Kirche, sondern andere sind bei mir. Laß mir aufgehen, was das bedeutet!

Gebet nach der Predigt
Gott, Spender des Lebens, du hast uns gezeugt. So sind wir mit Leib und Seele von dieser Erde.
Gib uns Treue zu dir und zu deiner Schöpfung. Erinnere uns, daß alles gut war. Hilf, daß alles gut wird, durch Christus.
Gib, Schöpfer der Welt, uns und allen Menschen Speise und Trank, Kleidung und Gesundheit, reines Licht und gute Luft. Und gib, wenn es Zeit ist, einen seligen Tod.
Wir bitten so um die Zukunft der Kinder und um die Zuversicht der Alten, um genug Arbeit und um gesegnete Frucht. Wir bitten dich um Hoffnung für diese gefährdete Erde.
Hilf uns, bei dir zu bleiben.
(Nach: Michael Meyer, Nachdenkliche Gebete im Gottesdienst, S. 73, verändert.)

Vorschläge zur Predigt

Möglicher Predigtanfang
Ein Kind wird gezeugt. Vater und Mutter freuen sich. Die Verwandtschaft ist begeistert. Die Umgebung gespannt.
Dann kommt es auf die Welt. Und alle merken: Dies Kind ist anders, als erwartet!
Die Eltern hatten sich auf ein Mädchen gefreut. Nun müssen sie, noch im Gebärsaal, einen Bubennamen finden. Die Verwandtschaft erwartet ein würdiges Mitglied ihrer erweiterten Familie. Aber das Kind schreit den ganzen Tag, hat blaue Augen statt braune, usw.
Geburt ist nicht immer »das« große, freudige Ereignis, zu dem es gern gemacht wird. Häufig ist Geburt – mit Enttäuschung verbunden! Und Welten können dazwischen liegen: zwischen den Träumen bei der Zeugung und dem, was danach wird.
»Alles, was aus Gott gezeugt ist, überwindet die Welt«, schreibt Johannes in seinem Brief.
Ist nicht auch das – ein Traum? Der Traum, wie ein Christ sein wird? Die Welt werden sie überwinden, die Christen! Schön wär's!
Oder: Ist das die Wahrheit?
Manchem ist ja *das* an seinem Glauben wichtig! Er sagt: »Ich verstehe mich gerade deshalb als Christ, weil ich etwas tun will, das die Welt überwin-

det!« Die Armut dieser Welt, meinetwegen: »Komm, wir stellen ein Projekt auf die Beine, das sinnvoll ist! Wir tun etwas für die Dritte Welt! Oder gegen das Elend in unserem Dorf!«
Solch ein »Kind« zu zeugen, geht sogar relativ einfach. Eine Idee ist bald gefunden, eine Gruppe versammelt. Und wem macht das keinen Spaß? Der Aufbruch aus den Fesseln der Zwänge und Phantasielosigkeit: »Komm, wir schaffen etwas Neues!« Zeugung ist mit Lust verbunden!
Soweit, so gut.
Aber dann ... Wie geht's weiter? Ich kann mir nicht verkneifen, daran zu denken, wieviele »Kinder« mir selbst schon mißraten sind!
Bringe ich meine Idee überhaupt zur Welt oder bleibt sie ein Traum? Und was ist, wenn mein Vorhaben sich ganz anders entwickelt als geplant? Da reden andere Menschen drein und sagen: »So einfach geht das nicht!« Oder sie sagen: »Ich mache mit, aber nur wenn wir noch radikaler werden.«
Wie oft hat man schon erleben müssen, wie ein »Kind« – statt eines Elefanten, der die Welt überwindet – als Maus geboren wurde ... Enttäuschung liegt in der Luft!

Zum weiteren Verlauf

I. Auch die Kirchgemeinde, an die Johannes schreibt, ist von Gott bitter enttäuscht! So hatten sie sich ihre eigene Entwicklung nicht vorgestellt: Verfolgt, und zwar ernsthaft! Aus den jüdischen Synagogen wirft man sie heraus. In der Gesellschaft um sie herum: Krieg und Elend. Da soll man noch glauben? An Christus, der bei uns ist? An die Überwindung der Welt? Ein verzagter Haufen mag das gewesen sein, diese Kirchgemeinde des Johannes. Vielleicht gar nicht so weit entfernt von einer Kirchgemeinde heute.
Auch wir: Bisweilen ein kleiner Haufen. Auch ich: Überfordert! Wie wenige sind wir doch, die wir das Elend dieser Welt überwinden wollen? Wieviel Oberflächlichkeit ist da! Wie schnell wird der Christ verspottet! Und fast aufdringlich regiert zuweilen das Geld, nicht die bessere Einsicht!
›Na gut‹, sagt Johannes seiner Gemeinde, ›und trotzdem: Mach dir bei allem klar: Du bist von Gott gezeugt. Da ist eine Verbindung, die bleibt. Gott bleibt in Dir! Auch wenn Du Dich in eine andere Richtung entwickelst, als erwartet.‹
Und ich denke an das Kind, das ein Junge wurde. Trotz allem stammt es ja von seinen Eltern. Auch mit braunen Augen. Auch als Schreihals. Und es wird jederzeit sagen können: Ich bleibe *euer* Kind! Auch, wenn ich anders bin als ihr!
So wird die Abstammung zum Trost! Zum Trost für die Gemeinde des Johannes. ›Und wenn sich alles falsch entwickelt‹, sagt Johannes, ›und wenn da nur noch ein armseliges Häuflein Christen ist: Gezeugt seid ihr von Gott! Und diese Verbindung bleibt.‹

II. Aber wie merke ich das als Christ? Wie wird denn das erfahrbar: daß ich mit Gott verbunden bin?

»Das«, sagt Johannes im zweiten Teil seines Satzes, »ist der Sieg, der die Welt überwunden hat: *Unser Glaube*.«

Man beachte, Johannes sagt: *Unser* Glaube. Also kein Ideal. Sondern etwas, das es *gibt*. Da, wo Du und ich handeln aus Glauben, da *ist* die Welt bereits überwunden.

Und wo wird gehandelt aus Glauben?

Ich denke zum letzten Mal an die Eltern des Kindes. Die sehen ja nicht nur: Der schreit jetzt und der sieht »falsch« aus. Sondern sie glauben: *Das ist nicht alles!* Und setzen auf das, was einmal kommt: Einmal wird dieses Kind ganz anders sein, groß und erwachsen und würdig. Und so schaue ich es jetzt schon an – obwohl es mir im Moment nur den Nachtschlaf raubt.

Dieser Glaube der Eltern »überwindet die Welt«! Denn er gibt sich nicht mit dem zufrieden, was ist. Er setzt auf das Unsichtbare. *Auf das, was noch kommt.*

Möglicher Schluß

Und das Gleichnis von den Eltern wird zum Bild fürs Leben:

›Gib dich als Christ nicht zufrieden mit der Depression‹, meint Johannes, ›mit der großen Enttäuschung an der Welt! Produziere auch weiterhin deine Ideen und Projekte, die Du als christlich verstehst. Auch wenn sie vielleicht nur Mäuse werden: Denn in dieser Welt steckt mehr, als wir im Moment sehen.‹

Wer auf dieses »Mehr« setzt, der glaubt! Und wer so glaubt – der hat bereits die Welt überwunden! Denn was ich im Glauben erst erwarte – ist schon da: Gott.

Kontexte

Gezeugt durch Gott?

ich wurde nicht gefragt
bei meiner zeugung
und die mich zeugten
wurden auch nicht gefragt
bei ihrer zeugung
niemand wurde gefragt
außer dem Einen
und der sagte
ja.

(Kurt Marti, geduld und revolte. die gedichte am rand, Reihe: Dichtung im ausgehenden Zwanzigsten Jahrhundert, hg. von Ingeborg Drewitz, Bd. 5, Radius-Verlag, Stuttgart 1984)

Unser Glaube überwindet die Welt? (redaktionell)

Chance der Bärenraupe, über die Straße zu kommen

Keine Chance. Sechs Meter Asphalt.
Zwanzig Autos in einer Minute.
Fünf Laster. Ein Schlepper. Ein Pferdefuhrwerk.
Die Bärenraupe weiß nichts von Autos.
Sie weiß nicht, wie breit der Asphalt ist.
Weiß nichts von Fußgängern, Radfahrern, Mopeds.
Die Bärenraupe weiß nur, daß jenseits
Grün wächst. Herrliches Grün, vermutlich freßbar.
Sie hat Lust auf Grün. Man müßte hinüber.
Keine Chance. Sechs Meter Asphalt.
Sie geht los. Geht los auf Stummelfüßen.
Zwanzig Autos in der Minute.
Geht los ohne Hast. Ohne Furcht. Ohne Taktik.
Fünf Laster. Ein Schlepper. Ein Pferdefuhrwerk.
Geht los und geht und geht und geht und kommt an.
(Rudolf Otto Wiemer: Ernstfall, 3. Aufl., J. F. Steinkopf Verlag, Stuttgart 1989)

Vermutlich wird in unserer Zeit der Gottesglaube immer weniger durch die Lebenswelt selbst schon dem Kind und dem Jugendlichen nahegelegt, so daß der Heranwachsende einfach hineingenommen wird in den Glauben, ihn wie selbstverständlich sich angewöhnt. Mit anderen Worten: Glaube wird, geschichtlich gesehen, zunehmend mehr zu einem *bewußten* Vollzug. Er ist immer mehr nur als wissentlicher, willentlicher Glaube. ...
Die Erfahrung des Glaubens wird der nicht machen, der nicht *aufmerksam auf sich* geworden ist. ... Die Umstände mögen höchst verschieden sein – auf einmal stockt jedoch der Lebensstrom, dem man sich ansonsten bedenkenlos überläßt. ... Es drängt sich die Frage auf: Was bin ich denn? Wohin gehe ich und wofür stehe ich? Weshalb lebe ich? Was soll ich und wie kann ich's werden? ...
Es ist merkwürdig: Stellt einer die Frage nach sich selbst, die doch seine ureigene Frage ist, so stellt er sie darum, weil sie sich ihm *gestellt* hat. ... Mein Interesse an der Sache wird durch andere, also von »außen« her, geweckt. ... Durch einen anderen aufmerksam geworden, ist einer *selbst* bei der Sache. ...
Was sich ihm da erschließt, das erfaßt er als seine Wahrheit für sich, und er wird dessen gewiß: »Ich bin Gottes Kind; ich gehöre zu Gott.« ... Kern der Gotteserfahrung, der Erfahrung des Glaubens, ist die von Grund auf umwandelnde Einsicht, daß ich immer schon davon lebe, daß Sinnvolles bereits ist, Gutes mir schon zuteil geworden ist, längst bevor ich zu denken begann und längst bevor ich etwas Gutes oder Sinnvolles zu tun vermochte. ... Jeder lebt immer und immer schon von dem Guten, von der Wahrheit, die nicht nur durch ihn sind.
(Traugott Koch, Mit Gott leben: Eine Besinnung auf den Glauben, Tübingen 1989, S. 26–36)

Nachtrag
Lieber Herr Doktor Nitschke,
Sie sind der erste Leser dieser Predigt. Sie schreiben mir: »Mit dem Gedanken der Zeugung gerät man zwangsläufig zu einem zeitlich fixierbaren Akt. Das läßt sich auf die Situation einer durch Mission entstandenen johanneischen Gemeinde übertragen

– aber wie steht's da bei uns? Seit wann und wodurch und wie ist der heutige Christ ›von Gott gezeugt‹?«

Eine spannende Frage!

Allerdings denke ich: Die Zeugung eines Menschen liegt meist im Dunkeln. Darüber spricht man nicht. Zeitlich fixierbar hingegen ist die Geburt. Den Geburtstag weiß man. Und spürbare Wirkungen, das betont jeder Tiefenpsychologe, hat so eine Geburt bis ins hohe Alter. Ist es mit dem Glauben ähnlich?

Daß Gott aus Nichts etwas schafft, daß Erlösung bereits geschah – solche Sätze über die Zeugung werden erst sinnvoll für den, der glaubt. Hier könnte eine Predigt biographisch erzählen: Warum zum Beispiel wurde ich Prediger – Pfarrer? Warum glaube ich so hartnäckig, daß da einer oder etwas ist, das »die Welt überwindet«? Von der Zeugung kann ich kaum erzählen: Der Geist, der meinen Glauben zeugte, wird tot, wenn ich ihn mit Buchstaben zu fangen suche. Aber zeitlich fixierbar ist meine Geburt. Und kann ich nicht von Wirkungen meiner »Geburt durch Gott« berichten – und darin von Gott, dem Erzeuger?

Wahrscheinlich finden Sie meine Antwort zu einfach? Und zu subjektiv? Der Text von Traugott Koch wäre die theologische Besinnung zu Ihrer Frage. Aber ob ein Prediger Zeit hat für systematische Theologie?

Mit herzlichen Grüßen! Reinhard Kramm

Zum Muttertag

(1) Auch Mütter sind Menschen. Predigt

Christian Zippert

Von der Mutter soll die Rede sein: Ein empfindliches Thema, eigentlich zu schade für rasch dahingesagte Worte, auch wenn sie freundlich und dankbar klingen. Oft ist unter solchen Worten mancherlei verborgen, was wir nur selten aus uns herauslassen. Eine Hilfe, dies empfindliche Thema nüchtern, ehrlich, in seiner ganzen Weite und Tiefe anzugehen, ist wie für vieles andere die Heilige Schrift, die gleich im Anfang dieses Thema anspricht und auch noch ganz am Ende, auf sehr vielfältige Weise. Nur einiges kann ich auswählen.

Am Anfang ein Bild: Eva, die Mutter aller Lebenden. Zunächst gemeinsam mit Adam im Paradies, in einem schönen Garten – ein Gegenüber, das sich entspricht. Dann, nach Mißtrauen und Leichtsinn und Lüge, nicht mehr im Glück. »Ich will dir viel Mühsal schaffen, wenn du schwanger wirst«, hört die Frau. »Unter Mühen sollst du Kinder gebären. Dein Verlangen soll nach deinem Mann sein, aber er soll dein Herr sein.« So, wie der Mann hört: »Weil du gehorcht hast der Stimme des Weibes und gegessen von dem Baum, von dem ich dir gebot und sprach, du sollst nicht davon essen, verflucht sei der Acker um deinetwillen. Mit Mühsal sollst du dich von ihm nähren dein Leben lang ...« Sie gehören zusammen – auch unter dem Fluch, dem selbsterzeugten Fluch. Und so heißt es dann ziemlich trocken: »Adam erkannte sein Weib Eva, und sie ward schwanger.« Und dann kommt Kain, und bald danach kommt Abel. Als die beiden herangewachsen sind, gibt es Streit, Eifersucht, Haß – und Kain erschlägt Abel. Da ist er, der Fluch, auch für die Mutter. Sie bekommt dann noch einen Sohn: Seth, und das Leben geht weiter. Aber es geht zwiespältig weiter, wie es begonnen hat: mit Glück und Unglück, im Segen und im Fluch. Das ist der Anfang.

Dann kommt eine lange Reihe von Frauengestalten, von Frauen, die auch Mütter sind: Am Anfang Sara, Abrahams Frau. Es heißt: »Sie war unfruchtbar.« Ein schreckliches Wort, vor allem einst, als es die einzig anerkannte Frucht eines Frauenlebens war, wenn sie ein Kind gebar. Sonst war alles vergeblich. In diesem Fall war die Unfruchtbarkeit besonders schlimm, da an der Geburt eines Kindes die Zusage Gottes hing: »Ich will dich zu einem großen Volk machen«, und: »Dieses Land will ich dir und deinen Nachkommen geben.« Was war es mit diesen großen Worten, wenn Sara kein Kind bekam? Sie mußte lange warten, bis sie die Geduld verlor

und Abraham, wie es damals möglich war, an ihrer Stelle ihre Magd Hagar übergab. Und dann gebar Hagar ein Kind. Aber was als Lösung gedacht war, verschärfte die Probleme. Hagar mußte fliehen, weil die Mutter ohne Kind die Mutter mit dem Kind nicht ertrug. Sara mußte weiter warten, bis dann eines Tages Isaak geboren wurde und sie sagen konnte: »Ein Lachen hat mir der Herr bereitet.« Unendliche Freude, aber auch Triumph. Nun war sie am Ziel, und Hagar mußte endgültig weg. Ein zwiespältiger Eindruck, den diese Mutter hinterläßt.
Ähnlich dann auch die anderen. Um nur noch eine näher ins Auge zu fassen: Rebekka, die Frau Isaaks, mit der es ganz ähnlich begann. Auch sie mußte warten, bis endlich Kinder kamen. Gleich zwei auf einmal, »die sich in ihrem Leibe stießen«, wie es heißt. Sie war beunruhigt: »Wenn mir's so gehen soll, warum bin ich schwanger geworden?« Als sie den Herrn befragt, hört sie: »Zwei Völker sind in deinem Leibe, und zweierlei Volk wird sich scheiden aus deinem Leibe, und ein Volk wird dem anderen überlegen sein, und der Ältere wird dem Jüngeren dienen.« Seltsame Ahnungen haben Mütter, manchmal treffen sie auch ein. Esau wird geboren und mit ihm Jakob, der sich an seiner Ferse festhält. Die Liebe des Vaters gehört Esau, die Liebe der Mutter Jakob. Von Jakob her gesehen ganz schön – bis hin zu jener Stunde, in der sie ihm auf betrügerische Weise den Segen des Vaters verschafft. Was Mütter so fertig bringen in ihrer Liebe ... Von Esau her gesehen nicht so schön, schrecklich sogar. Auch das kann man mit Müttern erleben.
So geht die Reihe weiter durch das Alte Testament. Aber ich breche hier ab, weil ein wenig Zeit doch auch für das Neue Testament bleiben soll, wo eine ähnlich bunte Reihe vor unsere Augen tritt. Ganz am Anfang Elisabeth, ähnlich wie Sara auf ein Kind wartend, das dann geboren wird, das sie aufzieht und das eines Tages, zum Mann herangewachsen, wegzieht und alles verläßt, was eine Mutter für ihren Sohn für notwendig hält: Johannes der Täufer.
Später dann die Frau aus Kanaan mit ihrer kranken Tochter, die zu Jesus kommt und ihn um Hilfe bittet, und Jesus schweigt. Und als sie dann weiter bittet, lehnt er sie ab. Aber eine Mutter läßt sich nicht ablehnen. Sie bittet weiter. Auch als Jesus hart und böse wird und sagt: »Es ist nicht gut, daß man den Kindern das Brot nimmt und es vor die Hunde wirft«, entdeckt sie in diesem Wort noch einen Rest von Zusage und sagt: »Ja, aber doch fressen die Hunde, was von der Herren Tisch fällt.« So sind Mütter, so unbeirrbar, wenn es um ihre Kinder geht. Freilich auch manchmal so blind wie die Mutter der Söhne des Zabedäus, die ihren Söhnen etwas Gutes zu tun meint, als sie zu Jesus kommt und für Johannes und Jakobus erbittet: »Laß sie neben dir sitzen in deinem Reich, einen zur Rechten und einen zur Linken.« Sie hat nichts verstanden. Jesus sagt es ihr freundlich, aber klar. Auch im Neuen Testament ist das Bild der Mutter nüchtern und ehrlich und darum zwiespältig. Es zeigt nicht nur die schönen, es zeigt auch die proble-

matischen Seiten, sogar an der wichtigsten und höchsten Stelle: im Bild der Mutter Jesu.

Es ist uns bekannt, auch wenn wir Evangelischen eine merkwürdige Furcht haben, es anzuschauen, als ob wir schon dadurch katholisch würden. Maria auf dem Weg nach Bethlehem, die Geburt im Stall, bald danach die Flucht nach Ägypten: Wir wollen es nicht vergessen, was Mütter mit ihren Kindern, für ihre Kinder erleben. Es gäbe Jesus nicht ohne Maria, ohne die Schmerzen, die sie um seinetwillen ertrug, ohne die Sorgen, die sie sich um ihn machte, ohne die Fürsorge, die sie ihm angedeihen ließ, und ohne alle anderen Mühen, die sie sich für ihn machte. Und dann die unausweichliche Enttäuschung, die sich frühzeitig ankündigt: Als er zwölf Jahre alt war, jedermann kennt die Geschichte, zogen sie mit ihrem Sohn nach Jerusalem. Und als sie zurückkehrten, fehlte er. Sie mußten umkehren, um ihn zu suchen. Und als sie ihn fanden und ihm Vorhaltungen machten, eine Antwort, wie Eltern sie von ihren Kindern früher oder später zu hören bekommen. Der Sohn macht sich selbständig.

Und eines Tages, für unsere Verhältnisse spät, aber doch schwer für die Mutter, geht er. Er geht seinen Weg – anders, als es sich die Mutter für ihren Sohn vorgestellt hat. Eines Tages macht sie sich zusammen mit ihren anderen Kindern auf, um ihn nach Hause zu holen, diesen unbegreiflichen Sohn. Sie sagt: »Er ist von Sinnen«, also verrückt. Sie steht draußen, während er in einem Haus vor vielen Menschen spricht. Es wird ihm gesagt: »Deine Mutter steht draußen mit deinen Brüdern und Schwestern.« Und er: »Wer ist meine Mutter? Wer sind meine Brüder und Schwestern? Die den Willen meines Vaters im Himmel tun, die sind meine Mutter und meine Brüder und meine Schwestern.« Die Mutter bleibt draußen stehen, hart abgewiesen von ihrem Sohn, weil sie ihn nicht loslassen konnte, weil sie nicht begriff, daß er seinen Weg gehen mußte, auch wenn sie diesen Weg nicht verstand.

Am Ende steht sie nach dem Zeugnis des Johannes dann doch unter dem Kreuz und ist dabei, als er stirbt. Und dann, am Anfang der Apostelgeschichte wird es erzählt, sitzt sie unter denen, die daran glauben, daß der am Kreuz Gestorbene lebt. Auch das Bild dieser Mutter ist zwiespältig, mischt Dunkles und Helles.

So auch ein Urbild der Mutter am Ende des Neuen Testaments: eine Frau, mit der Sonne bekleidet und dem Mond zu ihren Füßen, am Himmel, in großer Macht und Herrlichkeit. Aber ihr gegenüber ein Drache, der das Kind, das sie gebären soll, zu verschlingen droht. Eine gefährdete Mutter, in all ihrer Macht und Herrlichkeit schrecklich bedroht. Der Drache wird gestürzt, aber er bleibt gefährlich genug. Die Frau kann fliehen und bleibt bewahrt: Ihr werden die Flügel des großen Adlers gegeben, und die Erde verschlingt die Wasserströme, die der Drache nach ihr ausspeit. Ein Bild der Kirche, die Jesus zur Welt bringt wie Maria, ein Bild jeder Mutter in ihrer Herrlichkeit und Armseligkeit, in ihrer Macht und ihrer Ohnmacht.

Wir sind am Ende des Weges durch die Heilige Schrift, am Ende einer langen Reihe von Bildern der Mutter. Hell und dunkel, schön und schrecklich, gut gemischt, zwiespältig. Schlicht zusammenzufassen mit dem Satz: Mütter, auch Mütter, sind Menschen. Menschen mit ihren Stärken und ihren Schwächen, bewundernswert und kritikbedürftig. Eine selbstverständliche und doch manchmal mühsam gewonnene Erkenntnis. Eine lebenswichtige Erkenntnis, die ernüchtert und befreit und gerade so dankbar macht. Auch Mütter sind Menschen in ihrem Widerspruch und so von Gott geliebt, von Gott gebraucht, so auch von uns geliebt, von uns gebraucht. In diesem Sinn wollen wir ein Lob- und Danklied singen – jeder und jede an diesem Tag mit Erinnerungen, vermutlich zwiespältigen Erinnerungen an die eigene Mutter.

(2) Gott ist mütterlich. Predigt (Joh 10,1ff.)

Albert Damblon

»Wer Gutes tun möchte, klopft an die Tür. Wer liebt, findet die Tür weit offen.« Dieser Dichterspruch trifft das Thema des heutigen Muttertages und die Geschichte vom guten Hirten im Evangelium. Mütter und Hirten lieben die, die ihnen anvertraut sind. Wenn sie ehrlich lieben, öffnen sich die Herzenstüren der Kinder und sogar der Schafe. Andernfalls bleiben ihnen die Herzen verschlossen. Aber warum sprengt die Liebe einer Mutter, eines Hirten die Herzen wie von selbst?

»Ich habe für das Schaf das Beste gewollt«, klagte der Hirt, »dennoch hat sich das dumme Tier verlaufen und wurde vom Wolf zerrissen.« »Ich habe für meine Tochter das Beste gewollt«, weinte die Mutter, »und doch ist sie in ihrem Leben gescheitert.« Das Beste für einen anderen wollen scheint die Tür nicht geöffnet zu haben. Das Beste für einen anderen wollen scheint oft nur eine Umschreibung für meine eigenen Wünsche und Bedürfnisse zu sein. Ich weiß nämlich dann, was das Beste für einen Menschen ist. So wie ich mir ein gelungenes Leben vorstelle, so erwarte ich es von denen, die mir anvertraut sind. »Im Berufsleben führt heute kein Weg mehr am Abitur vorbei«, behauptete eine Mutter, »und da ich meinem Kind alle Chancen eröffnen will, muß es das Gymnasium besuchen.« Eine gute Ausbildung ist in unserer Gesellschaft notwendig und für die Gestaltung des eigenen Lebens wichtig. Aber darf die Mutter, der Vater sie erzwingen, weil sie das Beste für ihr Kind wollen? Hat dieser Zwang etwas mit der Liebe zu tun, die die Herzen öffnet?

Woran erkennt man, daß der Hirt des Evangeliums seine Schafe liebt? Er ruft jedes einzelne Tier mit seinem Namen. Jedes Schaf bedeutet ihm so viel, daß er es in der Herde erkennt und unterscheidet. Kein Tier geht in der Masse unter. Den Namen kennen, in diesem Bild drückt sich aus, daß jeder Mensch unverwechselbar und einzig ist. Der Name buchstabiert die ganze Biographie eines Menschen. Alles, was er in seinem Leben erfahren und erlitten hat, konzentriert sich in seinem Namen. Jeder freut sich, wenn der eigene Namen von einem anderen liebevoll ausgesprochen wird. Das Aus-Sprechen des Namens spricht an. So öffnet der Name, den der andere kennt, die Herzenstür wie von selbst. Ich spüre nämlich, daß ich wichtig bin. Mein Besitz, mein Gehalt und mein Titel zählen in diesem Moment nicht, weil mein Name darüber nichts aussagt. Deshalb geben sich Liebende Kosenamen, und mit ihnen drücken sie ihre gegenseitige Liebe aus, die ihre Herzenstüren weit aufschließt.
Selbst wer an seine Kindheit ungern zurückdenkt, weil er böse Erfahrungen mit seinen Eltern gemacht hat, ahnt doch, wie bedingungslos gute Mütter und gute Hirten lieben. Beide stehen für Gott, der wie sie die Menschen liebt, ohne für sie das »Beste« zu erzwingen. Gott ist wie eine gute Mutter. Gott ist wie ein guter Hirte, weil er uns voller Liebe mit dem Namen ruft und dieser Ruf unsere »Tür weit öffnet«.
Wenn eine Mutter das Baby auf den Arm nimmt und es liebevoll mit seinem Namen anspricht, ereignet sich ein wunderbarer Dialog: Sobald das kleine Kind seinen Namen hört, strahlt es die Mutter an. Das lächelnde Gesicht ist ein Zeichen dafür, daß seine Herzenstür längst geöffnet ist. Hören wir, wie zärtlich Gott unsere Namen aus-spricht?

Kantate

Predigttext: Kolosser 3,(8–11)12–17

Ingrid Adam

Theologisch-homiletische Skizze

Das Stichwort »postconversionale Mahnrede« (K. Berger) und ein Satz von H. Conzelmann (»Man muß sich vor Augen halten, daß die frühen Gemeinden wirkliche Lebensgemeinschaften sind«, NTD Bd. 8 z.St.) haben mich auf den Gedanken gebracht, dem sonst etwas langweiligen Text dadurch Leben einzuhauchen, daß ich mir die Situation der Gemeinde in Kolossä vorstelle und sie meinen Hörrern beschreibe: eine typische Übergangssituation frisch christianisierter Menschen, die die christlichen Spielregeln noch nicht internalisiert haben und nun von dem Apostel schriftlich ermahnt werden (deshalb habe ich den Text nach vorn bis zu Vers 8 erweitert). Meine Überlegungen dazu brauche ich hier nicht zu formulieren, sie sind in der Predigt enthalten, die ich ziemlich ausführlich wiedergebe. Diese enthält drei Stränge, die jede/r auch einzeln herausschälen und für sich weiter ausbauen kann:

a) die Problematik des Zusammenstoßes verschiedener Kulturen und Wertvorstellungen bei der Übernahme des Christentums (oder in einer multikulturellen Gesellschaft);

b) die Situation der frühen Christengemeinden;

c) hier nur angedeutet: die Frage, was sich unter der Decke einer christlichen Gesellschaft verbirgt, die die Tugenden von Vers 12 aggressionshemmend (und -fördernd!) allzusehr internalisiert hat.

Ich habe mich für eine erzählerische, leicht lehrhafte Form der Predigt entschieden, weil ich meinen Hörern manchmal auch gern erkläre, wie ein biblischer Text zustandegekommen ist, und weil unsere Gemeinde solche Ausführungen schätzt.

Da ich von dem Predigttext her nur eine krampfhafte Beziehung zu dem Sonntag Kantate herstellen könnte, wird dieser Kasus in meiner Begrüßung und in der kirchenmusikalischen Gestaltung seinen Niederschlag finden.

Vorschläge zur Liturgie

Sündenbekenntnis

Herr, wieder ist eine Woche um. Eine Woche, in der uns nicht alles so gelungen ist, wie wir es gewollt haben. Wieder haben wir oft nicht die richtigen Worte gefunden, um unsere freundlichen Absichten zum Ausdruck zu bringen; wieder haben wir verärgert reagiert, wo ein Lächeln mehr gebracht hätte; wieder haben wir uns von Terminen hetzen lassen, statt uns Zeit zum Nachdenken über uns selbst und über unsere Nächsten zu nehmen. Herr, wir bitten dich, daß du *mehr* Geduld mit uns aufbringst, als wir an Geduld mit uns und unseren Mitmenschen haben.

Schlußgebet
Wenn das Leben draußen erwacht, / dann laß es, o Gott, / das ist mein sehnlicher Wunsch, / auch mit mir wieder aufwärtsgehen. / / Schenke meinen Gliedern neue Kraft, / daß ich mich rege und bewege, / und gib Leben meiner müden Seele. / / Laß meinen Geist teilhaben / an der Klarheit des Himmels / und mein Gemüt an dem Licht, / das du in diesen Frühlingstagen / der Erde reichlich schenkst. / / Laß mich auferstehen, o Gott, / ins alltägliche Leben / aus aller Krankheit und Gewöhnung / zu starkem Glauben, frischer Hoffnung, / zu Liebe und Güte aus deiner Kraft. / /
(nach: Journal für Muße und Genesung)

Vorschläge zur Predigt

Liebe Gemeinde! Im Jahr 745 n. Chr. setzte Bonifatius, der damals Legat des Frankenreiches und damit praktisch der Stellvertreter des Papstes in Westeuropa war, den Mainzer Bischof Gewilib ab. Denn dieser Bischof Gewilib hatte, wie es heißt, »eigenhändig und nicht ohne Hinterlist die Blutrache an dem sächsischen Totschläger seines Vaters vollzogen.« Was war geschehen? Gewilibs Vater, der Bischof Gerold (ja, Sie haben recht gehört: der Bischof Gerold hatte einen Sohn, der sein Nachfolger wurde – mit der Ehelosigkeit der Priester nahm man es damals noch nicht so genau!) – dieser Bischof Gerold war im Krieg gegen die Sachsen von einem Feind erschlagen worden, und sein Sohn und Nachfolger auf dem bischöflichen Stuhl, Gewilib, vollzog eigenhändig die Blutrache an diesem Feind. »Nicht ohne Hinterlist«, wie es heißt, m.a.W.: er hat ihn wohl nicht im Kampf getötet, sondern in einen Hinterhalt gelockt und ermordet. Ein solches Verhalten stehe einem Bischof nicht wohl an, meinte Bonifatius und setzte ihn ab.
Dieser Blick in unsere Geschichte, liebe Gemeinde, wo ein Bischof einen Sohn haben konnte, der sein Nachfolger wurde, wo ein Bischof eigenhändig Blutrachte übte und jemanden ermordete – dieser Blick in unsere Geschichte vor 1200 Jahren ist kein Blick in einen »Sündenpfuhl« der Kirche. Es ist ein Blick in eine typische Übergangssituation: Die handelnden Personen sind zwar getauft, sind zwar Christen, aber erst seit kurzer Zeit, und sie haben die christlichen Spielregeln noch nicht gelernt. Sie sind noch so, wie sie vorher waren, naturbelassen, sozusagen, gerade ein wenig angechristelt. Sie handeln noch nach den Gesetzen ihres Volkes, sind noch nicht vom Christentum gezähmt. Vergossenes Blut schreit nach Rache, der Sohn rächt den Vater, eine tapfere Tat ehrt einen Mann. Das alles ist nicht unmoralisch – es ist der *natürliche* Mensch, der so denkt und handelt. Es hat Jahrhunderte gedauert, bis das Christentum diesen natürlichen Menschen gezähmt hatte. Erst in unserem Jahrhundert kam das Duell aus der Mode, das ja auch noch so eine Art Blutrache war.

Ich habe Ihnen das alles erzählt, weil unser heutiger Predigttext, einige Verse aus dem Brief an die Kolosser, einen ähnlichen Hintergrund hat. Auch die Christen in Kolossä waren gerade erst getauft, auch sie hatten die christlichen Spielregeln noch nicht so recht begriffen, auch sie waren noch nicht vom Christentum gezähmt. Freilich waren sie keine blutdürstigen Raufbolde wie die Franken. Sie waren – das entnehme ich den Ermahnungen, die der Brief enthält – so etwas wie temperamentvolle südländische Hitzköpfe. Sie waren nach der Taufe zusammengezogen, um inmitten einer heidnischen Welt eine kleine christliche Lebensgemeinschaft zu bilden. Das war in den frühen Christengemeinden so üblich.
Es werden etwa dreißig, vierzig Leute gewesen sein, eine bunt zusammengewürfelte Schar, die da – nach der ersten Begeisterung über die Taufe – im Alltag miteinander auskommen mußten. Ich nehme an, daß einige von ihnen andere von ihnen früher noch nicht einmal auf der Straße gegrüßt hätten. Sie kamen aus unterschiedlichen Religionen, sozialen Schichten und Kulturen. *Daß* es so war, steht nicht in dem Brief, ich entnehme es einem Vers, der noch *vor* unserem Predigttext steht, in dem der Apostel schreibt, daß alle diese Unterschiede nun hinfällig seien, weil sie doch jetzt alle zu Christus gehörten. Und warum hätte er sie solcherart vermahnen sollen, wenn sie sich vertragen hätten? Da steht (Vers 11) ...
Können Sie sich vorstellen, wie damals die Griechen, die für sich in Anspruch nahmen, ein hochgebildetes Volk zu sein, auf die Juden herabblickten, und umgekehrt? Und wie hart es einen freien Mann angekommen sein mag, beim Essen neben einem Sklaven zu sitzen, der früher in der Küche seinen Fraß bekommen hatte? Wie auch immer – es gab Spannungen, und der Apostel, dem das zu Ohren gekommen sein mag, befand, er müsse der Gemeinde in Kolossä eine schriftliche Lektion in Sachen »christliche Spielregeln« erteilen. Um das verständlich zu machen und bevor ich unseren Predigttext, der einige dieser christlichen Spielregeln enthält, vorlese, möchte ich Sie mit der Situation dieser jungen christlichen Gemeinden noch ein wenig vertrauter machen.
Sie wissen vielleicht aus der Apostelgeschichte des Lukas, daß die Apostel, allen voran Paulus, weite Missionsreisen unternahmen, um mit ihren Predigten Menschen für Christus zu gewinnen und Gemeinden zu gründen. »Gemeinden gründen« – das sagt sich so leicht. Praktisch sah das so aus, daß sich einige Leute taufen ließen, daß der jeweilige Apostel und sein Gehilfe noch eine Weile mit diesen Leuten zusammenlebten (wenn's hoch kommt, werden das ein paar Monate gewesen sein), ihnen von Jesus erzählten, was sie wußten, ihnen ihre Fragen beantworteten und dann weiterzogen.
(Im folgenden wird nun geschildert, welche Schwierigkeiten diese jungen Gemeinden – noch ohne Pfarrer, ohne NT – hatten, die christliche Botschaft in den Alltag umzusetzen, und daß die meisten Apostelbriefe aus dieser Notlage heraus entstanden sind.)

Ich stelle mir vor, wie die Leute sich gefreut haben, wenn ein Brief des Apostels ankam ... Atemlos werden sie zugehört haben, wenn ein solcher Brief in der Versammlung oder im Gottesdienst vorgelesen wurde.
Und nun stelle ich mir vor, wie in der Gemeinde von Kolossä, bei diesen südländischen, temperamentvollen Hitzköpfen, dieser Brief vorgelesen wurde. (Ob er von Paulus ist, wissen wir nicht, es spricht vieles dagegen.)
Da sitzen sie also, schiedlich-friedlich wenigstens bei *dieser* Gelegenheit, und es werden ihnen die Leviten gelesen. »Legt ab Zorn, Grimm, Bosheit, Lästerung, schandbare Worte aus eurem Munde!« hören sie. »Belügt einander nicht, denn ihr habt ja (bei der Taufe) den alten Menschen mit seinen Werken ausgezogen und den neuen angezogen ...« (weiter Verse 12–17).
Sie mögen ganz schön erstaunt geguckt haben, unsere Kolosser, als sie das hörten (sie hörten es zum erstenmal, für sie war das noch nicht so abgedroschen wie für uns). Woher wußte der Apostel das alles von ihnen: wie es bisweilen lautstark zugegangen war, wie sie sich gezankt und angeschrieen hatten, wie keiner nachgeben wollte, wie sie ihrem Zorn freien Lauf gelassen hatten? Daß keiner bereit war, sich bei einem andren zu entschuldigen, und daß das auch gar nichts genutzt hätte?
Und dennoch: Schön wäre es ja, in Frieden miteinander zu leben, Frieden auch im Herzen zu haben ... Aber sie *waren* doch nicht so, von Natur aus, sie waren doch temperamentvoll, überschäumend, aufbrausend. Und seinen Charakter konnte man doch nicht wechseln wie die Kleider: den alten Charakter ausziehen, den neuen anziehen ... Wie stellte sich der Apostel das vor? Und dennoch ...
Sie saßen da im Kreis herum, unsre Kolosser, mit gesenkten Köpfen, nachdenklich. Es war ganz still, nur hier und da seufzte jemand. Allmählich hob der eine oder andere den Kopf, suchte mit den Augen den Gegner von gestern, sah wieder weg, wenn die Blicke sich trafen, sah wieder hin ... Wir kennen von uns selbst die Verlegenheit solcher Situationen. Plötzlich stand einer entschlossen auf, ging quer durch den Raum zu seinem Gegner im letzten Streit, streckte ihm die Hand entgegen. Der nahm die Hand, stand auf, sie sahen einander einen Augenblick lang an, nickten und umarmten einander.
Da war der Bann gebrochen. Auch andere standen jetzt auf, gingen aufeinander zu. Hände wurden zur Versöhnung geschüttelt, Bruderküsse wurden getauscht, hier und da hörte man befreites Lachen. Dann ließ man sich nieder, wie man gerade stand. Jude saß neben Griechen, Sklave neben Freiem, Bruder neben Bruder, Schwester neben Schwester. Und nun? »Lies noch einmal vor, welche alten Kleider wir ablegen sollen«, sagte einer zu dem Vorleser, »und welche neuen Kleider wir anziehen sollen. Wir wollen es uns behalten.« Der nahm noch einmal den Brief des Apostels und las: »Legt ab Zorn, Bosheit, Grimm ...«, und alle sprachen ihm nach: »Zorn, Bosheit, Grimm ...«, um sich's zu merken. (Dasselbe dann bei den »neuen Kleidern«.) Und sie nahmen sich vor, das in Zukunft zu beherzigen.

Möglicher Schluß

Es wird daraufhin nicht das Paradies bei ihnen ausgebrochen sein, denn sie *waren* temperamentvolle, südländische Hitzköpfe, und seinen Charakter kann niemand ausziehen wie ein Kleid und gegen einen neuen eintauschen wie ein Kleid. Und die Zeiten, in denen man in einer falsch verstandenen christlichen Erziehung versucht hat, durch Strenge und Brechen des Willens aus Kindern und Erwachsenen brave, angepaßte, zahme christliche Haustierchen zu züchten, diese Zeiten sind ja zum Glück vorbei. Sie haben unsere Kultur geprägt, aber es ist auch eine Menge Scheinheiligkeit, Bigotterie, Spießigkeit und Unglück dabei herausgekommen. Nein, seinen Charakter kann man nicht ändern. Aber die *christlichen Spielregeln* im Umgang miteinander beachten, sein Verhalten ändern, seine böse Zunge im Zaum halten, das kann man lernen. Und damit ist für eine Gemeinschaft schon viel gewonnen. Um Verzeihung bitten, wenn man einen Fehler gemacht hat, das kann man lernen. Und das Vergeben, das kann man zumindest einmal probieren, auch wenn man noch so sehr verletzt wurde. Und über dem allem kann man erleben, wie durch den äußeren Frieden auch der innere Friede ins eigene Herz einzieht, jener Friede Christi, von dem der Apostel den Kolossern wünscht, daß er ihre Herzen regiere. Amen.

(Eine theologische Alternative zu diesem Predigtschluß besteht darin, die durch die Taufe gewonnene Erlösung und das inadäquate Verhalten im Sinne von »simul peccator et iustus« zu deuten.)

Kontexte

... denn wenn irgend eine Zeit mit ihren Gestalten oder Erscheinungen und Formen begriffen werden soll, so muß man sich weit über diese Zeit hinaus in die Vergangenheit zurückziehen und die betreffende Periode von vorne anvisieren, nicht nur von rückwärts her sie betrachten ... Geschichte ist keineswegs die Kenntnis vom Vergangenen, sondern in Wahrheit: die Wissenschaft von der Zukunft; von dem nämlich, was jeweils in dem betrachteten Abschnitte Zukunft war, oder es werden wollte. Denn hier liegt das wirkliche Geschehen, die Strom-Mitte, die Rinne der stärksten Strömung.
(H. v. Doderer, Die Dämonen)

aus der Serie »Hägars Abenteuer« in der Mainzer Allgemeinen Zeitung

Da sagte Orm: »Ich glaube, daß niemand genau wissen kann, wie mächtig jeder Gott ist, und welchen Nutzen er für uns haben mag; und am besten wäre es vielleicht, weder den einen noch den anderen zu vernachlässigen.« ... Die Männer meinten, das sei recht gesprochen. Sie brachten nun Ägir, Allah und St. Jacob ein Opfer von Fleisch und Getränken, und danach war ihnen besser zumute.
(F.G. Bengtsson, Röde Orm – das Buch spielt um das Jahr 1000 und handelt von der Christianisierung des Nordens)

Wenig kultiviert, dafür umso kampflustiger, rasch zum Schwert greifend, oft geradezu blutdürstig, war diese herrschende Schicht (des fränkischen Adels in der Merowingerzeit) ... vom Christentum nur erst oberflächlich berührt. Doch wuchs die Zahl der Adligen, denen die Vertiefung der Religiosität am Herzen lag.
(L. Falck, Geschichte der Stadt Mainz)

Dies Leben ist nicht ein Frommsein, sondern ein Frommwerden; nicht ein Gesundsein, sondern ein Gesundwerden, überhaupt nicht ein Wesen, sondern ein Werden, nicht eine Ruhe, sondern eine Übung. Es ist noch nicht getan und geschehen, es ist aber im Schwang, es ist nicht das Ende, es ist aber der Weg.
(M. Luther)

Ich habe immer gefunden, die sogenannten schlechten Leute gewinnen, wenn man sie näher kennenlernt, und die guten verlieren.
(Lichtenberg)

Lieber Gott, mach die bösen Menschen gut und die guten etwas netter!
(Spruchkarte)

Ihr müßt die Menschen lieben, wenn ihr sie ändern wollt.
(Pestalozzi)

Richtet, auf daß ihr nicht gerichtet werdet!
(Odo Marquard)

In manchen bürgerlichen Wohnstuben ist die Zärtlichkeit seit Generationen ausgestorben.
(J. Wassermann, Der Fall Mauritius)

Er hatte so eine Art, sich in den Hintergrund zu drängen, daß es allgemein Ärgernis erregte.
(Karl Kraus)

Man wird geboren als Brandstifter, man stirbt als Feuerwehrmann.
(Longanesi)

Die moralische Entrüstung ist der Heiligenschein der Scheinheiligkeit.
(Helmut Qualtinger)

Kanon zum Sonntag Kantate

Singet dem Herrn ein neues Lied
Hermann Rauhe

Aus: Hermann Rauhe, Singt und lobt. 80 geistliche Kanons. BE 2400, Gustav Bosse Verlag, Regensburg 1990

Rogate

Predigttext: 1. Timotheus 2,1–6a

Karl-Behrnd Hasselmann

Theologisch-homiletische Skizze

Unser Text verfolgt eine in sich geschlossene und zwingende Logik. In wenigen Versen wird Sinn und Zweck der christlichen Gemeinde dargelegt. Sie beginnen mit der Festlegung der Priorität: Vor *allen* Dingen ist das Leben der christlichen Gemeinde bestimmt durch das Gebet (als Bitte, Fürbitte und Dank). Und dieses für *alle* Menschen, ja sogar für alle Obrigkeit (man hört förmlich den Einwurf: »Auch für die?« »Ja, auch für die!«). Dem Gebet entspricht im Kern ein gewaltfreies, also ruhiges und stilles Leben, das näher bestimmt wird durch die Ausrichtung, Gott und Menschen die Ehre zu geben, die ihnen zusteht. Gut ist dieses, weil es dem Willen Gottes entspricht und antwortet. Dieser Wille ist, *allen* Menschen zu helfen und ihnen Erkenntnis der Wahrheit zu vermitteln. Da *alle* Menschen angesprochen sind, alle Menschen aber mit sich und aller Welt uneins sind, ist die Wahrheit die, sich auf einen Weg zu einer Einheit einzulassen, der durch einen Gott und seinen einen, einzigen Mittler bestimmt ist.

Aus der Un-einigkeit, dem Streit und Krieg, Haß und Neid befreit der Weg, den der Mensch Jesus Christus gezeigt hat: in seiner Pro-Existenz in Gebet und Hingabe für alle, das heißt für jeden, der ihm begegnete, auch für seinen Feind.

Der 1. Timotheus wird mit Recht in den Prozeß einer gewissen Verbürglichung der christlichen Gemeinde hineinlokalisiert. Aber gerade unsere Verse lassen es zu, diesen vorwärtsdrängenden und nichtresignativen Ansatz christlicher Existenz zu verdeutlichen. Das geschieht dadurch, daß man sich klarmacht, was es bedeutet, daß für alle Menschen gebetet und vor Gott und Menschen eingetreten wird. Gerade die Obrigkeit, die durch Recht und Gesetz allen Menschen zugeordnet ist, ist daran orientiert, daß alle Menschen nicht unter ein Dach zu bekommen sind, sondern daß sie auseinander und gegeneinander leben und sich bewegen. Das Gebet für den Weg der Einheit aller Menschen wendet sich darum praktisch gegen alle die, die sich ausschließen oder durch Diskriminierung, Verdrängung und Verfolgung von Minoritäten usw. ausschließen. In der Fürbitte ist Widerstand angelegt. Ob dieses damals das ruhige und stille Leben, in dem die Ehre Gottes und der Menschen hochgehalten wird, ermöglicht, ist zumindest fraglich. Die Ehre jedenfalls und Würde des betenden und sich für andere hingebenden Menschen ist Zeichen und Impuls für alle anderen, auf den Krieg aller gegen alle zu verzichten und zurückzufinden zu dem Frieden, der Gottes Wille ist.

Die große innere Logik des Textes provoziert geradezu die Lehrpredigt.

Zur Liturgie

Gebet

Gegen uns selbst

Gott, Vater, Lebensquell, Stimme, Herz,
Macher von Menschen, du! – Denn du hast uns nicht gemacht,
um einander zu behüten und zu tragen? –
Wer kann uns beschützen gegen uns selbst,
doch nur deine Kraft in uns, dein Wort in uns.
Sei ruhelos in uns,
sei helles Licht in uns,
sei Einsicht, Erkenntnis, zähe Geduld in uns.
Sei Durst in uns, der nicht zu löschen ist,
ein Durst nach Frieden und Gerechtigkeit.

Dich bitten wir: gegen uns selbst, gegen unser lieber-nicht-wissen,
gegen unsere schweigende Mehrheit,
gegen die Schlauheit unserer Wirtschaftspolitik,
gegen die Scheingründe, die halben Wahrheiten,
die ganzen Lügen,
gegen den Waffenhandel,
gegen den Tod von Tausenden jeden Tag –
und wie lange dauert das schon –
gegen Napalm, die verbrannte Erde,
gegen die Erniedrigung aller farbigen Menschen
in Surinam, in Angola und in unserem Land,
in Südafrika, in den Vereinigten Staaten,
ausgebeutet für unseren Wohlstand,
verabscheut und gefürchtet, weil sie so sind
wie du sie geschaffen hast –
der du alles gut, sehr gut machen wolltest.
Warum geht alles so, wie es geht,
warum tun wir so, wie wir tun?

Bist du mächtig? Befreie sie dann aus unseren Händen.
Bist du machtlos, dann bist du einer von jenen,
die sterben müssen, ohne gelebt zu haben.
Bist du der Gott, der gesagt hat:
»Ich werde für dich da sein«?
Sei dann Gott für unsere Nächsten
in weiter Ferne,
für deine Menschen, wo immer auf der Welt,
keine Menschen, sondern Würmer, ihm ähnlich,
der zertreten, verkauft, gekreuzigt wurde,
Jesus, dein Sohn.

Wir bitten dich für alle Menschen,
die leben müssen mit Gewalt,
für jene, die von der Zukunft
kaum etwas anderes zu erwarten haben
als noch mehr Unheil auf ihr Haupt.

Für alle, die es müde sind, über Frieden zu reden,
für Gerechtigkeit zu kämpfen,
die nicht mehr glauben, daß es auch anders geht,
für jene, die abgestumpft und skeptisch sind
und keines Widerstandes
oder Protestes mehr fähig sind.

Wir bitten dich für alle, die nicht aufgeben, …
daß nie in unserer Mitte fehlen mögen
Menschen, die ausharren
gegen Unverstand und Treulosigkeit.

Für uns selbst, die wir Brot haben und Geld
und mehr als das:
daß wir einzusehen beginnen, auf welche Weise
wir dazu beitragen, dieses Chaos instandzuhalten,
und wie wir uns einschalten lassen
in diese Kriegführung.

Für alle, die in Wohlstand leben
und trotzdem keine Hoffnung haben,
keine Lebenserfüllung,
die Schaden leiden an ihrer Seele,
verteilt und vereinsamt,
gefangen in ihrer Macht und ihrem Besitz.

So kommen wir zu dir:
den Mund voller Worte, das Herz beschwert,
die wir angeklagt sind von der Stimme unseres Gewissens,
das sagt, daß es so nicht weitergeht.

Wir Menschen, von dir erkannt und berufen,
verantwortlich und haftbar gemacht,
wir Menschen, ähnlich dem Einen aus unserer Reihe,
der von altersher und in Erwartung eines Besseren
genannt wird: dein Sohn, der erste aus den Toten,
endlich ein Mensch: Jesus von Nazareth –
mit dessen Worten wir zu dir rufen:
Vaterunser …

(Huub Oosterhuis, Verlag Herder, Wien)

Zur Predigt

Variante a)

Liebe Gemeinde, wer, außer den ganz Naiven, betet noch? Sie können es bei Gesprächen auch unter Freunden beobachten: über Religion und Glauben spricht man nur, wenn der finanzielle Beitrag in Frage steht. Über das Gebet spricht man nicht. Es ist in den Tabubereich des Obszönen gelangt. Es gehört zu den intimsten Themen, die sich denken lassen – und über die man mit anderen nicht redet. Trotzdem wird gebetet – mehr, als wir uns vorstellen. Über alle Fragen, über die ein öffentliches, unabgesprochenes Redeverbot verhängt wurde, geschieht es im Verborgenen umso mehr. Und es sind nicht nur die Naiven. Es sind gerade die, die wissen, was ihr Leben verliert, wenn das Gespräch abbricht – mit Gott. Die wissen, daß viele Gespräche auch mit anderen Menschen oft nur Selbstgespräche sind. Jeder sagt, was ihm am Herzen liegt; keiner hört zu. Und am Schluß bedankt man sich für den anregenden Abend.

Einem zu glauben, der wirklich zuhört; einen zu wissen, dem man alles, aber auch wirklich alles sagen, zurufen und zuschreien kann. Dem man eine Bitte ohne Hemmungen und jede Furcht vor Verachtung und Geringschätzung sagen darf. Dem man seinen Dank für schiere Lebensfreude aussprechen darf: weil der Tag so schön ist, weil die Landschaft vor mir mich bezaubert, weil ich geliebt werde.

Gerade die, die ihre Einsamkeit kennen und hinter die Kulissen all der vorgetäuschten Gesprächskultur schauen, die wissen, daß sie ohne das Gegenüber Gottes einsam sind und einsam bleiben. Ihnen ist klar: »Gebetslosigkeit bedeutet fundamentale kosmische Einsamkeit.« (H. Miskotte) Wenn in der christlichen Gemeinde, also heute und hier, über das Beten geredet wird, dann so, daß sich hier zunächst nichts von selbst versteht. Daß andererseits aber das Entscheidende geschehen ist. Das, was geschehen ist, ist die Befreiung aus dieser Einsamkeit. Die Erfahrung, gehört worden zu sein, da, wo niemand mehr zuhörte; angesprochen zu sein, wo niemand mehr ein Wort verlor. Deshalb wird in der Gemeinschaft Jesu Christi gebetet, das heißt gemeinsam auf Gott gehört und mit ihm gesprochen. Ohne Peinlichkeit und Schamgefühl. Und weil jeder für sich und allein hört und spricht und dort auch seine Befreiung von Angst und Einsamkeit neu erfährt.

Davon geht unser Text aus. Und knüpft daran nun eine erstaunliche Aufforderung, auf die niemand von uns allein gekommen wäre. Bitte und Dank und Fürbitte sollen vor allem anderen *für alle Menschen* an Gott gerichtet werden. Nicht nur für alle Menschen, sondern gerade auch für die, die nun ganz anders ständig mit allen Menschen befaßt sind: mit Königen, Regierungen, Behörden, Obrigkeiten. Wie kommt es zu dieser Aufforderung?

Dieser Wunsch, die Gemeinde möge für alle Menschen, nicht nur für sich und ihr Leben, nicht nur für das persönliche Glück und die persönliche Hilfe jedes einzelnen aus der Not Gott bitten – dieser Wunsch hängt zusammen mit einer Vision davon, wie das gemeinsame Leben von Menschen aussehen soll: Es soll ruhig und friedlich, es soll still und gesammelt gelebt werden können; und dieser innere und äußere Friede soll so zustandekommen, daß alle Menschen fähig sind, Gott und ihren Mitmenschen die Ehre zu geben – und dies ungeheuchelt, angemessen, ohne die Würde des anderen zu verletzen. Daß für alle Menschen gebetet werde, hat also diese Vision im Rücken. Zunächst soll die christliche Gemeinde selbst so leben; denn alle sollen es sehen, alle daran teilhaben.
Ich muß gestehen, diese Aufforderung hat zunächst etwas, was zum Lachen und zum Spott reizt. Da sind ein paar Menschen, ein paar Familien in einer uns nicht näher bekannten hellenistischen Stadt zusammen. Sie treffen sich in dem Wohnzimmer eines Gemeindegliedes zum Gottesdienst. Da wird nun unser Brief verlesen mit dieser Aufforderung, für alle Menschen einschließlich der Behörden und dem Kaiser zu beten, damit Frieden in das gemeinsame und persönliche Leben kommt. Diese Aufforderung, für alle Fürbitte zu tun, ist ja alles andere als harmlos. Alle: das heißt die Kranken, die ihren Familien zur Last fallen; die Behinderten, die sich selbst nicht helfen können; die Sterbenden, die nicht wissen, welchen Weg sie gehen; aber auch: alle, die in den Gefängnissen sitzen, ob schuldig oder unschuldig; Verbrecher und Opfer; aber auch: Afrikaner und Römer, Griechen und Barbaren, Rassen und Klassen, die sich nicht ausstehen können, die sich hassen und bekämpfen; aber auch: Angehörige der anderen Religionen, Mysterienvereine und Sekten, die fremde und seltsame Gottheiten anbeten. Und so auch Frauen und Kinder, Sklavinnen und Sklaven, die Eigentum ihrer Besitzer und so nur sehr unvollständige Menschen sind; und so auch Soldaten und Bankiers, Geschäftsleute und Händler, die ihre Aufgaben mehr schlecht als recht oder eben so honorig wie möglich wahrnehmen. Die ganze Menschenwelt also, in ihrer Verschiedenheit und Buntheit, in ihrem Kampf und Krampf um einen Platz an der Sonne, in Neid und Streit um Interessen, in Angst und Einsamkeit, Not und Tod. Und in dem allen für die, die dafür zu sorgen haben, daß aus diesem Hexenkessel einer multinationalen und multikulturellen Gesellschaft nicht das Chaos entsteht, das die sehr relative Ruhe und den sehr ungesicherten Frieden zum Teufel gehen läßt.
Wenn ich eben noch zum Lachen und zum Spott geneigt war, kommt jetzt allerdings das große Staunen. Diese paar Leute, Freunde Jesu Christi, wollen ihr gemeinsames Leben so ordnen, daß sie ständig alle Menschen, d.h. jeden Menschen, der ihnen konkret begegnet, bittend und dankend vor Gottes Angesicht bringen und ihm sagen wollen: Achte auf ihn; er gehört zu dir. Natürlich sagen sie damit auch: Er gehört, weil er Gott gehört, auch zu uns und wir zu ihm.

... An dieser Stelle könnte – aktualisierend – fortgefahren werden, wie Variante b) zeigt:

Variante b)
Predigt zum Gottesdienst aus Anlaß des 3. Bundestreffens der Solidaritätsstädte Hiroshima, an der etwa 100 Bürgermeister verschiedener europäischer und asiatischer Städte in Kiel am 3. und 4. Juli 1991 zusammentrafen.

Gottesdienst ist im Kern Gebet. Unser Wort redet vom Beten. Die Frage allerdings ist bei vielen: Wer außer den ganz Naiven betet noch? Viele sagen: Ich kann nicht mehr beten. Diese vielen frommen Worte. Schon gar nicht vor anderen, mit anderen. In der Kirche. Oder zu Hause bei Tisch. Und *über* das Beten rede ich schon gar nicht. Das ist fast obszön. Ich habe das Gefühl: Wenn beten, dann muß es ganz zu mir gehören. Ganz aus mir allein herauskommen. So wie in der Situation, wo mir entfährt: das »Ach«. Im Blick auf eine Todesnachricht: *Ach*, hättest du doch ...; im Blick auf einen, der Hilfe braucht und diese nicht zuläßt: Ach, würde er doch ...; im Blick auf mich selbst: Ach, wann wirst du endlich ...; aber auch anders: Wenn ich in einem Sommer am Meer sitze und hinausblicke: Ach, wie schön! Da, in dem Ach, ist alles beschlossen: meine Grenzen, meine Hilflosigkeit und Verzweiflung, mein Dank für etwas Glück – und mein Wissen: Aus *dir* wird die Erfüllung nicht kommen, die du erhoffst.
Wie oft sage ich: O Gott; mein Gott, wenn da etwas ist, was ich nicht begreifen und fassen kann; was mich als Einsicht überfällt; was dringend geändert werden muß – und nicht wird.
Ich merke: Ich bete eigentlich ständig. Ständig betet es aus mir: unwillentlich, nur halb bewußt. Was das ist und was das soll, das zu verstehen will uns der Text helfen.
Paulus will, daß wir willentlich und bewußt beten. Daß wir wissen, was da geschieht, wenn es aus uns heraus betet und bittet und dankt. Wenn wir »Gott« sagen und nicht wissen, was wir damit tun.
Er bezieht sich dabei auf unsere Erfahrungen. Darauf, daß wir oft spüren, wie hilflos, wie ohnmächtig und wie gespalten wir sind. Aber auch: wie überwältigt und voller Dank für das, was uns begegnet. In allem, sagt uns der Apostel, ist es für euch wichtig zu hören: Es geht nicht nur um euch alleine! Gott will, daß *allen* Menschen geholfen wird. Daß sie die Fülle des Lebens haben. Daß sie gesegnete und glückliche Menschen sind. Daß sie spüren, daß sie so gewollt sind, wie sie sind. Darum das Ach, darum das: Mein Gott!
Sie alle sind so gewollt: als glückliche und gesegnete Menschen. Darum soll der, der betet, auch fähig werden, *für alle* zu beten.
Für sich selbst im Zusammenhang mit allen anderen Menschen: das fordert viel Kraft. Denn normal ist, daß ich sage: Was gehen mich die anderen an. Aber dann weiß ich auch: Sie gehen mich an. Ohne sie bin ich einsam.

Ohne sie bin ich ohne jede Antwort. Ohne sie bin ich ohne jede Bedeutung. Es geht darum, daß ich erkenne, daß wir zusammengehören. Das ist wesentlicher Inhalt meines Gebetes.

Wir sind solidarisch, ob wir das wissen oder nicht. Von Hiroshima bis Coventry, vom Golf bis nach Südafrika, von Dresden bis Kiel. Alle gehören dazu. Freunde und Feinde. Gebet ist ausgesprochene und artikulierte Feindesliebe. Dort artikuliere ich, wer ich für andere bin.

Oft halte ich selbst meine Freunde nicht aus. Aber Gottes Wille, daß allen geholfen wird, gibt mir Kraft, auch die Freunde zu ertragen. Oft bin ich mir selbst mein schlimmster Feind. Und ich brauche die Feindesliebe, mich auszuhalten mit meinem Hang zu Haß und Intrige, Neid und Geiz. Oft halte ich nicht mehr aus, wie die Menschen um mich herum von dem Wahn befallen werden, alle müßten so sein wie sie. Wie sie das Reich des Guten von dem des Bösesn trennen können. Wie sie Zensuren ausgeben, die das Licht von der Finsternis unterscheidet. Und wie diese Zensuren morgen ganz anders aussehen, weil die Interessen, auch die wirtschaftlichen und politischen Interessen sich ändern. Da ist es gut zu hören: Glaube dir und denen nicht, die dir einreden wollen, Gott wolle nur den einen und nicht den anderen helfen.

Nein, Gott will, daß *allen* geholfen wird. Darum werden wir für alle beten. Wie wir es im Golfkrieg getan haben. Wo die Welt wieder so eindeutig in Gut und Böse geteilt war. Wir sehen erst danach immer viel klarer: *nach* der Sintflut, *nach* den Atombomben, *nach* den klinisch sauberen Bombardements, die das Böse ausrotten sollen. Es wird eine Zeit geben, wo es kein Danach mehr gibt. Das ist uns inzwischen bewußt. Darum treffen wir uns und reden miteinander. In der Zeit nach dem Krieg gab es in Deutschland das Gedicht von Erich Fried, in dem es ironisch heißt: »Die Bösen werden geschlachtet, die Welt wird gut.«

Diese Devise wird nur durch das Beten unmöglich gemacht.

So sollen wir beten für Kranke und Behinderte, für Verbrecher und ihre Opfer, für Einsame und für Familien, Männer und Frauen, Alte und Junge. So sollen wir sogar beten für Regierung, Bürgermeister und Behörden. Warum das?

Weil diese geheimnisvolle, diese seltsame und humorige Weisheit Gottes in unserer Welt waltet. Sie sorgt dafür, daß es Menschen gibt, die für *alle* anderen zuständig sind. Die dafür sorgen müssen, aus welchen persönlichen Motiven auch immer, daß wir uns nicht ans Leben gehen, daß nicht Mord und Totschlag, Raub und Diebstahl und das Recht des Stärkeren herrscht – oder nicht so offensichtlich und ausschließlich herrscht. Vergessen wir nicht, gerade da, wo wir in politischer Verantwortung sind: Auch das Leiden an der Politik ist aktive Politik. Und auch die spricht sich aus als »ach« und »mein Gott«. Daß es solche Menschen gibt, ist Grund zum Gebet genug. Daß es diese Menschen weiter geben soll, ist Grund für Dank. Ob sie – öffentlich und offiziell und kirchlich ausprobiert – an Gott

glauben oder nicht. In der christlichen Gemeinde betet man für sie. Wir sind in dieser Gemeinde der Meinung, daß sie sonst ihre schweren Aufgaben nicht leisten können. Daß sie sonst in dem Filz der Interessen hängenbleiben, der sie ständig umgibt.
Insgesamt beten auch sie. Sagen sicher viele Male am Tag: ach – mein Gott, o Gott. Sie werden gehört.
Es geht darum, daß *allen* Menschen geholfen wird. Daß wir ein friedliches und ein zufriedenes, ruhiges und stilles Leben führen mögen. Daß wir Gott und den Menschen die Ehre geben können und nicht Ehrabschneiderei, Eitelkeit und Dummheit, Egoismus und pure Habgier das Wort führen. Daß unsere Gemeinde bleibt, in der gebetet wird. Denn wenn das Gebet aufhört, breitet sich die Einsamkeit aus wie ein Steppenbrand. Eine kosmische Einsamkeit, in der der Mensch nur noch Selbstgespräche führt. Eine Einsamkeit, wie sie – als Schrecken – die Menschen dieser Stadt Kiel überfiel, als diese Kirche, in der wir heute zusammen sind, unter den Bomben zusammenbrach. Und so beten wir jetzt – oder hören und denken mit – wie uns der gelehrt hat zu beten, von dem wir dieses alles wissen: Jesus Christus. Er betete für alle und half allen. Er liebte seine Feinde, sogar die, die ihn an das Kreuz schlugen. Darum haben wir sein Kreuz in unserer Mitte und ständig vor Augen. Von daher sehen wir auch auf all die vielen Kreuze, die täglich in dieser Welt errichtet werden und errichtet wurden: in Hiroshima und Coventry, am Golf und in Südafrika, in Dresden und in Kiel. Er war der, der mit Gott sprechen konnte wie ein Kind mit seinem Vater, als er uns sagte: Unser Vater im Himmel …

Kontexte

»Das Gebet ist nichts anderes als die Aufmerksamkeit in ihrer reinsten Form.«
Simone Weil

»Meine Sehnsucht nach der Wahrheit war ein einziges Gebet.«
Edith Stein

»Eine Phänomenologie des Gebets« von Otto Betz:

1. bitten – flehen – rufen – sich äußern – schreien
2. suchen – sich informieren – sich vergewissern – sich vortasten
3. der eigenen Unsicherheit Ausdruck geben – seine Isolation bekennen – seine Not aussprechen
4. seine Schuldverstrickungen wahrnehmen – die eigene Grenze erkennen
5. sich ausdrücken – sich in Sprache bringen
6. einen Standort suchen – einwurzeln
7. über sich hinauskommen – sich übersteigen
8. etwas zu verstehen suchen – Deutungen versuchen
9. sich nicht abfinden – etwas in Frage stellen – nachbohren
10. etwas dankbar wahrnehmen – staunen
11. schauen – einsichtig werden – durch etwas hindurchschauen

12. hinhorchen – einen Ruf vernehmen – sich angesprochen fühlen
13. antworten – zustimmen – sein Einverständnis geben
14. nachdenken – besinnen – überlegen – nachsinnen
15. etwas nach innen nehmen – verdauen – sich etwas einverleiben
16. für etwas (oder jemanden) eintreten – sich mit einer Not identifizieren
17. hoffen – sich ausstrecken – etwas erwarten
18. sich aufmachen – sich erheben – nach vorn gehen
19. sich aufgehoben wissen – sich hingeben – lieben
20. sich erheben lassen – aufgehoben werden – aufrichten – vergeben bekommen
21. sich entzücken lassen – juben – zum Lobpreis kommen
22. in schweigender Verbundenheit stehen – zur Ruhe der Übereinstimmung kommen.

»Zuletzt wurde er ganz still. Er wurde still, ja, was womöglich ein noch größerer Gegensatz zum Reden ist, er wurde ein Hörer. Er meinte erst, Beten sei Reden. Er lernte aber, daß Beten nicht bloß Schweigen ist, sondern hören.«
(Sören Kierkegaard)

Himmelfahrt

Predigttext: Apostelgeschichte 1,3–11

Renate Wind

Theologisch-homiletische Skizze

»Was starrt ihr in den Himmel?« fragen zwei Männer am Ende der Geschichte von der »Himmelfahrt« Christi. Sie verweisen die Jünger Jesu ebenso wie die Leser und Hörer des Textes vom Himmel auf die Erde. Der Messias Jesus hat seinen Herrschaftsanspruch auf ihr angemeldet. An seinen Nachfolgern liegt es, diese Herrschaft zu konkretisieren, bis an »die Enden der Erde«, inspiriert durch die »Kraft des Heiligen Geistes«.

Davon berichtet die Apostelgeschichte, und es ist sicher richtig, den Text als Prolog zu diesem »Evangelium des Geistes« zu lesen und die theologische Leistung des Lukas zu würdigen, der schon in den ersten Versen »die wesentlichen Etappen der urchristlichen Missionsgeschichte – Überwindung der Naherwartung, Auseinandersetzung mit Israel, Aufnahme der Heidenmission« (F.G. Lang in Band 4) dargestellt und reflektiert hat. Trotzdem soll hier noch ein anderer Akzent gesetzt werden, der mir für das Verständnis des Textes nicht weniger wichtig erscheint.

Zwei gegensätzliche Bewegungen bestimmen das Geschehen. Sie gehen von unten nach oben und von oben nach unten. Der Messias wird in den Himmel aufgehoben, und er wird wieder herabkommen. Doch wird hier ja nicht in räumlichen Kategorien gedacht. Das Thema der Geschichte ist vielmehr die widersprüchliche Einheit von Utopie und Realität, von notwendiger geschichtlicher Konkretion und gleichzeitiger Unverfügbarkeit der messianischen Vision vom Reich Gottes. Dadurch, daß sich der Messias entzieht, bleibt seine Geschichte offen und unvollendet. Aber sie wird nicht in ein »besseres Jenseits« verlagert. Sie geht weiter in der »Praxis der Apostel«, die auf ihren Platz auf der Erde verwiesen werden.

Diese Praxis darf nicht rückwärtsgewandt, nicht restaurativ sein. Der Messias richtet nicht das alte Reich Israel auf. Es macht einen Sinn, daß diese Aussage der Entrückung Jesu vorangeht (und deshalb auch nicht exegetisch ausgeklammert werden darf!). Sie ist geradezu der »Grund« für die »Himmelfahrt« des Messias. Er verschwindet, bevor seine Vision in einem real existierenden davidischen Israel institutionalisiert und dingfest gemacht werden kann – bedeutet das messianische Reich Gottes doch gerade soziale, nationale und kultische Entgrenzung.

»Das utopische Projekt Jesu ging weit über die Veränderungsvorstellungen aller Gruppierungen seiner Zeit hinaus und damit auch über die unmittelbaren Interessen des Volkes. Seine Reich-Gottes-Botschaft war eben nicht die Reorganisation irgendeines schon einmal dagewesenen Zustandes. Sie war der Vorgriff auf etwas absolut Neues.« (Kuno Füssel, Drei Tage mit Jesus im Tempel, Münster 1987)

Die Bewegung nach oben sichert diese Utopie vor der Institutionalisierung. Die Bewegung nach unten bewahrt sie vor der Entweltlichung. Sie soll wirksam bleiben in der ständigen Beunruhigung und Veränderung einer weiterhin unzulänglichen Realität. So gesehen ist die Umkehrung der Bewegung in der Geschichte vor allem eine Umkehrung der Blickrichtung bei denen, die »in den Himmel starren«. Sie, die

ihre Utopie in den Himmel verschwinden sahen und ihr sehnsüchtig nachblicken, werden aufgefordert, mit ihren Hoffnungen die Erde zu verändern.
In dieser Umkehr wird Gott mitten im Leben jenseitig (Bonhoeffer), wird die Hoffnung zum Motor neuer Erfahrung (Kahlau), die Auferstehung zur permanenten Revolution (Cardenal), grüßt der Himmel, der kommt, die Erde, die ist, wenn die Liebe das Leben verändert (Marti). Um dies glauben und leben zu können, brauchen wir den heiligen Geist – nichts weniger.

Zur Liturgie

Lieder
EKG 90, 98
Mögliche Lieder zur Predigt wären »Sonne der Gerechtigkeit« (EKG 218) und »Wir haben Gottes Spuren festgestellt«.

Wir haben Gottes Spuren festgestellt auf unseren Menschenstraßen,
Liebe und Wärme in der kalten Welt, Hoffnung, die wir fast vergaßen.

Blühende Bäume haben wir gesehn, wo niemand sie vermutet,
Sklaven, die durch das Wasser gehn, das die Herren überflutet.

Bettler und Lahme sahen wir beim Tanz, hörten wie Stumme sprachen,
durch tote Fensterhöhlen kam ein Glanz, Strahlen, die die Nacht durchbrachen

Refrain: Zeichen und Wunder sahen wir geschehn in längst vergangnen Tagen
Gott wird auch unsre Wege gehn, uns durch das Leben tragen

M. Scouarnec / D. Zils / J. Akepsimas, tvd-Verlag Düsseldorf

Meditative Texte und Gebete

Jesus Messias, wir gestehen,
daß du uns fehlst,
daß wir dich gern in der Nähe wüßten,
dich berühren möchten und befragen
nach einem gangbaren Weg der Befreiung.
Wir bekennen,
daß wir lieber darauf verzichten möchten,
auf uns gestellt zu sein,
daß uns die Nachfolge zu schwer wird,
zu verworren die Wege
und viele Straßen in die Zukunft verbaut.
Wir wissen,
wie groß die Versuchung ist,
in den Himmel zu starren,

den Besitzstand zu wahren,
in die innere Emigration zu gehen
anstatt an die Enden der Erde.
Wir bitten
um den Geist, der unerbittlich und zärtlich
tröstet, ermutigt, beunruhigt
und uns in Bewegung setzt,
deine Spuren zu hinterlassen in der Welt.
Amen.

Weh, wenn die Erfahrungen
über die Hoffnungen siegen.
Ohne Hoffnungen
keine Erfahrungen mehr.
Und,
wo die Erfahrungen enden,
beginnt der Glaube.
Aber genau das ist die Stelle,
an der auch die Zukunft beginnt.

Heinz Kahlau
(aus: Flugbrett für Engel, © Aufbau-Verlag, Berlin und Weimar 1974)

das reich der himmel

gustav heinemann:
die herren der welt kommen und gehen –
unser herr kommt

der himmel der ist
ist nicht
der himmel der kommt
wenn
einst himmel und erde
vergehen.

der Himmel der kommt
ist
das kommen des herrn
wenn
die herren der erde
gegangen
(Kut Marti: geduld und revolte. die gedichte am rand, Reihe: Dichtung im ausgehenden Zwanzigsten Jahrhundert, hg. von Ingeborg Drewitz, Bd. 5, Radius-Verlag, Stuttgart 1984)

Zur Predigt

Meine Gemeinde ist eine Schule. Die meisten Schülerinnen und Schüler sind der Kirche nicht sonderlich verbunden, viele sind ohne Konfession. Probleme von Kirche und Theologie sind nicht die ihren.
Biblische Texte aber haben auch in diesem Umfeld ihre eigene Dynamik. Über weltanschauliche und geschichtliche Gräben hinweg werden menschliche Hoffnungen und Erfahrungen, die sich in den Geschichten der Bibel verdichten, zum Paradigma für das eigene Suchen nach einem gangbaren Weg durchs Leben.
Was liegt also näher, als die Geschichte von Leben, Tod, »Auferstehung« und »Himmelfahrt« des Messias Jesus in den Wünschen und Hoffnungen, Ängsten und Enttäuschungen jener Menschen zum Ausdruck zu bringen, die damals – und immer wieder – diese Geschichte hörend, denkend, glaubend, zweifelnd und hoffend begleiteten?
In einer solchen »Geschichte von unten« werden viele die Grundfragen ihrer eigenen Existenz wahrnehmen; in der Konfrontation mit nachvollziehbaren menschlichen Erfahrungen wird mancher seine eigene Rolle in dem Geschehen zu definieren versuchen.
Ein möglicher Einstieg zum Erzählen ist die Geschichte des Elia-Bechers (den man auch mitbringen und herumgehen lassen kann). Er gehört in vielen jüdischen Familien noch heute zur Feier des Schabbat. Schon zur Zeit Jesu stellte man einen Becher für den Propheten Elia auf den Tisch: für den Fall, daß er zur Erde zurückkommt und »in dieses Haus einkehrt«. Sein Erscheinen, so heißt es, geht der Ankunft des Messias voraus, der die Erlösung für Israel und die Welt bringt.
Es ist kein Wunder, daß Elia in den Geschichten vom Messias Jesus mehrfach genannt wird. Einmal taucht er sogar auf – zusammen mit Mose erscheint er auf dem Berg der »Verklärung«, dem Ort der Proklamation Jesu zum Gottessohn, der »das Gesetz und die Propheten« Israels beerbt und erfüllt.
Auch Mose und Elia wurden, wenn auch auf unterschiedliche Weise, in den Himmel entrückt – und blieben dadurch auf ewig lebendig. Mose verschwand, bevor das Volk das »gelobte Land« erreichte, und ist bis heute die lebendige Verkörperung des Gottesrechts. Elia, der Urprophet, Streiter für die Gerechtigkeit Gottes gegen die Willkür der Macht, fuhr mit einem Streitwagen in den Himmel, nicht ohne seinem Nachfolger den prophetischen Auftrag weiterzugeben.
Weil Elia »entrückt« wurde, kann er immer wiederkommen. Und wer den Elia-Becher auf den Tisch des Hauses stellt, bringt die Sehnsucht und die Überzeugung zum Ausdruck, daß die prophetische Vision des Schalom Wirklichkeit werden kann oder doch zumindest »nicht unterzukriegen« ist. Man kann sich gut vorstellen, wie ein jüdischer Vater oder eine jüdische Mutter den Kindern mit dem Elia-Becher die alte widerständische Hoff-

nung weitergibt: Nichts von dem, was erträumt und erhofft, wofür gekämpft und gelitten wurde, geht verloren. Es kehrt wieder in vielerlei Gestalt!
Die christliche Gemeinde erzählt eine ähnliche Geschichte vom Messias Jesus. Aber sie stellt ihm keinen Jesus-Becher hin. Sie glaubt, er ist mit ihr und in ihr im Brot und Wein der neuen Gemeinschaft (auch diesen Becher kann man herumgehen lassen, wenn es die Situation erlaubt). Was aber aus dieser Geschichte wird, liegt an uns. »Die christlichen Texte«, schreibt Michel Clévenot, »haben nicht ihren Zweck in sich selbst. Sie bringen unaufhörlich neue befreiende Geschichten in Gang. Unsere vielleicht ...«
(Michel Clévenot, Von Jerusalem nach Rom, Fribourg 1987, S. 152)

Kontexte

Eine neue Ordnung. Oder besser
ein neuer Himmel und eine neue Erde.
Ein neues Jerusalem.
Weder New York noch Brasilia.
Leidenschaftlicher Wunsch nach Veränderung: die
Sehnsucht nach dieser Stadt. Eine geliebte Gemeinde.
Wir sind Fremde in der Stadt des Konsums.
Der neue Mensch und nicht das neue Oldsmobil.

Monsignore, wir sind subversiv,
eine geheime Nummer auf der Karte in Gott weiß
welchem Archiv,
Nachfolger des schlechtgekleideten Proletariers und
Visionärs, des
professionellen Aufwieglers, hingerichtet als Feind des
Systems.
Wie Sie wissen, war es eine Folter für die Subversiven,
das Kreuz, für die Politischen, und nicht ein Schmuckstück
aus Rubinen
auf der Brust eines Bischofs.
Das Profane existiert nicht mehr.
Er ist nicht jenseits der atmosphärischen Himmel.
Was macht es, Monsignore, wenn die Militärpolizei
oder die CIA
uns in Nahrung für die Bakterien verwandelt
und uns im ganzen Universum verstreut?
Es gibt die Auferstehung des Fleisches.
Wie könnte es sonst die permanente Revolution geben?

Ernesto Cardenal, Epistel an Monsignore Casaldálgia
(aus: Ernesto Cardenal, Unser Land mit den Menschen, die wir lieben, Peter Hammer Verlag, Wuppertal 1980, S. 32f.)

Wir können nicht redlich sein, ohne zu erkennen, daß wir in der Welt leben müssen – »etsi deus non daretur«. Und eben dies erkennen wir – vor Gott! Gott selbst zwingt uns zu dieser Erkenntnis. So führt unser Mündigwerden zu einer wahrhaftigen Erkenntnis unserer Lage vor Gott. Gott gibt uns zu wissen, daß wir leben müssen als solche, die mit dem Leben ohne Gott fertig werden. Der Gott, der mit uns ist, ist der Gott, der uns verläßt ... Vor und mit Gott leben wir ohne Gott. Gott läßt sich aus der Welt herausdrängen ans Kreuz, Gott ist ohnmächtig und schwach in der Welt und gerade und nur so ist er bei uns und hilft uns.

Dietrich Bonhoeffer, Brief vom 16.7.1944
(aus: Widerstand und Ergebung, Gütersloh 1983[12], S. 177f.)

Die Poesie und die Liebe sind zu nichts nütze,
aber ohne sie ist alles unnütz.
Ist nicht auch Gott
nutzlos und notwendig zugleich?
Zu viele der etablierten Unordnungen
haben sich auf seinen Namen berufen.
Die »Ordnung der Dinge« war heilig für die Alten,
aber das Christentum hat die Welt entheiligt.
Gott schweigt, der Mensch ist auf sich selbst gestellt.
Jesus öffnet einen Raum der Freiheit und lehrt uns,
auf die Sicherheit »Gott« zu verzichten.
Zwanzig Jahrhunderte lang
bekämpft, verraten, kanonisiert,
ist das Evangelium Ferment des Thronsturzes geblieben.
Immer neu kommt Christus und stört unsere Ruhe.
Die Sakramente sind poetische Symbole in unserer Nacht.
Verletzbar, lächerlich, gekreuzigt, unbesiegbar wie die Liebe
ruft uns Jesus, daß wir arm werden, um zu lieben.
Der Tod und die festgefügte Ordnung schrecken uns nicht mehr.
Laßt uns streiten für eine brüderliche und gerechte Welt,
immer im Kampf auch, frei zu werden von uns selbst.
Vielleicht ist dies »Umkehr«.

Michel Clévenot, Ärgernis Liebe
(aus: Aufgestanden gegen den Tod – eine ökumenische Osteranthologie – Herausgegeben von Brigitte und Volker Kahl, Berlin 1984, Seite 131)

Kuno Füssel zum 50. Geburtstag am 23. September 1991

Exaudi

Predigttext: Epheser 3,14–21
Walter Krug

Es kommt selten vor bei der Art, in der wir unsere Gottesdienste feiern, daß wir die Knie beugen. Wir stehen zum Gebet meistens aufrecht. Ob es aber so ganz undenkbar wäre, daß wir, wenn es die Situation fordert, in die Knie gingen? Etwa, wenn unsere Kirche die Zerreißproben, denen sie gegenwärtig ausgesetzt ist, nicht mehr ertragen wollte oder an ihnen zu zerbrechen drohte? Ich bin nicht ganz sicher, daß eine solche bedrohliche Lage ausgeschlossen ist. Wenn's aber eintrifft, ich glaube, wir wüßten, warum es einen beim Beten in die Knie zwingen kann.

Natürlich kann man sagen: »Kommt es denn aufs Knien an? Ist's nicht die Hauptsache, daß dann das Herz betet?«

Eben deshalb, sagt der Apostel dieses Briefes, beuge er seine Knie vor Gott. Der ganze Mensch will beten. Nicht nur der Kopf, der auch, aber nicht nur, nicht nur das Herz oder was wir landläufig das Gefühl nennen; das sicher auch. Der Mann wirft sein ganzes Menschsein in die Waagschale. Alles an ihm betet.

Er weiß, warum. Er sieht die Einheit der Kirche bedroht. In der Sprache seines Briefes heißt das: Der Leib Jesu Christi droht zerrissen zu werden. Deshalb betet er. Aber nicht so direkt: »Schenke deiner Kirche neue Einigkeit, damit sie stark bleibt.« Das könnte Tünche sein über den Rissen. Der Inhalt seines Gebetes dringt weiter. In einem Satz gesagt: »Vater, schenke deiner Kirche, wo sie auch lebt, neue Spiritualität!«

Einige Augenblicke lang – länger nicht – wollen wir fragen, was – in der Sicht des Apostels – die Einheit der Kirche bedroht. Er findet bei einem Teil der damaligen Christengemeinden – es sind die, die aus dem Heidentum kamen – die Gefahr innerer geistlicher Auszehrung. Ihm geht's um das wahre Christentum. Es ist für ihn nicht selbstgenügsame Armut, sondern Leben aus dem kräftigen Reichtum der Herrlichkeit Gottes. Das meint das Wort ›Spiritualität‹: Ein Leben, das der Geist Gottes prägt und gestaltet, von innen heraus bis in die Fingerspitzen. Sehen wir noch etwas genauer hin.

Die Heiden durften ohne Vorbedingung und ohne Vorleistung Christen werden. »Das war eure Stärke«, sagt der Apostel zwischen den Zeilen, »nun aber droht's eure Schwäche zu werden. Ihr tragt schmale Seelen in euch. Da ist keine Energie, kein Feuer, kein Sturm. Inwendig müßt ihr hohl sein. Man kann kaum glauben, daß Christus in euren Herzen wohnt.«

Man darf darin keine kritikfreudigen Vorwürfe sehen. Der Apostel schlägt auch nicht mit heiligen Keulenschlägen dazwischen. Er beugt die Knie. Denn diese Gemeinden, die mit einem Minimum an Christuswissen, Christusglauben, Christusfrömmigkeit auszukommen meinen, halten dies für einen Vorzug. Was braucht's, um Christ zu sein? Antwort: »In seiner Gnade hat uns Christus errettet. Mehr braucht's nicht. Mehr wäre schon weniger.« So die Heidenchristen. Der an sie schreibt, hält das für kümmerlich, beinahe arrogant.

Denn man kann diesen Satz »Aus Gnade hat er uns gerettet« sich aufschreiben wie einen Lehrsatz oder auswendig im Kopf tragen oder darauf pochen wie auf verbrieftes Recht. Wahr ist's schon. Aber wie, wenn es eingefrorene Wahrheit ist? Und ich habe den Eindruck: Bei euch friert's einen.

Was rät ihnen der Apostel? Sich ein wenig in der Liebe üben? So sagt er's nicht. Vielmehr: Laßt euch durch Christus einwurzeln in den Mutterboden der Liebe. Was tut die Liebe? Sie schaut nicht auf sich selbst. Sie meint auch nicht, man mache die Sache mit dem Christentum allein richtig. Man sieht sich – so in der Liebe Christi eingewurzelt – ein wenig um. Anderswo könnte ja auch wahres Christentum sein. Vielleicht haben andere noch mehr an Christus erkannt – seine wahre Breite und Länge, seine wirkliche Höhe und Tiefe. (Dies ist nun freilich eine schwierige Stelle. Es ist schwer zu sagen, was der Brief mit diesen Dimensionen Jesu meint. Die Ausleger schwanken. Mir leuchtet eine Auslegung am meisten ein, die im Anschluß an den Kirchenvater Augustin das Kreuz Jesu in diesen Worten abgebildet sieht.) Also: Das Kreuz Jesu Christi reicht weit, weiter, als ihr in eurer selbstgewählten, schmalen Armut meint. Was wir brauchen, um eins zu sein in Christus, ist sein Geist, ausgegossen in unsere Herzen, der in uns die ganze Weite seines Kreuzes ein- und ausprägt.

Damit waren wir noch immer bei dem Apostel und noch nicht bei uns. Wir werden, was den Apostel die Knie beugen ließ, noch einmal anders sagen müssen, näher bei dem, was uns bedroht und die Kirche Jesu heute entzweien will. Ich will auf einen Riß im Gebälk der Kirche eingehen. Natürlich gibt's noch andere auch. Aber wenn wir uns an einer Stelle den Blick haben schärfen lassen, wird's gut sein auch für die anderen.

Zu Beginn dieses Jahres trafen sich in Bangkok, der Hauptstadt Thailands, etwa 300 Delegierte von Kirchen aus allen Kontinenten zur Weltmissionskonferenz. Die offiziellen Berichte liegen noch nicht auf dem Tisch. Aber deutlich wurde dies (wie einer, der dabei war, berichtet): In Bangkok saß der weiße Mann auf der Anklagebank. Wenn man schon wirtschaftlich von ihm abhängig sein muß – sagten Delegierte aus Übersee –, dann möchte man doch auf keinen Fall geistig von ihm abhängig sein. Auch nicht in den Denkformen und Aussageformen des Glaubens an Gott! Man überlegte sich, ob es nicht da und dort angezeigt wäre, auf jede finanzielle und sogar persönliche Hilfe aus den reichen, westlichen Kirchen zu verzichten. Zu sehr habe sich bei den Weißen eine großzügige ›Gebermentalität‹ einge-

stellt, zu sehr seien die überseeischen Kirchen auf eine ›Bettlerhaltung‹ festgelegt worden.
Signalisiert dies eine Spaltung in der Weltgemeinschaft der Kirchen? Die Reaktion der weißen Konferenzteilnehmer war unterschiedlich. Aber gemerkt haben es alle: Die Sache der Mission ist in eine Zerreißprobe geraten, die so schwer ist, daß alte, enge Kontakte zwischen Weißen und Nichtweißen abzubrechen drohen. Muß es dazu kommen?
Ich wende mich noch einmal zurück zu dem Mann, der den Epheserbrief geschrieben hat. »Deshalb beuge ich meine Knie vor dem Vater, der der Vater aller ist, die Kinder Gottes heißen.« Er bittet um neue Spiritualität. Der Geist Gottes allein kann lehren, von sich selbst wegzusehen, die alte ›Mentalität‹ zu verlassen und hinzusehen auf den einen, der das Haupt ist, nämlich Christus.
Wie könnte das aussehen? Natürlich müssen wir von den überseeischen Kirchen noch viel lernen, und sie werden auch von uns lernen. Wir müssen noch viel mehr erfahren, was auf den anderen Kontinenten vor sich geht, in dieser Stunde, in der sie erwachen und ihnen eine neue Befreiung dämmert (Bischof Pajuva, Costa Rica). Wir müssen sicher noch viel mehr wissen von den Leiden, der Qual und der Sehnsucht dieser Menschen. Wir werden auch erkennen müssen, wie unsere eingefrorenen Wahrheiten unter ihrer anderen Sonne schmelzen und zerrinnen.
Das heißt, wird gesagt: Wir brauchen Information, bessere und genauere. Das ist gut so. Aber wie wär's, wenn wir weniger voneinander als miteinander lernen wollten? Also miteinander (»mit allen Heiligen«, sagt der Brief), mit allen Christen hineinwachsen in die Länge und Breite, in die Höhe und Tiefe des gekreuzigten Christus. Gemeinsam also aufbrechen zu neuer Erkenntnis, die alles bisherige Erkennen übersteigt.
Wir haben solche weitergehende Erkenntnis noch vor uns. Offensichtlich wissen wir noch nicht genug und nicht alles von Jesus. Sein Werk spannt sich weiter, als wir in unserem schmalen Christentum begreifen.
Es ist (zum Beispiel) ein Elend mit unseren ›falschen Alternativen‹: Wort oder Brot, Verkündigung oder Entwicklung, Erneuerung des Menschen oder Veränderung der Strukturen? Das Wort Jesu sucht den ganzen Menschen, nicht nur den Kopf, den auch, aber nicht allein; nicht nur das Herz, das ganz gewiß auch, sondern auch die Hände und die Füße und Knie, die sich beugen. Hunger ist immer Hunger nach Brot und Hunger nach Liebe. Rettung durch Christus meint: »Dir sind die Sünden vergeben«, und meint: »Auch dir gehört erfülltes Leben und sinnvolles Arbeiten.« Und wenn Christus durch den Glauben im Herzen wohnt, dann meint's das Innen und Außen des Menschen, Hören und Reden, Empfangen und Geben, Anlaß zum gesammelten Nachdenken und Kraft, das Gute zu tun.
Im Evangelium wartet Fülle auf uns, sagt der Brief. Wir können sie nicht schaffen. Sie ist uns vorgegeben. Aber wir können sie entdecken, zusammen mit den Christengemeinden in Asien und Afrika und wo immer. Es ist fade,

vielleicht sogar arrogant, auf das wenige Eigene stolz zu sein, wenn größerer Reichtum auf einen wartet. Und Christus ist größer. Er ist größer als die Arroganz der armen Kirchen und größer als die Arroganz der reichen Kirchen.

Aber liegt dies nicht sehr weit entfernt von unserer Kirchentür? Ja und nein! Ja, weil wir tatsächlich zuwenig wissen vom kirchlichen Alltag überseeischer Gemeinden. Und nein, weil wir die Möglichkeit haben, mit einer der Gemeinden in Afrika oder Asien in Verbindung zu treten, um gemeinsam mit ihr zu lernen. Ich meine, wir sollten darangehen, mit einer Gemeinde in Briefwechsel zu treten. Das darf nicht geschehen im Stil der Patenschaft, wo einer gibt und der andere nimmt, sondern eher so: »Wir haben heute im Epheserbrief gelesen, daß Christus größer ist, als wir wissen. Deshalb wollen wir mit euch hineinwachsen in die Fülle des Glaubens. Eine Gemeinde allein kann das nicht. Laßt uns miteinander die Liebe Christi begreifen, die alle unsere bisherige Erkenntnis übersteigt. Wir bitten euch, mit uns zu beten, daß wir eingewurzelt werden in den Mutterboden der Christusliebe. Wir glauben, daß wir nur zusammen mit euch dem größeren Christus begegnen. Gott, der unser aller Vater ist, der über Bitten und Verstehen hinaus schenken kann, er leite uns durch seinen Geist in alle Wahrheit. Ihm sei Ehre in der Gemeinde zu aller Zeit, bei euch und bei uns!«

(Abdruck mit freundlicher Genehmigung des Autors aus: Worte am Sonntag heute gesagt, II,2, Gütersloh 1974)

Pfingstsonntag

Predigttext: Apostelgeschichte 2,1–8
Günter Berndt

Theologisch-homiletische Skizze

Die Pfingstgeschichte Apg 2,1–18, eine Festlegende, leitet eine neuen Abschnitt der Geschichte Jesu ein, des Gekreuzigten und Auferstandenen, aber leiblich unter Menschen nicht Anwesenden. Er will Gestalt gewinnen in der und durch die Gemeinschaft derer, die ihm nachfolgen. Dabei werden die religiösen, die nationalen und geographischen Grenzen gesprengt. Der Weg zur weltweiten Kirche beginnt. Also: der Weg nach Rom? ecclesia triumphans? Petrus voran, die Päpste folgen? Die Apostelgeschichte zeigt solche Tendenzen auf. Ausgangspunkt ist jedoch zunächst eine verschreckte, ängstliche Schar von Jesusanhängern, eine zunächst verschwindende Minderheit, in damaliger Zeit als jüdische Sekte verstanden. Es bleibt nicht bei einer Sekte, bei einer Episode. Mit Jesus und seinen Leuten geht es weiter. Das ist erstaunlich und unfaßbar: Das drückt die Legende aus. Sie ist märchenhaft, phantastisch, wirkt unwahrscheinlich. Es wird ein Vorgang beschrieben, der eigentlich nicht sichtbar, aber erfahrbar ist, nun mit legendären Zügen sichtbar gemacht wird. Unsichtbares, Abstraktes wird dargestellt. Würde ich die Geschichte malen, müßte ich mit Symbolen und Zeichen arbeiten: Licht, Flammen, hell und dunkel. Ich denke an gotische Buchmalerei oder moderne abstrakte Darstellung. Dagegen nicht Renaissance: Petrus im Mittelpunkt, stattliche Erscheinung, Furcht und Ehrfurcht verbreitend. Ich entscheide mich gegen die Heroisierung, damit auch gegen mancherlei Entwicklungen der Kirche. Als Fortsetzung der Jesusgeschichte ist Heroisierung fehl am Platz. Was bleibt von der Legende? Sie weist hin: Pfingsten ist Wunder. Ich nenne einige Aspekte des Wunders Pfingsten.

Pfingsten ist neue Schöpfung. Die Geschichte vom Verstehen der Sprachen (Sprachwunder – Hörwunder) ist der Kontrapunkt zur Geschichte des Nichtverstehens, der Verwirrung der Sprachen (Turmbau zu Babel). Hier werden nicht nur Sprachlose zu Sprechenden, sondern Nichtverstehende zu Verstehenden. Verstummte werden beredt. Feiglinge werden mutig. Pfingsten ist Fortsetzung von Ostern. Auferstehung zum Leben, oder sollten wir eher sagen: Pfingsten ist die Erhellung von Ostern. Es geht uns ein Licht auf. Hier werden Tote lebendig. Stumme reden. Taube hören (darum wähle ich als Lesung: Matth 11,2–6).

Pfingsten ist Grenzüberschreitung und Horizonterweiterung. Die Christenheit ist von ihrem Ursprung her auf Ökumene, auf Universalität angelegt. Das soll nicht Machtanspruch sein, wenngleich beim Ursprung solche Tendenzen spürbar sind. Die neue Schöpfung meint die ganze Welt, jedes Volk (Aufzählung der damals bekannten Länder). Christliches Abendland ist damit nicht identisch, sondern Horizontverengung. Jedwede Horizontverengung soll aufgehoben werden, nationale, völkische, kirchliche, auch gesellschaftliche. Was bedeutet Pfingsten für unsere milieuverengte Kirche? Für die unterschiedlichen Grenzziehungen?

Wenn wir an unsere Gottesdienstgemeinde zu Pfingsten denken, sollten wir auch die persönlichen Grenzerfahrungen bedenken. Ich schreibe diese Überlegungen am 30. Jahrestag des Mauerbaus in Berlin. Erschrocken und mit einem Ohnmachtsgefühl nehmen wir die Mauern in unseren Köpfen und Herzen wahr. Sie wachsen, statt abgebaut zu werden. Wir erleben die unterschiedliche Sprache, die unterschiedlichen Werte und Lebenserfahrungen. Allenthalben Mißverstehen, Nichtverstehen, gerade auch innerhalb der nun einen Kirche Berlin-Brandenburg. Was heißt da: Pfingsten ist Horizonterweiterung und Grenzüberschreitung? Wir verstehen die Sprache des anderen. Wir machen uns verständlich für andere. Und das alles ist Wunder, ist – wenn wir es erfahren – erstaunlich, verwunderlich. Das Wunder macht uns dabei nicht zu Untätigen. Zuschauerrolle bei einem Pfingstspektakel ist Fehlinterpretation unserer Geschichte. Da ist viel Dynamik drin, viel Bewegung, aber eben nicht Leerlauf. Die Sprache des Glaubens, der Liebe und der Hoffnung ist grenzüberschreitend. Wir machen mit unserer Sprache und dem Reden meist sehr andere Erfahrungen. Wir sollten nachdenken, wie mit der Sprache und den Worten Grenzen gezogen werden, Mauern stabilisiert und gerechtfertigt werden. Für ein Kyriegebet gibt es hinreichend diese Grenzerfahrungen und Horizontverengung.

Horizonterweiterung und Grenzüberschreitung sind nach unserer Geschichte menschliche Fähigkeiten durch Geistbegabung. Solche pfingstliche Geistbegabung könnte unsere sogenannte christliche Bescheidenheit als Ängstlichkeit aufdecken oder als Trägheit, als Rückzug oder Bequemlichkeit. Das Gegenstück ist nun nicht die Heroisierung der geistbegabten Apostel, sondern Erfahrung der neuen Schöpfung, Beginn einer neuen Zeit (Joel 3), also Ermutigung der Verängsteten, Ermunterung der Trägen, Begeisterung der Resignierten. Begeisterung durch Gott benebelt nicht unseren Verstand, macht uns nicht trunken, aber setzt Kräfte frei, nüchtern und dennoch gefühlvoll. Nein, kein Zungenreden als Glossolalie; das wäre nur Verzückung, da werden Menschen entrückt und bleiben dann doch bei sich selber. Dagegen setze ich: Hier wird der Verstand geschärft und das Gefühl dabei nicht eingefroren.

Pfingsten ist Bewegung. Kirche erfahren viele Menschen lediglich als Institution, als verwaltete Kirche, als Bürokratie, die registriert wie das Einwohnermeldeamt. Ob unsere Namen im Buche Gottes geschrieben sind, erscheint zweitrangig, zunächst muß einer im Kirchenbuch stehen, in der Computerliste. Formulare, Formulare, Scheine über Scheine. Aber der Schein trügt. So erzeugen wir Scheinheilige. Pfingsten erinnert: Kirche ist Intuition. Kirche als Gemeinde Jesu Christi ist mehr und auch anderes als die institutionalisierte Kirche, mehr und anderes als ein bürokratischer Machtapparat, der angesichts des Unfriedens in der Welt sich machtlos verhält, weil verwickelt in all jene Machtverhältnisse; ein Machtapparat, der sich angesichts des Wachstums von Armut und Elend in der Welt hilflos zeigt, weil selbst so viel Besitz zu verwalten ist. Statt Bewahrung der Schöpfung Bewahrung des Besitzstandes. Da sind dann Worte ausgewogen, darum auch harmlos und wirkungslos.

Nun, Kirchenkritik ist nicht Thema. Doch will ich meinen eigenen Hintergrund nicht unterschlagen: Ich bin »beamteter Kirchendiener«. Also wem diene ich? Worauf nehme ich Rücksicht? Der Prediger darf und soll hier seine eigene Situation und Position bedenken: oft erfolglos in gesicherter Existenz. Die Kirche und die Sorge um ihre Zukunft ist nicht Gegenstand der Verkündigung. Wo die Sorge um die Zukunft im Mittelpunkt steht – das erfahren wir täglich –, wird in der verwalteten Kirche fast nur noch vom Geld gesprochen. Für Gottes Geist und seine Spontaneität ist da kein Platz.

Gerade der Schluß unserer Perikope mit der Erfüllung der Joelverheißung ermahnt uns, die Kirche nicht zum Thema der Verkündigung zu machen. Nein, es geht um Gottes neue Schöpfung, die Gestalt gewinnen will in der Gemeinde Jesu Christi. Gestalt, d.h. sichtbar, erfahrbar wie Flammen auf einer Zunge. Pfingsten ist nicht

ausgewogen. Pfingsten ist eine Bewegung, die auf andere überschwappt, aufregend und anregend, auch manchmal etwas erschreckend, weil aufschreckend und Furcht einflößend wie ein Sturmgebraus. »Gott regt sich um der Wahrheit seiner Sache in der Welt auf. Es gibt keinen Grund, ihm dieses Geschäft allein zu überlassen.« (Sölle) Da werden Skeptiker, Resignierte und Müde in Bewegung gebracht. Vielleicht ist der Prediger der erste darunter.
Angesichts der Tatsache, daß Pfingsten von den drei großen Festtagen als ein kirchlicher Feiertag für die Mehrheit der Bevölkerung am unbedeutendsten ist, bedarf es für die meist recht kleine Gottesdienstgemeinde der Ermunterung und Begeisterung. Leidenschaft ist gefragt. Die Sünde wider den Heiligen Geist ist heute nicht die Leugnung irgendeiner Wahrheit oder die Schmähung Gottes, sondern die Resignation.
Pfingsten ist Umkehr in die Zukunft. Die vielen, unterschiedlichen Sprachverwirrungen in unserer Zeit dürfen bedacht werden. Sie führen zu den Grenzziehungen, verengtem Horizont, zu mancherlei Lähmung unter uns Menschen. Wir erstarren in den Fronten, verharren in den Gewohnheiten. Unbeweglichkeit, Apathie. Die einzelnen Problembereiche, die uns auch im Glauben, in der Liebe und Hoffnung lähmen, sind Erfahrungshintergründe, die bedacht werden sollten: Völkerverständigung, die Sprachlosigkeit unter Eheleuten, in der Familie. Das Nichtverstehen der Generationen. Auch die Sprachverwirrungen unter den christlichen Gruppen und Konfessionen gehören zum Problembereich. Zukunft ist, was Joel verheißt und in dieser Pfingstgeschichte als Verwirklichung angekündigt wird. Zukunft soll anders sein und anders werden. Für diese Zukunft werden wir begeistert, zu solcher Zukunft werden wir befähigt: Wir, die Alten und Jungen, Knechte und Mägde, also die kleinen Leute, wir alle sind begabt von Gott für seine Sache. Pfingsten heißt also für uns: Wir entdecken, daß wir begabte Menschen sind. Das sollte uns und andere begeistern.

Vorschläge für die Liturgie

Lieder

Gib unsern Herzen Stärke. Text: Volker v. Törne, Mel.: EKG 108

Gib unsern Herzen Stärke zur Umkehr aus der Nacht,
die wir durch unsre Werke in deine Welt gebracht.
Laß uns nicht satt und träge und trostlos abseits stehn.
O führ uns auf die Wege des Sterns von Bethlehem.

Sei uns, wenn wir verzagen, die Hoffnung und die Kraft,
die uns in finstern Tagen den Mut zur Wahrheit schafft;
o öffne unsre Augen der Angst und Not der Welt,
und stärke uns im Glauben, Fels, dran der Tod zerschellt.

Bleib bei uns alle Tage, du Geist, der Frieden bringt,
der unsre Schuld in Gnade geduldig auf sich nimmt;
o löse unsre Zungen und wir bekennen frei:
Du hast den Tod bezwungen, weckst uns zum Leben neu.

Weil Gottes Geist in uns erwacht. Text: Dieter Frettlöh, Mel.: EKG 336

Weil Gottes Geist in uns erwacht / und hat besiegt die lange Nacht, / bricht nun ein neuer Morgen an, / den keine Macht verhindern kann.
Weil Gottes Geist uns mutig stimmt / und uns die Angst vor heute nimmt, / gehn wir getrost durch diesen Tag / und warten, was da kommen mag.
Weil Gottes Geist die Furcht vertreibt / und auch in Kämpfen bei uns bleibt, / steht einer für den andern ein, / denn einzeln sind wir schwach und klein.
Weil Gottes Geist gelassen macht, / sind wir allzeit darauf bedacht, / daß wir in Ärger, Zank und Streit / stets zur Versöhnung sind bereit.
Weil Gottes Geist den Frieden schafft, / wird er zur Waffe und zur Kraft / in allen Kämpfen dieser Welt, / in die uns Gott hineingestellt.

Lesungen
Matthäus 11,2–6; Römer 8,9–16; 1. Korinther 13; Matthäus 5,13–16

Kyriegebet
Aus einem Friedensgebet:
Der Heilige Geist hat aus Gottes Feinden Freunde und Geschwister gemacht und die Gemeinschaft der Kirche gestiftet. In ihr sollen Menschen mit Gott und untereinander eins werden. Aber wir sind zersplittert und uneins; wirtschaftliche und politische Unterschiede sind mächtiger als die Einheit der Christen. So mühen wir uns vergeblich, der zerrissenen Welt ein Beispiel versöhnter Menschheit zu geben. Wir wissen das und bleiben ratlos. Wer erlöst uns von dem Zwang, wissend das Falsche zu tun?
Herr, erbarme dich.

Gott, Vater und Mutter aller Menschen, du hast uns alle geschaffen und uns reich beschenkt mit Gütern, um die Erde zu bebauen und zu bewahren. Wir aber schämen uns oft, unseren Dank zu sagen und den Dank zu leben durch Freude an deiner Welt, durch Protest gegen Zerstörung von Natur und Mensch. Wir sind ängstlich. Wir möchten nicht zur Minderheit gehören.

Herr, erbarme dich.

Jesus, Menschenbruder, du hast Gottes Liebe gelebt in der Zuwendung zu den Kleinen, den Armen und Ausgestoßenen. Du hast dafür gelitten und dich hinrichten lassen. Wir aber schämen uns oft, unser Bekenntnis zu sagen und das Bekenntnis zu leben durch Hinwendung zu den anderen, durch Protest gegen Haß, Gewalt und Krieg. Wir sind ängstlich. Wir möchten nicht zur Minderheit gehören.

Christus, erbarme dich.

Gott, guter Geist der Kraft, der Liebe und der Besonnenheit, du erweckst zu neuem Leben, stellst uns auf die Beine, gibst uns klaren Blick und machst uns hellhörig. Wir aber schämen uns oft, deine Wahrheit und Liebe zu sagen, deine Wahrheit und Liebe zu leben durch Wagnis und Geduld, durch Protest gegen den Geist der Sicherheit, der Stärke und der Gewalt. Wir sind ängstlich. Wir möchten nicht zur Minderheit gehören.

Herr, erbarme dich.

Psalmlesung
Gott fragt nach dem Menschen. Ps. 103 aus: Seidel/Zils: Psalmen der Hoffnung, Schriftenmissionsverlag, Gladbeck 1973, S. 135.

Ich will versuchen,
Gott nicht auszuschließen aus meinem Leben.
Ich will daran denken,
daß ich nicht der einzige bin, der nach Gott fragt.
Viele Menschen haben mit ihm ihre Erfahrungen gemacht,
ich will sie danach fragen.
Gott fragt nicht, ob jemand jung oder alt ist,
er fragt nur, ob er die Chance wahrnimmt,
Mensch unter Menschen zu sein,
wie Jesus, sein Sohn, es vorgelebt hat.
Die Menschen streben nach Größe und Macht,
doch Jesus war für die Kleinen da;
die Menschen sagen: »Wie du mir, so ich dir«,
doch er sagt: »Den anderen gegenüber verhalte dich so,
wie du möchtest, daß sie sich dir gegenüber verhalten.«
Die Menschen lieben nur ihre Freunde und die,
die ihnen nützlich sein können,
doch Jesus liebte ohne Unterschied,
seine Freunde, seine Feinde, Fremde und Einheimische,
selbst die, die an ihm Justizmord verübten.
Es ist kaum zu glauben, daß so etwas möglich ist,
doch immer wieder hören wir davon,
in Gottesdiensten, im Religionsunterricht, im Leben von Menschen
wie Papst Johannes, Mahatma Gandhi und Martin Luther King.
Es ist fast unmöglich, so zu leben,
und doch geschieht es immer wieder,
sogar ich selbst versuche es.
Ich höre von Jesus,
alles klingt so unglaublich, und dennoch zieht es mich an.
Vielleicht ist es die Gnade Gottes in meinem Leben.
Ich will versuchen, ihn nicht auszuschließen aus meinem Leben.
Ich will daran denken,
daß ich nicht der einzige bin, der nach Gott fragt.
Ich will nicht aufhören, nach ihm zu fragen.

Fürbittengebet

Gott, Vater und Mutter aller Menschen,
Jesus, Menschenbruder.
Wir wollen Bitten aussprechen
für uns und für andere.
Wir bitten für uns, weil wir so schnell am Ende sind,
am Ende mit unserer Geduld,
am Ende mit unserem Mut,
am Ende mit unserer Hoffnung,
am Ende mit unserer Liebe.
Dann sind wir ganz zugeschlossen,
aber wir möchten aufgeschlossene Menschen sein.
Wir bitten für uns, weil wir so schnell fertig sind,
fertig mit den Kindern, mit der Frau, mit dem Mann,
fertig mit den Nachbarn,
fertig mit den Vorgesetzten, mit den Untergebenen,
fertig mit den Polen, den Juden, den Zigeunern,
den Türken, den Kommunisten, eben den Fremden.
Dann sind wir ganz zugeschlossen,
aber mir möchten aufgeschlossene Menschen sein.
Wir bitten für uns,
daß deine Liebe uns aufweckt und befreit von jeglichem Bildnis,
dann öffnen sich unsere Augen für die Fremden
und sie werden uns bekannt.
Dann öffnen sich unsere Ohren für die Leidenden,
und wir verstehen ihre Klagen.
Dann öffnet sich unser Mund für die Stummen,
und wir werden Fürsprecher für sie.
Dann öffnen sich unsere Hände für die Armen,
und wir können schenken.
Darum bitten wir für sie
die Fremden – die Türken und andere Ausländer
– die jungen Leute, die uns ärgern
– die alten Menschen, die nicht verstanden werden
– die Andersdenkenden und Andersgläubigen
Wir bitten für die Leidenden
– die Geschwister in Soweto und anderswo in Afrika
– die Trauernden in unserer Gemeinde und anderswo
– die Hungernden in vielen Ländern
– die Arbeitslosen in unserer Stadt und anderswo
– die Obdachlosen und Gefangenen
Gott, schließe uns auf,
daß wir lieben können
andere frohmachen
mit anderen leiden können.

Predigtskizze

Liebe Gemeinde, es war Anfang der sechziger Jahre. Ich machte meine ersten Erfahrungen als Gemeindepfarrer, es war ein kleines Dorf am Rande einer Kleinstadt. Es war die Zeit, als wir für die Gemeindearbeit den Einsatz verschiedener Medien entdeckten und ausprobierten. Dias, das war ja nichts Neues. Aber zeitgenössische Schlager auf Schallplatte als Einstieg in ein Thema, das war schon für manches Gemeindeglied fremd und überraschend. Neu war auch der Umgang mit einem Tonbandgerät, und die Anschaffung eines großen modernen Vierspurgerätes fand nicht bei allen Gegenliebe. In unserer heutigen Zeit der Hochtechnologie wirkt das schon verstaubt und veraltet. Und wer kann heute noch mit einem solchen Tonbandgeärt umgehen? Uns machte es damals mit den Jugendlichen viel Spaß, wir bauten mit Eierkartons ein kleines Studio und stellten kleine Hörspiele her.
Auch im Konfirmandenunterricht gebrauchte ich das Gerät. Ich wollte über Pfingsten sprechen. Ich nahm die Geschichte von Petrus und Johannes, die Krankenheilung, ihre Gefangennahme und die Verantwortung vor Kaiphas, Hannas, dem Hohen Rat. Wir gestalteten die Geschichte mit dem Tonband als eine kleine Hörszene. Da waren einige zuständig für Geräusche, einer war der Erzähler, andere sprachen die Worte des Hohen Rates. Ja, und einer hatte den langen, etwas schwierigen Text von Petrus. Da heißt es in der Apostelgeschichte: »Petrus voll des Heiligen Geistes sprach zu ihnen.« In der Gruppe wurde diskutiert: Wer soll diese Rede halten? Wie muß dieser Text gelesen werden? Voll des Heiligen Geistes! Wie ist das spürbar? Es kamen verschiedene Vorschläge. Welche würden Sie wohl machen? Also: Überzeugend müssen die Worte gesprochen werden! Man muß merken: Das glaubt der auch. Genügt nicht! Es muß überwältigend klingen! Also nicht eine schüchterne Fistelstimme, vielmehr ein durchdringender Baßton. Wie ein Donner und Blitz fährt es herein, also nicht leise, gar zögernd und stotternd. Da ist nicht nur Feuer in den Augen, auch auf der Zunge wie Flammen in unserer Geschichte. Da wird es ganz still. Hört, solche Redner haben wir noch nicht gehört. Also kein Wunder: Den Petrus wollte eigentlich keiner sprechen, da hatte jeder Angst. Also ließ ich einen Konfirmanden, der eine schwere Zunge hatte, die Petrusrede lesen. Es war jämmerlich, jedenfalls fehlerhaft und reichlich gestottert. Die Angst lag in der Stimme. Sollte das die Rede des Petrus voll des Heiligen Geistes sein? Der kleine, etwas ängstliche Konfirmand war mit dieser mühsamen Gestaltung der Petrusrede der Sache von Pfingsten viel näher als eine perfekt deklamierte Rede durch einen Schauspieler. Nun überlegten wir, ob nicht Petrus auch etwas Angst hatte, möglicherweise gestottert hat und leise gesprochen hat. Jetzt kann deutlich werden: Der Heilige Geist erweist sich in der Wirkung. Petrus hat gesprochen und nicht geschwiegen. Die Leute verstanden die Worte, die Sache, die Geschichte. So verstanden sie neu ihr eigenes Leben.

Hier würde ich im Zusammenhang der Pfingstgeschichte ausgerichtet auf Joel 3 folgende drei Aspekte ausführen mit Beispiel der Apostelgeschichte, Beispiel aus der Geschichte und möglicherweise aus der Gemeinde.

1. Der Heilige Geist macht Verängstete, Mutlose, Stumme sprachfähig.
2. Der Heilige Geist eröffnet uns einen neuen Horizont von Gottes Liebe, nicht mehr beschränkt, verblendet, eingeengt, sondern offen.
3. Der Heilige Geist bringt die kleinen Leute in Bewegung, mit ihnen macht Gott Geschichte.

Abschließen würde ich mit Strophen eines Liedes von Rudolf Weckerling nach dem Lobpreis der Maria:
»Mit Maria preist den Herren, euern Gott, der die Not seiner Welt gesehen. Seht, seht, Er liebt die Geringen. Keine Macht, keine Pracht wird uns Rettung bringen.
Großes wirkt er an den Kleinen. Seinen Rat, seine Tat läßt er dort erscheinen, wo die Elenden und Armen unbeklagt, ganz verzagt hoffen auf Erbarmen.«

Kontexte

Dorothee Sölle: »Wider die Verzweiflung an der Vernunft« in: »Die Wahrheit ist konkret«, S. 74/75, Walter Verlag, Olten/Freiburg 1967:
Luther sagt über den Heiligen Geist, er sei »non scepticus«, er sei kein Skeptiker. Dies bedeutet in keiner Weise, daß uns das Wehen des Geistes nun der Reflexion, der Kritik und des Verstandes enthöbe.
Angesprochen ist vielmehr in diesem Ausdruck ein bestimmtes Verhältnis zur Wahrheit, das wir mit Hegel sehr einfach als den »Mut, Wahrheit zu verlangen« bestimmen können. Es bezeichnet die geistige Korruption unseres kirchlichen und die Stagnation unseres geistigen Lebens, daß die Hoffnung, einen Trost zu bekommen, zwar noch respektiert wird, der Mut aber, die Wahrheit zu verlangen, nur noch Lächeln erntet; er ist in der »Verzweiflung an der Vernunft« untergegangen. Hegel schrieb vor fast hundertfünzig Jahren: »Sie sind so weit gekommen als Pilatus, der römische Prokonsul; wie er Christus das Wort Wahrheit nennen hörte, erwiderte er dies mit der Frage: Was ist Wahrheit? in dem Sinne als einer, der mit solchem Worte fertig sei und wisse, daß es keine Erkenntnis der Wahrheit gebe. So ist das, was von jeher für das Schmählichste und Unwürdigste gegolten hat, der Erkenntnis der Wahrheit zu entsagen, von unserer Zeit zum höchsten Triumph des Geistes erhoben worden.« Vielleicht ist unsere Verzweiflung an der Vernunft noch größer als die von Hegel kritiserte. Immer noch geben wir dem Pilatus die Ehre, dem scepticus, und sagen: Was die Wahrheit sei, könnten wir nicht wissen, und wir sollten es noch nicht einmal! Das Höchste sei, recht und schlecht durchzukommen, ein anständiger Mensch zu sein, mit den Konflikten, den unausweichlichen, zu leben, sich einzurichten in dem, was ist und nicht zu ändern geht. Größe sei, das Dunkel, in dem wir leben, auszuhalten, wer mehr wolle und nach mehr schreie, dem sei nicht zu helfen. Es gibt großartige Formulierungen in dieser Nachfolge des Pilatus, die bis zu Gottfried Benn reicht, und es gibt sehr sympathische Eigenschaften, die zu solcher Haltung gehören – ich denke an die Toleranz und an die verstehende Freundlichkeit, die beide auf dem Boden der Skepsis erwachsen. Aber der Heilige Geist, diese Aufregung

Gottes für seine Wahrheit, hat nichts mit ihnen zu tun. Er bedeutet das Ende der müden, halben Gewißheit, das Ende dieser bei sich selbst bleibenden und darum privaten Beruhigung, das Ende auch dieser sympathischen und frommen Traurigkeit. Gott regt sich für seine Wahrheit auf – darum ist die Sünde wider den Heiligen Geist heute: die Resignation.

»Wichtige Feste« aus: Vorlesebuch »Erzähl mir vom Glauben« S. 201/202, Gütersloher Verlagshaus:

Wichtige Feste

Sandra und Thomas streiten sich über die wichtigsten Feste im Jahr.

»Am allerwichtigsten ist Weihnachten!« sagt Sandra. »Schon wegen der Weihnachtsgeschenke.«

»Geburtstag ist genauso wichtig!« ruft Thomas und denkt dabei daran, daß er nächste Woche Geburtstag hat. Der große Wunschzettel liegt bereits auf Papas Schreibtisch.

»Gut, Weihnachten und Geburtstag sind gleich wichtig!« stimmt Sandra zu.

»Und dann kommt Ostern!« sagt Thomas.

»Ja, Ostern ist auch ganz schön wichtig!« meint Sandra, denn die bunten Ostereier ißt sie ganz besonders gern.

Danach einigen sich die Kinder noch darauf, daß der Nikolaustag und das Martinsfest auch wichtige Feste sind. Besonders deshalb, weil sie im Winter gefeiert werden und etwas Geheimnisvolles haben. Thomas erinnert sich auch an die schöne Laterne, die er für den Martinsumzug gebastelt hat.

»Erntedankfest!« schlägt Sandra noch vor.

»Ja, das ist auch ganz schön wichtig!« meint Thomas. »Aber nicht so wichtig wie Geburtstag, Weihnachten und Ostern.«

»Und wie ist es mit Pfingsten?« fragt die Mutter, die aufmerksam ihren Kindern zugehört hat.

»Ja, Pfingsten ist eigentlich nicht so wichtig!« stellt Thomas fest, nachdem er eine Weile nachgedacht hat.

»Nein, Pfingsten ist nicht so wichtig!« fügt Sandra hinzu. »Da gibt es noch nicht einmal lange Ferien!«

»Das stimmt!« sagt Thomas, der bereits zur Schule geht. »Die Osterferien und Weihnachtsferien sind viel länger!«

Die Mutter lacht. Dann sagt sie:

»Ohne Pfingsten gäbe es bei uns kein Weihnachten und kein Ostern. Wir würden keines eurer allerwichtigsten Feste feiern. Wir würden nicht einmal wissen, daß es diese Feste gibt.«

Keine Weihnachtsgeschenke! Keine Ostereier!

Was soll das mit Pfingsten zu tun haben?

Sandra und Thomas wundern sich nur.

»Pfingsten trafen sich die Freunde Jesu. Da schickte Gott sie in alle Welt, um allen Menschen von Jesus zu erzählen. Die Freunde nannten sich Christen, nach Jesus Christus. Sie erzählten überall von Jesus. Sie erzählten, daß er in einem Stall geboren wurde und später am Kreuz sterben mußte und daß er der König der Welt ist.«

»Deshalb gibt es Weihnachten und Ostern bei uns?« fragt Thomas mit großen Augen.

»Ja!« lacht die Mutter. »Seitdem gibt es viele Menschen auf der Welt, die Christen heißen, bei uns, in Italien, in Schweden, in Amerika, in Afrika, in Australien, in Asien ... überall auf der Welt!«

Jetzt fragt Sandra:
»Woran erkennt man denn, daß sie Christen sind?«
»Sie sind getauft«, sagt die Mutter. »Sie gehen zur Kirche, sie feiern all die christlichen Feste, die an Jesus Christus erinnern , zum Beispiel Weihnachten und Ostern.«
»Und ohne Pfingsten gäbe es bei uns kein Weihnachten und kein Ostern?« fragt Sandra noch einmal.
Als die Mutter nickt, meint sie:
»Dann ist Pfingsten doch ein ganz schön wichtiges Fest!«
»Ja, an Pfingsten hat alles angefangen!« sagt die Mutter.

Rolf Krenzer

Pfingstmontag

Predigttext: 1. Korinther 12,4–11

Ernst Arfken

Theologisch-homiletische Skizze

Der Abschnitt Verse 1–11 ist klar gegliedert:
Vers 1 nennt das Thema: die Geistesgaben.
Wie die Korinther sich einst zu den stummen Götzen hingezogen fühlten (Vers 2), fühlen sie sich jetzt vom heiligen Geist getrieben, Christus als ihren Herrn anzuerkennen (Vers 3).
Den mancherlei Gaben (Vers 4), Ämtern (Vers 5) und Kräften (Vers 6) entspricht die Vielfalt der Geistesgaben, von denen neun aufgezählt werden (Verse 8–10). Sie erweisen sich »zum allgemeinen Nutzen« (Vers 7) und werden vom Geist gegeben, »wie er will« (Vers 10).
Dieser durchsichtige, geschlossene Gedanken-Zusammenhang sperrt sich m.E. dagegen, die Textlesung erst mit Vers 4 beginnen zu lassen. Auch enthält Vers 3 eine so wichtige und einleuchtende Aussage über das Wirken des heiligen Geistes, daß ein Prediger zu Pfingsten ungern auf sie verzichten wird. Es empfiehlt sich deshalb, bereits mit Vers 1 zu beginnen. Dagegen spricht wiederum die Tatsache, daß ein verlängerter Text, der verhältnismäßig unanschaulich ist und noch dazu zwei ausgedehnte Aufzählungen enthält (Verse 4–6; Verse 8–10), die Aufnahmefähigkeit der Hörer überfordert. Dem kann man dadurch begegnen, daß man die Perikope nicht einfach verliest, sondern durch »Hörhilfen« einleitet und unterbricht (s.u.).
Zwischen dem Apostel damals und dem Pfingstprediger heute besteht eine Verwandtschaft. Beide stehen vor der Aufgabe, den heiligen Geist im Bewußtsein ihrer Leser bzw. Hörer »tiefer herabzuholen«. Die Christen in Korinth glaubten, die Zungenrede sei eine besonders hohe oder gar die eigentliche Gabe des heiligen Geistes. Den Menschen von heute ist die Lehre vom heiligen Geist weithin zu hoch, als daß sie dazu eine persönliche Beziehung entwickeln könnten. Pfingsten ist für sie ein fremdartiges Fest, der heilige Geist eine abstrakte Größe. Paulus bemüht sich zu zeigen, daß der heilige Geist auch etwas Diesseitiges, Nahes und Erfahrbares ist. Dieselbe Aufgabe ist dem Prediger heute gestellt, und der Text 1. Kor 12,1–11 enthält für ihn wertvolle Hilfen, indem er sagt:

1. Wo Menschen zum Glauben gekommen sind, hat der heilige Geist bereits in ihnen gewirkt (Vers 3).
2. Wo Menschen in der christlichen Gemeinde Ämter oder Aufgaben übernehmen, ist der heilige Geist daran beteiligt (Verse 4–6).
3. Der heilige Geist beschränkt seine Kraft nicht auf die Zungenrede, sondern ist ungewöhnlich vielseitig tätig (Verse 8–10).

Das Zungenreden wird heute fast nur in einigen christlichen Randgruppen gepflegt, ist aber auch wohl zu Paulus' Zeiten nicht christliches Allgemeingut gewesen (vom Pfingstereignis Apg 2,4ff. abgesehen), sondern hat sich vorwiegend im griechischen Sprachgebiet entfaltet. Nur im 1. Korintherbrief behandelt Paulus dieses Thema; am ausführlichsten aber nicht hier, sondern in Kapitel 14. Wer über 1. Korinther 12 predigt, sollte sich deshalb nicht dazu verleiten lassen, einen Sermon über die Zungen-

rede zu halten. Hier geht es um die Vielfalt der Geistesgaben und um die Einheit der Gemeinde. Dabei ist es eine reizvolle Aufgabe, die Aufzählung Verse 8–10 in die Gegenwart hinein fortzuschreiben. Die Gabe des Heilens sollte man nicht auf Wunderheilungen reduzieren; auch von Barmherzigkeit, Besuchstätigkeit und einfühlsamer Gesprächsführung können heilende Kräfte ausgehen. Kurz: Auch die Gabe, Kranken wohlzutun, kann eine Gabe des heiligen Geistes sein; nicht minder Organisationstalent, demokratische Führungsqualität, Gottesdienstgestaltung u.v.a.m. (Der bekannte Neutestamentler Julius Schniewind sagte einmal, was Paulus über das Zungenreden schreibe, sei heute auf die Kirchenmusik anzuwenden. – Dieser reizvolle Gedanke – wenn er denn zutrifft, was hinsichtlich der Auslegungsbedürftigkeit der Zungenrede fraglich sein mag – sollte aber besser am Sonntag Cantate als am Pfingstfest seinen Platz haben.)
Daß sich trotz des gegenwärtigen materialistischen Zeitgeistes eine Gemeinde zum Gottesdienst zusammenfindet – auch das darf man gewiß als eine Wirkung des heiligen Geistes deuten.

Vorschläge zur Gottesdienst-Gestaltung

Eingangslied
107, 1–4 u. 8 evtl. nach der schönen Dur-Melodie »Jesu, deine Liebe« von 1715; Posaunenchoralbuch zum EKG, Nr. 107; auch in »Der helle Ton« bzw. »Ein neues Lied« 1934, Nr. 99b

Kollektengebet
Herr, unser Gott, du hast deinen Aposteln den heiligen Geist gegeben. Erhöre unser Gebet und schenke auch uns deinen Geist des Glaubens und des Friedens. Durch Jesus Christus, deinen Sohn, unsern Herrn.

Graduallied
98. Alle drei Strophen, nacheinander von der Gemeinde gesungen, geraten in die Gefahr der Überforderung. Steht ein Chor oder eine Solostimme zur Verfügung, wäre ein Wechselgesang (Gemeinde Vers 1 und 3) zu empfehlen. Bei vorheriger Ankündigung kann auch Str. 2 als Orgelchoral ausgeführt werden, während die Gemeinde den Text im Gesangbuch mitliest. Wo (nach guter oekumenischer Ordnung) zwei Lesungen gehalten werden, kann auch Str. 1–2 dazwischen, Str. 3 vor der Predigt gesungen werden.

Glaubensbekenntnis
Dazu eignet sich Luthers Erklärung zum 3. Glaubensartikel im Kleinen Katechismus ebenso wie die 3. Strophe aus Luthers Glaubenslied (EKG 132). Auch das Nicaenum wäre an diesem Tage dem Apostolicum vorzuziehen.

Lied nach der Predigt
104, 3 und 6

Dankopferlied
108

Vorschlag zur Predigt

»Pfingsten, das liebliche Fest, war gekommen«, so beginnt Johann Wolfgang von Goethe eine seiner Dichtungen. Liebliche Feste feiern wir gern. So freuen wir uns darüber, heute hier versammelt zu sein und dieses Fest zu begehen. »Schmückt das Fest mit Maien bis an die Hörner des Altars«, heißt es im 118. Psalm. »Liebliches Fest« – das ist wohl vor allem im Hinblick auf die Jahreszeit gesagt. Müßten wir Pfingsten im November oder Februar feiern, wäre es um die Lieblichkeit schon schlechter bestellt. Aber seien wir ehrlich: Auch im Mai oder Juni haben wir mit dem Pfingstfest gewisse Schwierigkeiten. Weihnachten und Ostern sind uns weniger fremd. Unter einer Krippe oder einem Grab können wir uns mehr vorstellen als unter den Feuerzungen, von denen Lukas in seiner Apostelgeschichte erzählt. Volkstümliche Bräuche haben sich zu Weihnachten und zu Ostern viel reicher entfaltet als zu Pfingsten, dem Fest des heiligen Geistes. Und wenn wir Gott als den »Vater«, Jesus Christus als den »Sohn« bezeichnen, welche Personenbeschreibung kommt dann dem heiligen Geist zu? Fast könnte man meinen, er sei das »Stiefkind«.
Wenn aber Pfingsten zu den drei großen Festen unserer christlichen Kirche gehört, dann möchten wir an diesem Tage mehr feiern als nur ein mehr oder weniger heidnisches Frühlingsfest. Dann möchte der heilige Geist aus seiner stiefmütterlichen Rolle, die man ihm zugewiesen hat, herauskommen. Dann möchte er uns nahe sein und angenehm, nicht fremd und unheimlich.
Genau das ist das Ziel, das Paulus sich setzte, als er an die Christen in Korinth jene Worte schrieb, die uns heute als Predigttext gegeben sind. Unter den Korinthern gab es höchst merkwürdige Leute. Aber – seien sie auch noch so seltsam – sie sind uns doch ähnlich. Sie hatten den heiligen Geist gewissermaßen im obersten Stockwerk ihres Glaubensgebäudes angesiedelt, viel zu hoch, sozusagen »im siebten Himel«. Sie gerieten zeitweise in Verzückung. Dann redeten sie in Zungen, einer Art Engel-Sprache, wobei sie glaubten, dann Gott ganz besonders nahe zu sein und erst jetzt vom heiligen Geist ganz und gar erfaßt zu sein. Ja, manche von ihnen meinten, sie seien die einzigen wirklichen Christen. Die anderen, die nicht in Zungen redeten, wären entweder gar keine oder zum mindesten nur Christen 2. Klasse.
Wir pflegen nicht in Zungen zu reden. Aber haben nicht auch wir den heiligen Geist viel zu hoch angesiedelt – als etwas, das mit unserem Alltag nichts zu tun hat? Als etwas Hoch-Geistiges oder gar Höchst-Geistiges? Dann brauchen wir es ebenso dringend wie die Christen in Korinth, daß der heilige

Geist zu uns herabkommt, in unser Zusammenleben, in unsere Arbeit wie in unsere Freizeit.
Paulus erklärt seinen Lesern: »Der heilige Geist ist euch viel näher, als ihr denkt. Schon die Tatsache, daß ihr Christen seid und Jesus Christus als euren Herrn anerkennt, ist eine Wirkung des heiligen Geistes.« So schreibt Paulus im 1. Korintherbrief im 12. Kapitel:
(Textlesung Verse 1–3)
Dann macht Paulus deutlich, daß die Christen verschieden sind je nach Begabung und Auftrag. Die einen reden in Zungen, die anderen nicht. Aber das ist kein Zeichen für eine Rangordnung, keine Einteilung in bessere und schlechtere Christen, sondern ein Beweis dafür, daß der heilige Geist auf vielfältige Weise wirksam ist.
(Textlesung Verse 4–6)
Nun nennt Paulus die verschiedenen Begabungen, die in seiner Gemeinde zutage treten. Wir wollen auch diese Aufzählung hören und dann überlegen, was er wohl geschrieben hätte, wenn er dabei unsere Gemeinde im Auge gehabt hätte.
(Textlesung Verse 7–11)

Zum weiteren Verlauf
Nun sollten die vielfältigen Gaben und Aufgaben innerhalb der heutigen Gemeinde beschrieben werden (wie oben am Schluß der theologisch-homiletischen Skizze angedeutet). Den Schluß dieses Abschnitts könnte ein Hinweis darauf bilden, daß überall dort, wo Menschen sich aus Liebe zu Gott und dem Nächsten anders verhalten, als wenn sie ihrem Egoismus folgen würden, der Einfluß des heiligen Geistes spürbar wird.

Möglicher Schluß
Wie ein roter Faden zieht sich durch die Bibel der Gedanke, daß der Mensch zwar fehlerhaft und schuldbeladen ist, aber dennoch von Gott unendlich geliebt und reich beschenkt wird. Wir Menschen pflegen meistens materielle Geschenke zu machen, wenn wir jemanden erfreuen wollen. Gott aber schenkt auch geistige Gaben. Und geistige Gaben sind in der Regel noch weit wertvoller als das, was man kaufen kann. Gott schenkt uns nicht nur irgendwelche geistigen Gaben, sondern er gibt uns von seinem Geist. Uns Menschen kann wohl kaum eine höhere Würde zuteil werden als die, daß wir mit Gottes Geist beschenkt werden. Es lohnt sich schon, darum ein Fest zu feiern.

Kontexte

Als »klassisch« gilt die Formulierung Melanchthons in Artikel V der Confessio Augustana: »Durch das Wort und die Sakramente wird, wie durch Mittel (instrumenta), der heilige Geist gegeben, der den Glauben hervorruft, wo und wann es Gott gefällig ist, in denen, die das Evangelium hören ...«

Schlichte und nüchterne Aussagen über den heiligen Geist sind in dem Negro Spiritual »Ev'ry time I feel the Spirit moving in my heart I will pray« zu finden. Näheres dazu bei Theo Lehmann, Negro Spirituals. Geschichte und Theologie. Evang. Verlagsanstalt Berlin, o.J., S. 297f.

Anekdote
Das katholische Gymnasium Josephinum in Hildesheim ist mit einem reich verzierten Barock-Giebel geschmückt, in dessen Spitze ein Stab aus der Wand herausragte, an dem eine Taube als Symbol des heiligen Geistes befestigt war. Darunter steht in goldenen Buchstaben das Jesuswort: »Ille vos omnia docebit« (Jener wird euch alles lehren), Joh. 14,26. Bei den furchtbaren Bombenangriffen auf Hildesheim im 2. Weltkrieg fiel die Taube herunter. Es blieb nur der Stock mit dem Hinweis: »Jener wird euch alles lehren.« Daraufhin entfernte man auch den Stock. Die Inschrift ist geblieben.

Trinitatis

Predigttext: Römer 11,(32)33–36

Ernst Öffner

Theologisch-homiletische Skizze

Die Bewegung des Textes: Vom Wunder zum Staunen, vom Staunen zum Lob Gottes. Mit O beginnt der Hymnus: »O welche Tiefe ...« Das erste Wort: ein staunender, bewundernder Ausruf. Ein Buchstabe, ein Laut nur – doch was alles birgt er in sich! Er ist der Schlüssel zum ganzen Hymnus. Mehr noch: »Sammelbegriff des eigentlich nicht mehr in Worte zu fassenden Staunens, der Freude, der Anbetung Gottes« (G. Ruhbach, GPM 1986). Von Anfang an hat mich dieses erste Wort fasziniert, gereizt zur Predigt. Meditation und Exegese bestärken mich darin.

Was Paulus zum Staunen bringt: In einer langen, komplizierten Argumentation (Röm 9–11) ging Paulus der Frage nach, ob Gott sein Volk, Israel, verstoßen hat, weil es Jesus als Messias/Christus ablehnt. Den unerforschlichen Wegen Gottes ist er denkend, manchmal spekulierend ein kleines Stück nachgegangen. Er suchte Klarheit, Erkenntnis. Als Betroffenem geht es ihm um Entscheidendes: um die Gerechtigkeit und Verläßlichkeit (»Treue«) Gottes. Und er entdeckt seine alles Begreifen übersteigende Barmherzigkeit und Weite. Was als nüchternes Nachdenken im Hin und Her der Argumente begonnen hat, mündet nun in einen Gotteshymnus, in eine hochgestimmte, jubelnde Doxologie, die auf das »Geheimnis« Gottes (11,25–32) antwortet und ihm so ent-spricht. Der Grund ist nicht primär das Ergebnis des Nachdenkens als vielmehr eine sich darin plötzlich ereignende, ihm widerfahrende Entdeckung (das ist die von Ramsey und de Pater beschriebene »disclosure« –, d.h. Erschließungs-Struktur religiöser Erfahrung, vgl. Luthers »Turmerlebnis«!), eine »Offenbarung«, die das, was Paulus denkt, aufnimmt, aber darüber hinausführt zu »mehr«: zum staunenden Ausruf »O welche Tiefe ...« (Immer knüpft religiöse Erfahrung und Offenbarung an alltägliche Erfahrung und rationales Entdecken an, führt aber darüber hinaus zu »mehr« – dem nur schwer noch in Worte zu fassenden »Mehrwert« des Glaubens; vgl. ganz in diesem Sinne Luthers Auslegung des 3. Glaubensartikels!) Paulus ist überwältigt von der Weitherzigkeit Gottes, wie erlöst durch die Entdeckung der Unwiderruflichkeit seiner Verläßlichkeit. Die Enge der Argumentation weitet sich. Wo wir oft eng und ängstlich denken, da ist plötzlich Weite, Reichtum, Fülle, Weisheit, Staunen darüber, Bewunderung des Wunders: »Du stellst meine Füße auf weiten Raum ...!« In der Tiefe der Erkenntnis Gottes geht es letztlich um die ganz einfache Wahrheit, die Paulus am Ende seiner komplizierten Argumentation denn auch ganz einfach formuliert: Gott hat all das ihm, Paulus, Unverständliche getan, »auf daß er sich aller erbarme« (Vers 32). Ein Betroffener, ein Begeisterter kann das Wunder nicht fassen, schon gar nicht für sich behalten. Er fängt an zu dichten, zu singen ...

Was begeistert uns, was läßt uns staunen? Was Paulus existentiell bewegt hat: die Rettung Israels, wird heutige Gemeinden – trotz des mancherorts in Gang befindlichen jüdisch-christlichen Dialogs – wohl kaum entsprechend bewegen und zum Staunen bringen. Juden und Christen – das muß heute wohl noch einmal anders gedacht werden. Röm 9–11 läßt sich nicht so einfach homiletisch nachbuchstabieren, daß es in

den Lobpreis Gottes mündet. Ich halte es deshalb für angezeigt, von solchen Erfahrungen auszugehen, die uns heute zum Staunen bringen und in den Lobpreis Gottes münden können, Erfahrungen seiner Größe und Treue. Wo Paulus an das Geschichtshandeln Gottes denkt, die Väter an die Trinität, da staunen wir eher über die Wunder der Schöpfung, des Makro- wie des Mikrokosmos, über das Gelingen von Leben trotz Leid und Tod.
So werde ich also »nur« über das erste Wort »O« predigen. 28 Lieder im Gesangbuch fangen damit an. »Was kann uns begeistern? Was löst uns die Zunge? Wie muß Gott uns kommen, bis wir singen und dichten? Was haben wir zu erzählen, bis wir beim ›O‹ ankommen und andere mitreißen?« (J. Becker, Predigtstudien II/2, 1980)

Das Trinitatisfest – »Fest der Fülle«
Alle neueren Exegeten sind sich darin einig, daß diese für das Trinitatisfest ausgewählte Perikope die Thematik der Trinitätslehre nicht enthält. Überhaupt kannte das Urchristentum noch keine Trinitätslehre, wie sie 325 in Nicäa und 381 in Konstantinopel (als Ergebnis des arianischen Streits) entfaltet wurde. Das Trinitatisfest selbst ist zudem erst im Mittelalter (vermutlich in benediktinischen Klöstern) entstanden, und erst im 14. Jh. wurde es auf den 1. Sonntag nach Pfingsten gelegt – als »Beschluß« des Pfingstfestes (Luther 1529 in einer Vesperpredigt zu Trinitatis: »concludemus das Pfingstfest«). Die Ostkirchen kennen das Fest gar nicht; das Thema der Dreieinigkeit ist auch hier mit dem Pfingstfest verbunden, das in seinen Gebeten und Gesängen deutlich trinitarische Züge trägt. Das Trinitatisfest hat also teil an der pfingstlichen Begeisterung über die »großen Taten Gottes« (Apg 2), über den Heilsuniversalismus Gottes. Und hier berührt der Sinn des Festes die Aussage unseres Textes. W. Trillhaas beschrieb in seiner »Evangelischen Predigtlehre« die Feste des Kirchenjahres als die feierliche Begehung des Apostolikums. So könnte man das Trinitatisfest als Zusammenfassung, thematische Bündelung und doxologischen Abschluß der Feste von Weihnachten über Karfreitag und Ostern bis Pfingsten verstehen. Die erst spät ausgeformte Trinitätslehre der Kirche ist ihre Form des Staunens über die Tiefe des Reichtums, der Weisheit und Erkenntnis Gottes. Sie hat doxologischen Charakter und entspricht darin unserem Text. »Mysteria trinitatis melius adoraverimus quam investigaverimus« (Melanchthon): Es ist weitaus besser, das Geheimnis des dreifaltigen Gottes anzubeten, statt es ergrübeln zu wollen. Der Lobpreis ist die einzig angemessene Form, wie die Botschaft von dem einen, dreieinigen Gott und seiner Treue bezeugt werden kann. Darum hat diese Wahrheit je und je ihren stärksten Ausdruck gefunden in den Liedern der Kirche und in den großen Werken der Kirchenmusik. Nach P. Cornehl ist die Feier der Eucharistie, der »Danksagung«, unverzichtbar für die Gottesdienste an den christlichen Festen, da in ihr das »mysterium fidei«, der transitus vom Tod zum Leben, vom Dunkel zum Licht, von der Enge in die Weite Gestalt findet. Gerade im Abendmahlsteil erscheint ja die Doxologie, die diesen Weg der Treue Gottes preist, an verschiedenen Stellen (Präfation!), insbesondere (s. Lima-Liturgie!) den »Kanon« beschließend: »Durch ihn und mit ihm und in ihm gebührt dir, Gott, allmächtiger Vater, in der Einheit des Heiligen Geistes alle Herrlichkeit und Ehre jetzt und in Ewigkeit.« Predigt – nicht nur am Trinitatisfest – als Teil der Liturgie und als Anleitung zum Lobpreis Gottes, zum »Gotteshymnus« der Gemeinde: »Ihm sei Ehre in Ewigkeit. Amen..« (Vers 36)
IHM – also heute bitte einmal keine ethisch-paränetische Predigt (etwa: »also seid barmherzig, wie Gott barmherzig ist«)! Es geht um GOTT (darum nicht auf »von – durch – zu« betonen, sondern auf »Ihm – Ihn – Ihm«!): »Das Neue, das Überraschende … hier ist … die Tatsache, daß dreimal nur einer genannt wird: GOTT. Er

ist der Erste, also kommt alles von Ihm. Er ist der Letzte, also geht alles zu Ihm. Er wirkt als der Allgegenwärtige, also hat alles sein Sein durch Ihn. Alles, also auch ich.« (Friso Melzer) Und auch K. Barths Hinweis in seinem Römerbrief-Kommentar ist im Sinn zu behalten: »Gottes Erbarmen ohne die Manifestation von Gottes *Heiligkeit* wäre nicht *Gottes* Erbarmen.« »Gott erkennen heißt anbetend stillstehen vor ihm selber ... Immer wieder gerade vor der *verborgenen* Tiefe seines Reichtums, seiner Möglichkeiten, seines Lebens, seiner Herrlichkeit!« So ist »die äußerste Grenze menschlichen Bemühens und Gelingens«, auch der Predigt, der »ehrfürchtige Verweis auf Gott und sein Wunder, die Stellung Johannes des Täufers also«. *Kurzum: Es geht um nachdenkende Anbetung, anbetendes Nachdenken, »eine Art doxologischer Theologie«* (G. Ruhbach) *und Predigt.* Predigt unterwegs zur Doxologie: »Wie zum Lob das Erzählen gehört, gehört das Loben zum Predigen. Predigen heißt verherrlichen, heißt ins Singen bringen ...« (R. Bohren, Predigtlehre)

Zur Liturgie

Psalmgebet
Psalm 139, 1–18

Evangelium
Anstelle der Nikodemus-Geschichte eignete sich eine Wundergeschichte, die dieselbe Struktur aufweist wie der Paulus-Hymnus: Wunder – Staunen – Lob Gottes (etwa Mk 7,31–37; Mt 9,1–8; 9,27–33). Bei Blindenheilungen Akzent auf dem Auftun der Augen, daß auch wir Gottes Wunder sehen können, das Staunen lernen und einstimmen in das Lob Gottes. – Oder Lk 2,17–17, das himmlische (Engel) und irdische (Hirten) Gotteslob. Einleitung: Um das Staunen über das Geheimnis und das Wunder der Liebe Gottes geht es heute am Trinitatisfest. Wie das Lob der Engel und das Staunen der Hirten über die Geburt Jesu am Anfang der Geschichte Jesu steht, so wollen wir heute, am Abschluß der großen Feste des Kirchenjahres, in dieses Lob Gottes einstimmen ...

Kyrie-Rufe
Er, Gott, ist der Erste. Alles kommt von Ihm. Darum bekennen wir ihn als den Schöpfer und rufen zu ihm: Kyrie eleison.
Er, Gott, ist der Letzte. Alles mündet einst in Ihm. Darum hoffen wir auf ihn, der uns erlöst hat, jetzt und in der Stunde unseres Todes, und rufen zu ihm: Kyrie eleison.
Er, Gott, ist der Gegenwärtige. Sein Geist erfüllt uns und macht uns lebendig, in Zeiten der Mutlosigkeit und Hoffnungslosigkeit haben wir es erfahren. Darum singen wir ihm ein Danklied und rufen zu ihm: Kyrie eleison.

Anstelle des Glaubensbekenntnisses oder im Anschluß daran kann Luthers Auslegung des 3. Glaubensartikels gemeinsam gesprochen werden.

Gebet (evtl. Präfationsgebet)
Deine Gedanken, Herr, sind wie die Sonne.
Ihr Licht wärmt meine Seele
und erfreut am Tage mein Herz.

Deine Gedanken, Herr, sind wie die Sterne,
Lichtzeichen am nächtlichen Himmel.
Geheimnisvoll und unergründlich ist ihre Ordnung.
Deine Gedanken, Herr, haben alles Leben erschaffen.
Das Chaos hast du geordnet.
Was du geschaffen hast, erhältst du, du Liebhaber des Lebens.
Deine Gedanken und Worte, Herr, stärken die Kräfte meiner Seele
und schärfen meinen Verstand.
So buchstabiere ich deine Gedanken nach und gerate ins Staunen.
Deine Gedanken, Herr, hast du sichtbar gemacht
im Leben und Sterben Jesu, in seinem Tod und seiner Auferstehung.
Er ist meine Brücke zum Himmel.
Deine Gedanken, Herr, sind mir wie Brot und Wein, Wegzehrung und Festmahl.
Sie lassen mich jubeln und singen vor Staunen und Dank
und einstimmen in das Lob der Engel und aller Kreaturen …
(nach einem Text von Peter Helbich)

Lieder
EKG 111 »Gelobet sei der Herr« als Eingangslied oder anstelle des Sanctus nach der Präfation. Sonst eignen sich alle Lob- und Danklieder, v.a. EKG 197 »Du meine Seele singe«, EKG 187 »Nun jauchzt dem Herren, alle Welt«, EKG 238 »O daß ich tausend Zungen hätte« (andere Lieder, die mit »O« beginnen?). Aber auch: EKG 294 »Befiehl du deine Wege« (bes. Verse 3–4). Schlußvers: EKG 188,5 »Sei Lob und Preis mit Ehren«. Ein Anbetungs-Gesang aus Taizé: »O – Adoramus te, Domine!«

Vorschläge zur Predigt

Vor der Predigt könnte der folgende Kanon angesungen werden (der in die Predigt eingebaut ist), um die Textaussage noch einmal in Erinnerung zu rufen. Dann braucht während der Predigt nicht geübt zu werden.

Zu Römer 11,33-36

Gerd Jacob, Bad Kissingen/Stockholm 1980

Möglicher Predigtanfang

Mit O fängt es an. »O welch eine Tiefe ...« Das erste Wort ist ein staunender Ausruf. Was bei Paulus als nüchternes Nachdenken begonnen hat, das endet nun – des Staunens voll über den Reichtum und die Weisheit der Gedanken Gottes und in alledem über seine Verläßlichkeit – in einem Gedicht, einem großartigen, schwungvollen Lied auf Gott.

Ich will heute eine Predigt nur über das erste Wort dieses Liedes halten. Das erste Wort – ein einziger Buchstabe: O. In ihm fällt alles das zusammen, was Paulus in den Sätzen davor und danach schreibt. Vielleicht faßt dieses O unseren ganzen Glauben zusammen. Diesen staunenden, anbetenden Ausruf will ich nachbuchstabieren, das Lied des Paulus weiterdichten, auskomponieren, dieses O, mit dem alles anfängt und, so Gott will, auch einmal enden wird. »O welch eine Tiefe ...«

Zum weiteren Verlauf

1. Dieses staunende O kennen wir auch.

Wenn ich im Krankenhaus Besuche mache, sehe ich oft die Mütter und Väter oder die Großeltern und die Geschwister vor der großen Glasscheibe stehen, hinter der die neugeborenen Babies in ihren Bettchen liegen, und sie ganz leise, fast verschämt einander zuflüstern: »O – ist das nicht ein Wunder?« Klar, die Erwachsenen wissen, wie das zugegangen ist, daß dieses Kind geboren wurde – aber all dieses Wissen ist doch wenig gegenüber dem anrührenden Staunen: »Ist das nicht ein Wunder?« Da glauben viele wieder gerne an ein Wunder – und sie schämen sich dessen nicht.

Oder war es nicht für uns alle wie ein Wunder, als die Mauer fiel und die Grenze verschwand? Wie da aus lang angestauter Wut über die Entmündigung, aus Quellen nicht totzukriegender Hoffnung auf Freiheit des Denkens und Handelns, auch aus Fehlern, Fehleinschätzungen und schlichten Pannen der Regierung der DDR die Mauern hinweggefegt wurden – war das nicht, weiß Gott, ein Wunder? Auch wenn manches anders geworden ist, als es in der ersten Phase der Hoffnung und des aufrechten Gangs ersehnt und gedacht wurde.

Erfahrungen, die uns das Staunen lehren. Ich behandle im Religionsunterricht das Thema »Ich«. Zeige Dias über die Entstehung eines menschlichen Wesens im Mutterleib (»Embryonalentwicklung«; vielleicht können Sie die Dias in Ihrer Kirche sogar zeigen – die Serie ist bei Ev. Medienzentralen erhältlich). Ganz gespannt schauen die Kinder zu, keiner macht Witze. Es ist ja auch wirklich spannend, wie die kleine Eizelle wächst. Dann wachsen kleine Stummel, die immer länger und differenzierter werden und sich zu Beinen und Armen entwickeln. Die Ohren – erst geschlossen, dann Löcher, die sich allmählich ausstülpen. Mund und Augen erst geschlossen, dann reißen sie ein, öffnen sich. Kiemen! Immer Feineres bildet sich aus: Finger, Fingernägel, Haare, Blutgefäße, innere Organe. Nach sechs Monaten ein fertiger, deutlich erkennbarer Mensch.

Oder: Wie das Universum entstand (neueste Theorien in »Bild der Wissenschaft«). Oder: Wie Leben auf der Erde entstand und wie wahnsinnig kompliziert es ist, daß es sich reproduziert (Artikel »Leben« in Meyers Enzyklopädischem Lexikon). Erzählen Sie etwas, worüber Sie selbst staunen!
Mein Biologielehrer, erklärter Atheist, sagte einmal: Wie das Leben entstanden ist, die ganze Evolution, wie ein Mensch entsteht – das ist so ein Wunder, wie wenn ein Haufen Steine herumliegt, ein Orkan kommt, wirbelt die Steine durcheinander, und am Ende steht ein wohlgebautes Haus da. Und das nennt man dann »Zufallsprinzip«.
Der Glaube beginnt oft mit dem Staunen – bei Kindern zumal und bei Menschen, die sich kindliche, zum Staunen fähige Augen und ein kindliches, sensibles Herz bewahrt haben. (Vgl. die alternative Evangelienlesung.) Im Unterricht haben wir dann Psalm 139 gelesen, das staunende O eines Menschen, der von diesem Wunder angerührt war (Ps 139,12–17 lesen).
Wie wunderbar ist dieser Vorgang der Schöpfung, den wir nur bruchstückhaft verstehen! Wie es gelingen kann, daß sich Zelle an Zelle fügt in geheimnisvoller Ordnung! Welcher Gedanke, welcher Plan steckt da dahinter? Die Wissenschaftler sind trotz aller Genforschung diesem Geheimnis wohl auf der Spur, aber noch nicht in der Lage, diesen Vorgang in allen Einzelheiten zu durchschauen. Und wenn sie so weit sind, daß sie es verstehen, dieses Wunder des Lebens, dann tut sich gewiß dahinter ein noch größerer Raum des Nichtwissens auf. Verantwortliche Wissenschaftler werden beim Forschen und Entdecken immer bescheidener. Wir können immer nur nach-buchstabieren, hinterher-suchen, was so großartig und faszinierend seit Millionen von Jahren sich vollzieht. Da erkennen wir dann manchmal die Spuren Gottes, seine unergründliche Weisheit, und fangen an zu staunen und einzustimmen: »O welch eine Tiefe des Reichtums, der Weisheit und der Erkenntnis Gottes! Wer hat je den Geist des Herrn erkannt, und wer ist sein Ratgeber gewesen?« *Von ihm* ist alles, was ist, von ihm, dem Schöpfer, ist alles Leben. »Ihm sei Ehre in Ewigkeit!«
Kanon »O welch eine Tiefe ...«
2. Der Liederdichter Joachim Neander staunt auch. Wie »künstlich und fein« er geschaffen ist und wie Gott ihn »freundlich geleitet«, ja wie »auf Adelers Fittichen sicher geführet« hat. Sein Staunen über Gottes Liebe und Treue verdichtet sich zu einem Lob-Lied – und er nimmt damit das Lied des Apostels Paulus auf und setzt es fort: »Lobe den Herren, den mächtigen König der Ehren«.
Wie der Liederdichter, so haben auch wir zum Staunen und zum Loben wahrlich allen Grund. Wir loben Gott für das Wunder der Schöpfung, für unsere Umwelt und Mitwelt, die wir bebauen und bewahren sollen, damit auch künftige Generationen ihren Lobgesang hören lassen können. Wir loben ihn für das Wunder unseres Lebens, dafür, daß er uns künstlich und fein bereitet hat, daß er uns Leib und Seele, Augen, Ohren und alle Glieder, Vernunft und alle Sinne gegeben hat und noch erhält. Wir loben ihn, weil er uns freundlich

geleitet und uns auf Schritt und Tritt mit Liebe begegnet. Jeden unter uns, mich selbst, möchte ich fragen: »Hast du nicht dieses verspüret?« Jedem unter uns, mir selbst, möchte ich sagen: »Denke daran, was der Allmächtige kann!« Jeder unter uns, ich selbst, möge sich täglich etwas suchen, was lebenswert und liebenswert und deshalb lobenswert und dankenswert ist. Gott lobend werden unsere Tage heller und freundlicher. Gott lobend sind wir positiver gestimmt, mehr auf Dur denn auf Moll. Gott lobend geben wir dem die Ehre, dem sie gebührt. »Ihm sei Ehre in Ewigkeit!«
Lied EKG 234,1–5 singen

Allerdings, da gibt es auch andere Erfahrungen. Dissonanzen mischen sich ein in das Loblied. Das Lob will nicht mehr über die Lippen. Es bleibt in der Kehle stecken. Es wandelt sich in Fragen und Klagen: »Wie unbegreiflich sind deine Entscheidungen, Gott, deine Gerichte, wie unerforschlich deine Wege!« Vieles ist in uns und um uns, was keineswegs lobenswürdig ist. Allenthalben wird keinesfalls herrlich regieret. Weniger Lob und Dank als Bitte und Klage ist unser Begehren. Vieles passiert, was uns selber schon gar nicht gefällt. Verspüren wir nicht die Wunden und Narben an unserer Seele? Vielen ist nicht Gesundheit, sondern Krankheit verliehen. Nicht freundlich, sondern feindlich fühlen sie sich geleitet. Manches, was in Wissenschaft und Technik künstlich und fein bereitet wird, schreckt mehr, als daß es erfreut. Arbeitslose haben keinen Stand mehr, schon gar nicht sichtbar gesegnet. Aus dem Himmel regnet es radioaktive Ströme. Statt Liebe begegnet uns Lieblosigkeit. Adler mit ihren Fittichen sind selten geworden, und die Hennen in ihren Legebatterien haben keine Möglichkeit mehr, Flügel über ihre Küken zu breiten. Sollten wir also nicht mit der Parodie Bert Brechts singen: »Lobet die Nacht und die Finsternis, die euch umfangen. Kommet zuhauf, schaut in den Himmel hinauf, schon ist der Dank euch vergangen«? So möchten wir denn Paulus, den Apostel, und Joachim Neander, den Dichter des Liedes, fragen, ob sie nicht den Mund zu voll des Lobens genommen haben? Sie geben uns gerne Antwort und erzählen von ihrem Leben. Beiden erging es keineswegs nur gut. Aber in sehr viel Not haben sie dennoch erlebt, wie der gnädige Gott Flügel über sie gebreitet hat.
Paulus: Krankheit (»Pfahl im Fleisch«), nicht redegewandt, Verfolgungen (Leidenskataloge, z.B. 2. Kor 4,7ff.; 11,23ff.).
Neander: Schwere, vaterlose Kindheit. Nach seinem Theologiestudium lange arbeitslos. 1680 im Alter von 30 Jahren gestorben. Dennoch dichtet er: »Lobe den Herren, was in mir ist, lobe den Namen.« Der Dichter verdichtet sein Geschick in seinem Gedicht. Es ist, wie wenn zwei Seelen, ach, in seiner Brust wohnten. Die eine Stimme möchte lieber klagen und seufzen, verstummen und schweigen. Aber sie muß sich von der anderen Stimme aufmuntern lassen: »Hast du nicht dieses verspüret?« Sie muß sich erinnern lassen: »In wieviel Not hat nicht der gnädige Gott über dir Flügel gebreitet!« Sie muß sich sagen lassen: »Denke daran, was der Allmächtige

kann. ER ist dein Licht. Seele, vergiß es ja nicht!« Im Einklang und Gleichklang schließen endlich beide Stimmen lobend mit Amen.
Der Apostel und der Liederdichter wissen um die Not. Sie wird ausgesprochen und angesprochen. Sie und wir wissen, daß wir nicht *vor* aller Not bewahrt und auch nicht *aus* aller Not gerettet werden. Aber das können wir mit ihnen auch gewiß sagen: Lobende werden *in* aller Not bewahrt, so daß sie die Flügel nicht ganz hängen lassen müssen, weil der gnädige Gott seine Flügel wie einen schützenden Mantel über sie breitet.
Gewiß hat alles seine Zeit, und nicht alles ist zu gleicher Zeit möglich. Klagen und Weinen hat seine Zeit. Aber auch Loben und Danken will seine Zeit haben und kann dunkle Zeiten doch erhellen. Denn Lobende sehen weiter. Sie sehen sich dennoch hinaus. Lobende sehen die Dinge von ihrem Ende her. Sie blicken nicht nur auf das, was war und ist, sie schauen auf das, was sein wird und was Gott noch tun kann und tun wird. Gott loben heißt Amen sagen zu dem, was Gott getan hat, tut und noch tun wird am Ende aller Dinge, wenn er sein letztes großes, ewiges Amen spricht. Und so entdecken sie in ihrer Geschichte die Geschichte Gottes, in dem Auf und Ab ihres Lebens Gottes Treue und Verläßlichkeit. So sind alle irdischen Lobgesänge Nach-Spiel und Ant-Wort auf das, was der Allmächtige kann und was er schon getan hat. Und sie sind zugleich Vor-Spiel und Vor-Wort für das, was er noch tun wird – ein praeludium vitae aeternae, ein Vorspiel des ewigen Lebens. Da leuchtet die Ewigkeit in die Zeit, und sie fangen an zu staunen und zu singen, mitten in der Tiefe der Nacht und der Not, und ihr Lied wird zum Liebeslied für ihn, den Freudenmeister, bei dem die Trauergeister weichen müssen: »O welch eine Tiefe des Reichtums, der Weisheit und der Erkenntnis Gottes! In dir ist Freude in allem Leide – *durch dich* wir haben himmlische Gaben, du der wahre Heiland bist!« »Ihm sei Ehre in Ewigkeit!« (In diesem Teil habe ich Anregungen und Textpassagen aus einer Kantatenpredigt von Oberkirchenrat Th. Glaser, München, aufgenommen. Man kann aus diesem Teil eine eigene Predigt gestalten oder aber diesen Teil ganz weglassen. Dann allerdings müßte die Auseinandersetzung mit den Einwänden gegen das Loben anders aufgenommen werden.)
Lied EKG 288,1–2 singen
3. Und wenn unser Leben zu Ende geht, wenn uns vermutlich gar nicht mehr nach Loben zumute ist? Dann ist immerhin das noch unser fester Halt in all dem, was uns da entgleitet: daß wir zu ihm hin gehen, zu ihm hin leben und zu ihm hin sterben, der uns neu machen, vollenden will, uns menschliche Bruchstücke, und uns bergen will in seinen Armen, im Leben und im Tod.
Teilhard de Chardin: Gott ist der Punkt Omega. Auf diesen Zielpunkt hin leben wir, auf ihn hin entwickelt sich alles, was ist. Gott ist das große Ziel dieser Welt. Am Ende wird Gott alles in allem sein.
Das Ende wird nicht die große Abrechnung der kleinen Krämerseelen sein: Wie du mir, so ich dir. »Wer hat Gott jemals etwas gegeben, so daß Gott es

ihm vergelten müßte?« Nein, Gottes Liebe ist so groß, daß da alles Rechnen und Vergelten ein Ende hat. Einfach überflüssig ist. Wer sich das einmal klar gemacht hat, wie befreiend das ist, der wird nur staunend sagen können: »O welch eine Tiefe des Reichtums und der Liebe Gottes!«
Und wenn ich den vielen Berichten und Untersuchungen übers Sterben Glauben schenken will, dann ist das Letzte nicht Angst, sondern ein überwältigendes Staunen über das Neue, das ein Sterbender sieht. Am Ende, so Gott will, bleibt dem Glauben wieder das Staunen. Vielleicht wird ein staunendes O unser letztes Wort sein, für andere unhörbar, der Anfang eines neuen Lebens, eines ewigen Lebens. Denn *auf Gott hin, zu ihm* sind wir unterwegs, seine offenen Arme sind unsere Zukunft. »O welch eine Tiefe des Reichtums, der Weisheit und der Erkenntnis Gottes. Ihm sei Ehre in Ewigkeit.«
Kanon »O welch eine Tiefe ...«

Möglicher Schluß
Mit O fing es an. »O welch eine Tiefe des Reichtums, der Weisheit und der Erkenntnis Gottes!« Das erste Wort – ein staunender Ausruf. Und, so Gott will, auch das letzte Wort, der Anfang eines neuen, ewigen Lebens. Mit dem Staunen fängt der Glaube an. Und je mehr ein Mensch entdeckt und je klüger er wird, desto mehr lernt er das Staunen.
(So, wie der Kirchenvater Augustin. Von ihm wird erzählt, er sei eines Tages in Gedanken versonnen über das Geheimnis Gottes [und seiner Dreifaltigkeit] am Strand des Meeres entlanggegangen. Da kam er an einem Kind vorbei. Das trieb ein eigenartiges Spiel. Es hatte einen kleinen Becher in der Hand, mit dem schöpfte es eifrig im Meer und trug dann das Wasser ans Land, um es dort auszugießen. Augustin fragte das Kind, was es damit bezwecke, und er bekam zur Antwort: Das Meer will ich ausschöpfen. Da durchfuhr es den großen Lehrer der Kirche: So wenig wie dieses Kind das Meer ausschöpfen kann, so wenig wird es dir jemals gelingen, das Geheimnis [des dreieinigen] Gottes zu ergründen.)
»O welche Tiefe des Reichtums, der Weisheit und der Erkenntnis Gottes!« jubelt Paulus. Ergründen läßt sich das Geheimnis Gottes nicht. Aber staunen kann man wohl über ihn, den Erfinder und Liebhaber des Lebens, über ihn, der sich aller, wirklich und wahrhaftig aller erbarmt und jeden von uns feundlich geleitet, über ihn, zu dem hin wir unterwegs sind als dem Ziel unseres Lebens. Ihm, von dem und durch den und zu dem hin alles ist, ihm gilt unser Lob- und Danklied, unser Amen jetzt und dermaleinst. Ihm sei Ehre in Ewigkeit! Amen.
Lied EKG 188,5 oder 238

Kontexte
Die O-Antiphonen (gregorianische Gesänge im Advent)
O Weisheit, hervorgegangen aus dem Munde des Höchsten –
die Welt umspannst du von einem Ende zum andern,

in Kraft und Milde ordnest du alles:
o komm und offenbare uns
den Weg der Weisheit und der Einsicht!

O Adonai, Herr und Führer des Hauses Israel –
im flammenden Dornbusch bist du dem Mose erschienen
und hast ihm auf dem Berg das Gesetz gegeben:
o komm und befreie uns
mit deinem starken Arm!

O Sproß aus Isais Wurzel, gesetzt zum Zeichen für die Völker –
vor dir verstummen die Herrscher der Erde,
dich flehen an die Völker:
o komm und errette uns,
erhebe dich, säume nicht länger!

O Schlüssel Davids, Zepter des Hauses Israel –
du öffnest, und niemand kann schließen,
du schließt, und keine Macht vermag zu öffnen:
o komm und öffne
den Kerker der Finsternis und die Fessel des Todes!

O Morgenstern –
Glanz des unversehrten Lichtes,
der Gerechtigkeit strahlende Sonne:
o komm und erleuchte,
die da sitzen in Finsternis und im Schatten des Todes!

O König aller Völker –
Erfüller ihrer Erwartung und Sehnsucht,
Schlußstein, der den Bau zusammenhält:
o komm und errette den Menschen,
den du aus Erde gebildet hast!

O Immanuel, unser König und Lehrer –
du Hoffnung und Heiland der Völker:
o komm, eile
und schaffe uns Hilfe,
du unser Herr und unser Gott!

»Etymologisch gehört Loben zur indogermanischen Wurzel leubh, die ein Grundwort menschlicher Existenz meint. So zentrale anthropologische Worte wie leben, lieben, loben, glauben, geloben, erlauben etc. sind Derivate von leubh und hängen miteinander zusammen. Loben meint also: Ich lebe und spreche in liebender Weise. ... eine Liebeserklärung braucht keine Begründung. Deshalb ist die Doxologie Urform des Glaubens wie des Dogmas. ›Aus ihm, durch ihn, zu ihm‹ wird zur staunenden Erinnerung an den liebenden Gott, der seine Kreatur aus Liebe schafft, erhält und vollendet.« (G. Ruhbach, GPM 1986)

1. Sonntag nach Trinitatis

Predigttext: 1. Johannes 4,16b–21

Walter Schlosser

Theologisch-homiletische Skizze

Evangelische Orientierung der Kirche ist Gegenstand des ganzen Briefes. Es geht um die Zukunft der Gemeinde in der Kraft ihrer Herkunft, um ihr »Bleiben in der Liebe Gottes«; denn dies macht den Sinn und Zweck ihres Daseins aus.

Der Abschnitt von Kap. 4,1–5,4a hat die Wiederherstellung, Bewahrung und Integrität der Gemeinde angesichts ernster Gefährdung zum Ziel. Die Verse 4,16a–21 stehen im Zusammenhang mit der christologischen Belehrung und Aufforderung zur Prüfung der Geister (Verse 1–6) und bilden das Zentrum der darauf folgenden Ermahnung zur Bruderliebe (Kap. 4,7–5,4a).

Glaube und Liebe sind gleichermaßen »aus Gott« (Vers 1 und 7), und zugleich haben sie mit der Rationalität und dem Irrationalismus einer Religiosität zu kämpfen, welche die innere Substanz und den äußeren Bestand der Gemeinde existentiell gefährden: Die Einheit von Glauben und Handeln droht zu zerbrechen. Traditionsabbruch, religiöse Konkurrenz der verschiedensten Herkunft, Überreligiosität und Säkularisierung verunsichern die Gläubigen, schwächen die Gemeinschaft und dezimieren die Gemeinde. Johannes 6,66–69 (»Wollt etwa auch ihr hinweggehen?«) kann hierzu als Hintergrund gedacht werden.

In dieser Situation meldet sich der 1. Joh mit der Botschaft unseres Predigttextes Kap. 4,16b–21 zu Wort: Er geht von dem Grundsatz aus: »Ich konstatiere kein Christentum ohne Gemeinschaft« (Schleiermacher). Glaube an Gott *ohne* Liebe zum Bruder ist nicht christlich, denn beides entspringt derselben Wurzel.

»Gott ist Liebe« ist daher nicht als zeitloser Grundsatz zu verstehen, sondern als Summe und Applikation der Christuserkenntnis (Vers 15 und 16a) in kritischer Situation. Diese Erkenntnis befreit zu einer Kühnheit des Lebens, die sich durch »lügnerische« Religionspropaganda nicht anfechten läßt. Frei von Furcht nimmt sie Stellung gegen die Reduktion des Gottesverhältnisses auf intellektuelle Einsicht (Gnosis) oder emotionale Erfahrung (Enthusiasmus), die den »Glauben« grundsätzlich in den Grenzen des Individuums belassen; denn davon geht die Gefährdung der Gemeinschaft in der real existierenden Gemeinde aus.

»Lüge« ist eine »Gottesschau« an der offenbaren Realität Gottes in Christus vorbei und darum gleichbedeutend mit religiösem Realitätsverlust. »Bleiben in der Liebe Gottes« heißt darum, Christ in der konkreten Gemeinde zu sein.

Ihren Ursprung hat dieses Kühnheit in der Erkenntnis Gottes. Diese Kühnheit findet ihren Ausdruck im Bekenntnis zu Jesus Christus. Angstfreiheit in Sein und Tun macht ihren Inhalt aus. Das Gebot der Kühnheit christlichen Lebens heißt: Religiöser Realismus angesichts der Lüge und Bruderliebe in der Gemeinde. Letzere ist unumgänglicher Anfang und Basis der Nächstenliebe in der »Welt«. Sinn dieser Kühnheit ist die Überwindung der unmenschlichen Einsamkeit des Individuums vor Gott, neben dem Mitmenschen und im Bezug auf sich selbst.

Diese Skizze beruht auf der folgenden Paraphrase des Predigttextes einschließlich der Verse 15 und 16a:

»Der Bestand des Verhältnisses zu Gott ist in dieser Welt verbunden mit dem Bekenntnis zur geschichtlichen Herkunft des Christseins von Jesus Christus: Auch wir sind aufgeklärte, mündige, mutige und erfahrene Christen geworden, indem wir uns von der befreienden Lebenskraft der Liebe überzeugt und für ein Leben aus der Liebe entschieden haben, die Gott uns durch Jesus Christus anbietet und im Glauben spürbar zuführt. Diese religiöse und sittliche Erfahrung bildet die Basis unseres Denkens und Handelns. Von da aus erklären wir: Gott ist Liebe, er ist für uns da, er sagt ja zu uns, so daß wir selbst ja sagen können zu uns und mit unserem Glauben auch Gott bejahen. Diese Lebenskraft geht von Gott aus, niemals von uns; sie will aber in uns eine irdische Bleibe und ein Wirkungsfeld finden. Wer in dieser Liebe verharrt, wer den Ort nicht verläßt, wo sie angekommen ist, der bleibt eben durch diese Liebe persönlich und innig mit Gott verbunden und kann davon ausgehen, daß auch Gott in seinem Leben anwesend bleibt. In dieser gegenseitigen, dauerhaften und persönlichen Verbindung sind wir durch die Liebe ganze Menschen geworden, und wir möchten Menschen bleiben, die Gott Gott sein lassen. Die Liebe Gottes zu uns setzt sich darin gegen andere Kräfte durch, sie kommt darin zum Erfolg und erreicht dort ihr Ziel bei uns, wo wir Kühnheit gewinnen, in Offenheit, Freiheit, Freimütigkeit, Unverhohlenheit vor Gott und den Menschen zu leben und in der Seinsgewißheit der Kinder Gottes dem Tage des Gerichtes und der Zurechtbringung aller Dinge voller Zuversicht entgegenzusehen und entgegenzugehen, weil wir als Christen durch Gottes Liebe auf dieselbe Weise Menschen in dieser Welt sind, wie er in der Liebe Gottes ist. Er hat am Kreuz diese Liebe vollendet, als er das Weitere Gott überließ, nachdem er die Gemeinschaft der Christen in Liebe gestiftet hatte. Dieses Leben in Kraft der Liebe äußert sich in Freiheit von Angst und Furcht: Wo Liebe ist, hat Angst keinen Platz, sondern die erfolgreiche Liebe wird in unserem Leben aktiv und wirft die Angst mit geübter Hand aus unserem Leben hinaus. Damit schafft die Liebe die Kühnheit eines Menschseins in der Gotteskindschaft. Demgegenüber ist ein Leben in Angst eine Gefangenschaft, ein geknechtetes Menschsein, in dem die Furcht ständige Strafen und Selbstbestrafungen bereithält und sich selbst kasteit. Ein Mensch, der aus Angst heraus lebt, ist mit der Liebe nicht zum Ziel gekommen. Er reduziert sein Menschsein unter das christliche Maß. Umso wichtiger ist es, nicht auf die Liebe zu verzichten, sie nicht durch Bekenntnisverweigerung gar aus dem realen Leben in den unwirklichen Raum der Ideale zu verdrängen; sondern kühn zu lieben, weil nicht wir die Liebe produzieren. Denn er hat uns zuerst geliebt, hat damit angefangen, und von ihm geht sie weiterhin unerschöpflich aus. Seine Liebe hat uns Mut zum Leben gegeben und uns darum aufgegeben, diesen Mut weiterzutragen.«

Vorschläge zur Liturgie

Biblisches Eingangsvotum

Lukas 10,16; Johannes 3,17; Johannes 20,21; oder Römer 13,8–12; 1. Petrus 4,7–11.

Lieder

Aus »Singe Christenheit«; Beiheft zum EKG; Bärenreiter-Verlag Kassel 1981: Nr. 758,1–3 »Herr, gibt mir Mut zum Brückenbauen«; 764,1–5 »Komm in unsre stolze Welt«; 767,1–5 »Längst eh ein Herz dich glauben«;

oder aus EKG, Ausgabe für die Evangelisch-reformierte Kirche in Nordwestdeutschland, Landeskirchlicher Liederteil: Nr. 510,1+2 »Laß mich, o Herr, in allen Dingen«; 511,1–3 »Der du zum Heil erschienen«. Ferner: EKG 106,1–6 »Komm, o komm, du Geist des Lebens«; 218,1–6 »Sonne der Gerechtigkeit«; 246,1–6 »Ein wahrer Glaube Gotts Zorn stillt«; 350,1.6–9 »Mein erst Gefühl sei Preis und Dank«.

Lesungen
2. Mose 3,7–14; 2. Mose 33,12–23; 5. Mose 30,15–20; Jeremia 23,16–29; Matthäus 10,1–16; Matthäus 12,22–37; Lukas 16,19–31; Johannes 5,30–47. Apostelgeschichte 16,9–24; 1. Korinther 13; Galater 6,6–10; Philipper 4,10–20.

Eingangsgebet
Herr, wir sind hierher gekommen, um dein Wort aufzunehmen. Schaffe das Wunder in einem jeden von uns, daß wir hören können, daß wir ergriffen werden von deiner Botschaft. Schaffe, daß wir uns etwas sagen lassen, das hilft und heilt, das aufrichtet und aufbaut.
Herr, wir sind schwache Menschen, die stark sein möchten. Denn es wird viel, sehr viel Kraft von uns gefordert, und der Weg scheint endlos.
Da sind wir, Menschen im Zwielicht und in der Finsternis, die sich heimlich alle nach einem hellen Gemüt und nach lichten Gedanken sehnen.
Da sind wir, Menschen, die oft ihres Glaubens nicht mehr froh werden können. Wir spüren, wie der Zweifel das Vertrauen niederringen will, wie der Unglaube uns unsicher, klein und kleinlich macht. Wir möchten aber tapfer und großmütig sein. Denn die Welt braucht freie Menschen, die im Ewigen beheimatet sind und sich darum vor ihrem Weg nicht fürchten.
Herr, beschenke uns mit deiner Gegenwart, hilf uns mit deinem starken Geist, gibt uns dein gutes, rettendes Wort.

Schlußgebet
Lieber himmlischer Vater, was wir brauchen zum Leben und was du gerne siehst an deinen Kindern: die Freudigkeit mitten in allem Traurigen, das Leben mitten im Sterben, das Neue mitten im Vergehen der Welt und ihrer Lust – das kann nur dein Werk in uns sein.
Wir rufen dich an, daß du es anfangest und vollendest.
Und nun bitten wir dich:
daß du deine Kirche hier und in der ganzen Welt erneuern und erleuchten, reinigen und lebendig machen mögest;
daß du unserem Volk und unseren Staatsmännern Weisheit und Verantwortungsbewußtsein, Kühnheit und Tapferkeit gebest;
daß du den Völkern und Regierungen helfest, die Angst los zu werden, die sie voreinander haben und in der sie sich so leicht in neuen Streit und in neues Verderben stürzen;

daß du zu der Arbeit aller Lehrer und Schüler, auch zu der Arbeit an unseren Hochschulen deinen Segen gebest;
daß du aller Armen und Kranken, aller Gefangenen und Vertriebenen, aller Zweifelnden und Verzweifelten gedenkest, daß du aber auch unsere Herzen immer wieder weit öffnest für die große äußere und innere Not, von der wir rings umgeben sind.
Das alles bitten wir dich durch Jesus Christus, unsern Herrn und Heiland.
(Aus: Liturgie; herausgegeben im Auftrag der Liturgiekonferenz der Evangelisch-Reformierten Kirchen der Deutschsprachigen Schweiz; Band 1, Seite 150 und 182.)

Vorschläge zur Predigt

Möglicher Predigtanfang
»Kühnheit des Lebens« heißt das Schlüsselwort des verlesenen Abschnittes. Die Zürcher Bibelübersetzung hat dafür den Ausdruck »Zuversicht am Tage des Gerichtes« gewählt. Sie hebt damit vor allem die Zukunftsperspektive des christlichen Lebens hervor, und das ist wesentlich. Allerdings tritt dadurch das Wagnis und der Entscheidungscharakter des Lebens in der Gegenwart zu sehr in den Hintergrund. Um das gegenwärtige Leben geht es aber zunächst und vor allem beim Angebot der Liebe Gottes und bei Jesu Gebot von der Liebe zum Bruder. An der Nahtstelle zwischen beiden befinden wir uns mit unserem Leben, befreit durch die dargebotene Liebe Gottes zu uns und gefordert durch die gebotene Liebe zum Bruder der Gemeinde. Der Umsetzungsvorgang, durch den die Liebe Gottes in die Liebe zum Bruder verwandelt wird, heißt in der Sprache des Johannesbriefes »Kühnheit des Lebens«. Sie ist das Ziel der Liebe Gottes zu den Menschen und die Voraussetzung der Liebe zum Mitmenschen.
Diese Kühnheit des Lebens nennen wir das Schlüsselwort des Textes, weil es den Sinn des Gesagten erschließt. Darüber hinaus ist die Kühnheit des Lebens ein Schlüsselwort für das Christsein überhaupt. Es gibt uns Aufschluß über unser Dasein in der Welt und eröffnet uns praktischen Zugang zum Leben in der Kraft der Liebe. Endlich kann uns die Kühnheit des Lebens in unserer heutigen kirchlichen Situation auch insofern zum Schlüsselwort werden, als sie uns die Stiftung der Kirche durch Jesus Christus, ihre immer wiederkehrenden Chancen und Gefahren im Laufe der Zeit, ihre Erneuerung durch die Reformation, ihre gegenwärtige ernste Krise und ihre noch verschlossene Zukunft von innen her entschlüsselt.
Dabei bleiben wir uns in Übereinstimmung mit dem Johannesbrief bewußt, daß der Schlüssel des Geschehens, nämlich die von Gott ausgehende Liebe zu uns, bei Gott liegt und auf keine Weise in unsere persönliche oder gemeindliche Verfügungsgewalt zu bringen ist. Schlüssig wird das Wort von der Kühnheit des Lebens in Kraft der Liebe Gottes nur zu uns sprechen

können, wenn unser Glaube an Gott sich zur Schlüsselfigur seiner Liebe, nämlich zu Jesus Christus, bekennt, der zum Grund und Muster christlicher Lebenskühnheit geworden ist.
Von da aus dürfen wir uns in der bedrohlichen Krise des christlichen Lebens und der Gemeinde allerdings dankbar daran erinnern, wie sich christliche Lebenskühnheit seit den ersten Anfängen der Kirche, in immer neuen Reformbewegungen, nach ihrer Erneuerung in der Reformationszeit und in deren Geschichte bis heute geäußert und verwirklicht hat: Es war konsequente Reformation der Kirche durch präzise biblische Information der Gemeinde; aufgeklärtes Denken durch christlichen Glauben, das zweihundert Jahre vor der sogenannten Aufklärung des abendländischen Geistes seinen Anfang nahm. Diese letztere strebte eine Religion im Rahmen der Vernunft an und hat sich inzwischen zu einer Vernunft ohne Religion entwickelt. Alles, was ihrem Geist nicht gemäß ist und sich ihrem Geltungsanspruch nicht unterwirft, verdächtigt sie als Religion ohne Vernunft.

Zum weiteren Verlauf

Die gegenwärtige Krise der christlichen Kirche, zumal der evangelischen Kirche in unserem Land, geht auf den Verlust evangelischer Orientierung zurück, der sich im gemeinschaftlichen Leben der Gemeinde und im persönlichen Leben der einzelnen Christen niederschlägt. Anschaulich tritt diese Tatsache bei der Zusammenführung der evangelischen Kirchen aus den beiden Teilen Deutschlands in Erscheinung. Der Traditionsabbruch in der religiösen Überlieferung und der Generationsbruch in den Gemeinden macht offenkundig, daß die Einheit von Glauben und Handeln zu zerbrechen droht. In diesem Vakuum wirken sich die verschiedenartigsten Kräfte einer modernen Rationalität und eines postmodernen Rationalismus neben neuer Religiosität und unaufhaltsamer Säkularisierung aus, der die Kirche anscheinend hilflos, zumindest jedoch tatenlos gegenübersteht.
Angesichts dieser Entwicklung ist Rückbesinnung auf die Stiftung der christlichen Gemeinde durch Jesus Christus geboten. In der gegenwärtigen Situation erinnert uns die Reformation der christlichen Kirche daran, daß die Aufklärung des Denkens aus der Klarheit über den Glauben erwächst. Deren Ziel war nicht ein Christentum im Rahmen menschlicher Vernünftigkeit und aufgeklärter Menschlichkeit. Ihr Ausgangspunkt war der kirchenkritische Glaube an Jesus Christus, und ihr Ergebnis war Aufklärung der Vernunft im Namen biblischer Wahrheitserkenntnis.
So kann auch heute nur die biblische Kühnheit des christlichen Lebens, die der erste Johannesbrief verkündigt, sowohl die Verantwortlichen in der Kirche als auch jeden einzelnen Christen von ängstlicher Anpassung an den Zeitgeist und hilfloser Traditionsgebundenheit befreien; denn sie befähigt dazu, unverzagt und redlich die Bewahrheitung des Glaubens in treuer Bewährung persönlicher Gotteserfahrung zu suchen und die daraus folgenden Schritte des einzelnen und der Gemeinde in die Zukunft zu tun.

Solch geistiges Verhalten einer Aufklärung des Denkens durch biblischen Glauben als Erfordernis unserer Gegenwart beschreibt Max Frisch in »Don Juan und die Liebe zur Geometrie« mit den Worten: »Jenseits des Weihrauchs, dort, wo es klar wird und heiter und durchsichtig, beginnen die Offenbarungen; dort gibt es keine Launen wie in der menschlichen Liebe ... Nur der Nüchterne ahnt das Heilige, alles andere ist Geflunker, glaube mir, nicht wert, daß wir uns aufhalten darin.«

In der Tat, die Väter der Reformation der Kirche sind nicht nur aus dem Weihrauch vernunftloser Religion ausgewandert, sondern sie haben auch das Geflunker religiöser Vernünftigkeit hinter sich gelassen, mit dem sich der aufgeklärte Zeitgenosse unserer Tage den Fuchsbau seiner irrationalen Emotionen umnebelt. Es war ihnen den Glauben nicht wert und darum ihres Menschseins nicht mehr würdig, sich darin aufzuhalten, und daraus zogen sie ihre Konsequenzen.

Um heute eine zukunftsweisende und zukunftsträchtige Neuorientierung für das persönliche christliche Leben und die Gemeinde zu gewinnen, ist es nötig, auf einer biblischen Basis, wie sie uns der heutige Text des 1. Johannesbriefes bietet, ein Beispiel an den Reformatoren zu nehmen. Sie sahen den Bestand ihres Verhältnisses zu Gott verbunden mit dem Bekenntnis zu ihrem Christsein in der Gemeinde. Denn nachdem sie sich von der befreienden Lebenskraft der Liebe Gottes überzeugt und für ein Leben aufgrund dieser Liebe entschieden hatten, waren sie mutige, aufgeklärte, mündige und erfahrene Christen geworden; Menschen, deren Leben entbunden war durch und gebunden blieb an die Liebe, die Gott uns durch Jesus Christus vermittelt und im Glauben zuführt. Diese religiöse und sittliche Erfahrung bildete seitdem die Basis und den Rahmen ihres Denkens und Handelns.

Von da aus wird es auch unserer Generation möglich werden, in Übereinstimmung mit der Botschaft des verlesenen Abschnittes aus dem 1. Johannesbrief neu zu erfahren und zu erklären:

Gott ist Liebe, er ist für uns da. Er sagt ja zu uns, so daß wir selbst auch ja zu uns sagen können. Diese Lebenskraft haben wir nicht aus uns selbst gewonnen, sondern sie geht von Gott aus, sie will aber in einem jeden von uns irdische Bleibe und menschliches Wirkungsfeld finden. Wenn wir gemeinsam im Kraftfeld dieser Liebe verharren, den Ort nicht verlassen, wo sie bei uns angekommen ist, bleiben wir persönlich und gemeinsam durch eben diese Liebe mit Gott verbunden, und dann können wir auch tatsächlich und praktisch davon ausgehen, daß Gott in unserem persönlichen und gemeindlichen Leben wirksam anwesend bleibt.

Innerhalb dieser beiderseitigen dauerhaften und persönlichen Verbindung zwischen Gott und uns sind wir zu den Menschen geworden, die wir heute sind. Daher möchten wir auch künftig solche Menschen bleiben, die nur Gott ihren Gott sein lassen und um ihrer selbst willen nicht mehr bereit sind, ihn gegen neue Götzen einzutauschen.

Möglicher Schluß
Die geschichtliche Erfahrung einzelner Christen und ganzer Kirchen bestätigt, daß sich die Liebe Gottes zu den Menschen immer wieder gegen andere Kräfte durchsetzt, zum Erfolg kommt und dort ihr Ziel bei den Menschen erreicht, wo diese bis hin zum Martyrium die Kühnheit gewinnen, in Offenheit und Freiheit vor Gott und den Menschen zu leben. Diese Zuversicht geht darauf zurück, daß wir als Christen in dieser Welt unser Menschsein auf dieselbe Weise haben, wie Jesus Christus in Kraft der Liebe Gottes bleibend Mensch ist. Er hat diese Liebe am Kreuz zum Ziel gebracht. Alles Weitere überließ er Gott, nachdem er die Gemeinschaft der Christen in Liebe gestiftet hatte.
Solches Leben in Kraft der Liebe tritt in Erscheinung durch die Freiheit von Angst und Furcht. Ein Leben in Angst stellt demgegenüber ein Menschsein in Gefangenschaft dar. Ein Mensch, der in der Gegenwart der Liebe dennoch aus der Angst heraus lebt, hat das Ziel des Lebens noch nicht erreicht. Defizit an Liebe bedeutet stets reduziertes Menschsein.
Umso wichtiger ist es für uns, daß wir nicht zugunsten der Angst auf die Liebe verzichten. Durch Bekenntnisverweigerung bzw. Preisgabe unseres evangelischen Christseins würden wir die wirksame Kraft der Liebe aus dem realen Leben in den Raum unwirklicher Ideale verdrängen. Damit würden wir uns selbst der Quelle christlicher Lebenskühnheit berauben. Denn wir sind uns bewußt, daß wir die Kühnheit zum Lieben nicht aus uns selbst produzieren. Sie ist dadurch in uns entstanden , daß Gott uns zuerst geliebt hat. Sie hat Bestand bei uns, weil sie weiterhin unerschöpflich durch Gottes Liebe in uns hervorgebracht wird.
In der christlichen Gemeinde hat diese Liebe dem Glauben einen Lebensraum geschaffen, der uns allen zugute kommt. Dieser Lebensraum will von uns genutzt und ausgefüllt werden; indem wir mit gleicher Treue am unverfälschten Bekenntnis zu Jesus Christus festhalten, wie es die Zeugen der Liebe Gottes zu allen Zeiten taten: wirklich eneuerte, reformierte Kirche zu sein durch eine biblisch informierte Gemeinde; aufgeklärt im Denken durch Klarheit über den Glauben; aus Liebe angstfrei; durch Gehorsam frei zur Bruderliebe; in dem Bekennen des Glaubens mündig für die Welt.

Kontexte

Bevor du dich daran machst, die Welt zu verbessern, gehe dreimal durch dein eigenes Haus. (Sprichwort aus China).

Das Wort Mensch, als Vokabel
eingeordnet, wohin sie gehört,
im Duden:
zwischen Mensa und Menschengedenken.

Die Stadt
alt und neu,
schön belebt, mit Bäumen
auch
und Fahrzeugen, hier

hör ich das Wort, die Vokabel
hör ich hier häufig, ich kann
aufzählen von wem, ich kann
anfangen damit.

Wo Liebe nicht ist,
sprich das Wort nicht aus.

(Johannes Bobrowski)

Lew Tolstoi erzählt in einer seiner gleichnishaften »Volkserzählungen« von einem Engel, der auf die Erde verstoßen wird, bis er drei Worte begriffen hat: Was in den Menschen ist – Was ihnen nicht gegeben ist – Wovon Menschen leben. Im Zusammenleben mit einem armen Schusterehepaar findet er die Lösung und sagt:
»Früher wußte ich wohl, daß Gott den Menschen das Leben gibt und will, daß sie leben; jetzt begriff ich auch das andere: Ich begriff, Gott wünscht nicht, daß die Menschen jeder für sich selbst leben, und daher hat er ihnen nicht offenbart, was jeder für sich selber braucht; er will aber, daß die Menschen in Gemeinschaft leben, und daher hat er ihnen offenbart, was ihnen allen für sich selbst und für alle anderen nottut. Jetzt begriff ich, daß es den Menschen nur scheint, als ob sie von der Sorge um sich leben, daß sie in Wirklichkeit aber nur durch die Liebe allein leben. Wer in der Liebe lebt, der lebt in Gott, und Gott lebt in ihm, denn Gott ist die Liebe.«

Warum setzte uns Gott bei der Erschaffung nicht geradewegs in den Himmel?
Warum müssen wir uns lange Jahre mit der Erde begnügen?
Die Antwort ist leicht:
Wir sollen hier auf Erden das Teilen üben.
Könnten wir es nicht – der Himmel geriete durcheinander.

Kinder spielen, ehe sie erwachsen werden,
im Spielen üben sie das, was die Eltern tun.
Sie züchten Vieh, fahren mit dem Auto,
sie kochen und sie spielen Mann und Frau.

Wir alle sind Kinder vor Gott,
er gab uns die materiellen Güter als Spielzeug.
Sie sind für unser Leben hier auf Erden notwendig,
wir dürfen sie nicht mißachten,
wir müssen mit ihnen umgehen lernen,
wir müssen sie nutzen,
sie gehören uns nicht allein,
sie gehören allen.

Wenn wir in unserem irdischen Leben
das Teilen üben,
werden wir eine Ahnung vom Reiche Gottes erhalten.

(Bischof Mwoleka, Tansania, in »Motivationen«, Radius-Verlag, Stuttgart, 1982, Seite 181)

So ist das:
Pflicht
ohne Liebe macht verdrießlich
Verantwortung
ohne Liebe macht rücksichtslos
Gerechtigkeit
ohne Liebe macht hart
Klugheit
ohne Liebe macht gerissen
Freundlichkeit
ohne Liebe macht heuchlerisch
Ordnung
ohne Liebe macht kleinlich
Ehre
ohne Liebe macht hochmütig
Besitz
ohne Liebe macht geizig
Glaube
ohne Liebe macht fanatisch
Ein Leben
ohne Liebe ist sinnlos
Ein Leben
in Liebe ist Glück und Freude

(Ulrich Heidenreich, aus: Aber die Liebe ist die größte unter ihnen, © Agentur des Rauhen Hauses, Hamburg 1990)

2. Sonntag nach Trinitatis

Predigttext: Epheser 2,17–22

Hildegard Kirsch-Schäfer

Theologisch-homiletische Skizze

1. Der Predigttext trifft mich in einer theologischen Situation, die sich öffnet für eine grundlegende Neuformulierung christlicher Theologie im Sinne eines christlich-jüdischen Diskurses angesichts des Holocaust. Von jüdischer Seite meint dazu beispielsweise I. Greenberg: »Im Lichte des Holocaust stirbt das klassische Christentum, um zu neuem Leben geboren zu werden; oder es lebt unberührt weiter, um für Gott und die Menschen zu sterben« (In: P. von der Osten-Sacken, »Grundzüge einer Theologie im christlich-jüdischen Gespräch«, München 1982, S. 21).

2. Der Predigttext trifft mich politisch in der Situation nach dem Golfkrieg, wo für mich bestürzend deutlich geworden ist, daß ein großer Teil auch der christlichen Friedensbewegung, zu der ich mich persönlich immer noch zurechnen möchte, Erkenntnisse einer »Theologie nach Auschwitz« nach meiner Einschätzung nicht zureichend vermitteln konnte mit politischer Praxis zugunsten Israels. Viele Gesprächspartner von jüdischer Seite sind von uns linken Christen zutiefst enttäuscht (vgl. dazu beispielsweise: »Liebesgrüße aus Bagdad – Die edlen Seelen der Friedensbewegung und der Krieg am Golf«, hrsg. von K. Bittermann, Berlin 1991).

3. In unserer Gemeinde hat eine »Umkehr und Erneuerung« im Sinne des rheinischen Synodenbeschlusses von 1980 zum Verhältnis von Juden und Christen noch nicht stattgefunden – das erscheint mir als Schuld auch von uns TheologInnen, so daß ich mich bei dem vorliegenden Predigttext besonders verpflichtet fühle, diese »neue Theologie« an die Gemeinde anzunähern. Die Situation unserer Gemeinde ist dadurch gekennzeichnet, daß gerade die ›treuen‹ GottesdienstbesucherInnen in dem seelischen Bewußtsein leben, daß Wörter wie »Israel«, »Juden«, »jüdischer Glaube«, »Gesetz« etc. Wörter sind, weil sie in der Bibel vorkommen und in Predigten häufig verwendet werden, unhistorische, metaphysische Begriffe, die keine gegenwärtig aktuelle Realität außerhalb des Kirchenraumes meinen. »Israel« wird nicht identifiziert bzw. in Verbindung gebracht mit dem »Israel« während des Golfkrieges in unseren Nachrichten oder »Jude« wird nicht identifiziert mit der jüdischen Frau W., die in der Nähe des Gemeindezentrums wohnt, den Synagogengottesdienst in unserer Stadt besucht, in ›unserer‹ Bibel liest, zu ›unserem‹ Gott betet, im Konzentrationslager sich an den Psalmen festgehalten hat, als Christen, die im Konfirmationsunterricht dieselben Psalmen gelernt haben, ihr ans Leben wollten.

Damit sind Aspekte genannt, die es mir außerordentlich schwer erscheinen lassen, den Text für die Gemeinde so aufzuschließen, daß Umkehr und Erneuerung im kleinen beginnen können, so daß diese eine neue seelische Dimension bei den Hörern öffnen könnten. Ich möchte mich deshalb auf *einen* Topos beschränken: »Wir heidnischen Christen dürfen, Gott sei Dank, Mitbürger des Volkes Israel, der Juden, werden.« In der Weise eines narrativen Psychogramms will ich diesen Gedanken aus der Erlebnisperspektive von vier ›Personen‹ entwickeln: 1. Gott, 2. die Juden, 3. Gott im Juden Jesus von Nazareth, 4. die heidnischen Christen. Was ich mit diesem Text nicht möchte, was aber weitgehend in den vorliegenden Auslegungen geschieht, wozu auch die Exegese zu unserem Text in Band 4 am Schluß rät: den Text zu benutzen als Aufforderung zur allgemeinen Völkerverständigung im Sinne von »Ihr seid zwar alle verschieden, aber Gott hat Frieden zwischen euch gestiftet; also benehmt euch entsprechend.« Oder, in direkter Verkennung des Textes: »Ihr, die ihr die Kerngemeinde seid, seid als Volkskirche offen für die Außenstehenden und laßt sie als eure Mit-Bürger in euer Haus!« Auf sublime Art könnte sich hinter solchen Versuchen ein Antijudaismus verbergen, ungewollt, der von allgemein menschlich-ethischen Belangen redet, wo von der biblischen Vorgabe her eigentlich direkt von Gott, Jesus, den Juden und Christen geredet werden müßte und was sie Lebensentscheidendes miteinander zu tun haben.

Alternativen: Wem es nicht liegt, meinem Vorschlag zu folgen, könnte als zentralen Predigtinhalt eine Bildbetrachtung anbieten (s. Kontexte) und/oder von konkreten menschlichen Schicksalen erzählen. Uns liegen vielfache autobiographische Zeugnisse von Menschen vor, die den Konflikt zwischen Juden, Judenchristen und Christen am eigenen Leib schmerzlich erlitten haben und die in unserem Gottesdienst von uns eine Stimme verliehen bekommen können (s. Kontexte: B. Gollwitzer und J. Klepper). Homiletisch hat das u.a. den Vorteil, daß außer der Stimme des Predigers noch andere zu Wort kommen können
Historisch interessierte KollegInnen können vielleicht in durchaus belehrender Weise – die Gemeinde lernt gerne dazu – von der Situation zu Lebzeiten des Verfassers des Epheserbriefes erzählen und wie es weitergegangen ist im Mittelalter und im Dritten Reich mit den Juden, den Judenchristen und heidnischen Christen. Dazu gehört m.E. unbedingt auch eine Darstellung der gegenwärtigen Situation des christlich-jüdischen Gesprächs und entsprechender Begegnungen.

Vorschläge zur Liturgie

(Lieder und Gebete,, eventuell Bilder, sind der Gemeinde auf dem Gottesdienstblatt zugänglich.)
In der Regel stimme ich den Gottesdienst nach dem Orgelvorspiel mit einer Geschichte ein, die auf das thematische Zentrum des Gottesdienstes Bezug nimmt. Dementsprechend wähle ich die nachstehende jüdische Geschichte, weil sie besonders eindrücklich die Nähe zwischen Gott und seinem Volk Israel verdeutlicht. Auch wenn die Generationenfolge endlos erscheint, der Glaube erheblichen Veränderungen ausgesetzt ist und viele jüdische Menschen – oberflächlich gesehen – einer unmittelbaren Beziehung zu Gott entfremdet sind, bleibt Gott seinem Volk verbunden, bleibt sein Verhalten von gleichbleibender Treue geprägt.
»Ein Rabbi durchquerte ein Dorf und ging in einen Wald und dort, am Fuß eines Baumes, immer desselben, betete er.
Und Gott hörte ihn.
Auch sein Sohn durchquerte immer dasselbe Dorf. Er wußte nicht mehr, wo der Baum war. So betete er am Fuß irgendeines Baumes.
Und Gott hörte ihn.

Sein Enkel wußte weder, wo der Baum noch der Wald war. Er ging zum Beten in das Dorf.
Und Gott hörte ihn.
Sein Urenkel wußte weder, wo der Baum noch der Wald noch selbst das Dorf war. Aber er kannte noch das Gebet. So betete er in seinem Haus.
Und Gott hörte ihn.
Sein Ur-Urenkel kannte weder den Baum noch den Wald noch das Dorf noch die Worte des Gebets. Er kannte noch die Geschichte von dem allen und erzählte sie seinen Kindern.
Und Gott hörte ihn.«
(Eingangsgeschichte des Films: Histoires D'Amerique; französisch bzw. jiddisch mit deutschen Untertiteln, Regie: Chantal Akermann)

Alternative
»Das erste Chanukka-Licht in Bergen-Belsen« in: Jaffa Eliach: »Träume vom Überleben«, Freiburg 1985, S. 32ff.).

Lieder
Als Eingangslied schlage ich ein, zumindest von der Melodie, bekanntes Morgenlied vor, z.B. EKG Nr. 350; vor oder nach der Predigt EKG Nr. 533 unter Hinweis, wer Jochen Klepper war. Geeignete Lieder finde ich auch im katholischen Gesangbuch »Gotteslob«, z.B. Nr. 260, Nr. 884 und sehr schöne Oosterhuis-Lieder dort.
Geeignete jüdische Lieder, letzteres ist das Schlußlied des Schabbatgottesdienstes, können vielleicht kurz vor Beginn des Gottesdienstes eingeübt werden.

Eingangsgebet
(Die Gebete werden gemeinsam gesprochen)
Der Odem alles Lebenden lobe deinen Namen, Ewiger.
Von Ewigkeit zu Ewigkeit bist du, o Gott, und außer dir haben wir keinen König, Erlöser und Helfer, Retter und Erbarmer in jeder Zeit der Not und Bedrängnis. Der Ewige schlummert und schläft nicht, er ermuntert die Schlafenden, erweckt die in Schlaf Versunkenen, macht beredt die Stummen, befreit die Gefesselten, stützt die Fallenden, richtet auf die Gebeugten.
Du hast uns erlöst, Ewiger, unser Gott, und aus dem Hause der Sklaven befreit. Bis hierhin hat uns dein Erbarmen geholfen und haben uns deine Gnadenbeweise nicht verlassen, Ewiger, unser Gott, du wirst uns in Ewigkeit nicht preisgeben.
(Morgengebet am Schabbat – gefunden im Sidur, gekürzt von mir, Text übersetzt nach Bamberger, Basel 1982, S. 101f.).

Schalom chawerim

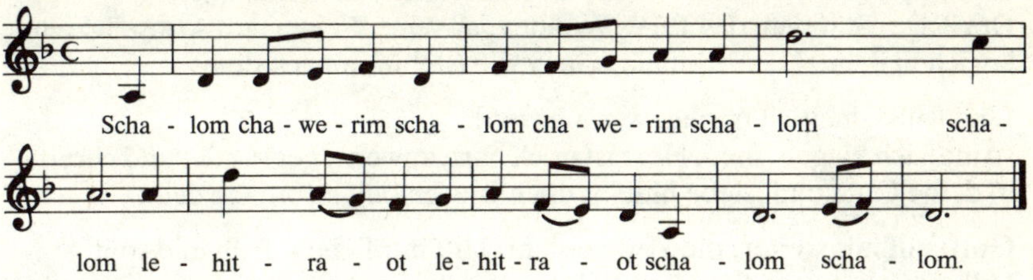

Friede (sei mit euch), Freunde,
und auf Wiedersehen!

Ja'a se shalom

1. Frieden gibt der Herr,
   Frieden gibt der Herr,
   Frieden uns allen
   und für ganz Israel!

2. Frieden gibt der Herr,
   Frieden gibt der Herr,
   Frieden uns allen
   und seiner ganzen Welt!

Text: Dieter Trautwein; Melodie: Komponist leider unbekannt.

Sündenbekenntnis
Gott, nun kehr ich heim zu mir, Gott, nun kehr ich heim zu dir.
Des Tages Stunden, des Tages Wunden, all seine Weiten und Armseligkeiten
leg ich in deine Hände hinein: Ganz wie ich bin, bin ich dein.

Und willst du mich fragen, was ich ward,
so muß ich klagen, mein Herz ist noch hart, zuwenig gegründet und gereift
in deine Güte und Liebe hinein; doch wie ich bin, so bin ich dein.

Gott, hilf mir weiter, die Zeit vergeht. Hilf mir lieben, früh und spät.
Hilf mir leben, ein Tag, eine Woche ist vorbei.
Gib Gnade, daß ich morgen besser als heute sei. Amen.
(Gefunden in: H. Halbfas, Religionsbuch für das 5. und 6. Schuljahr, Düsseldorf 1989, S. 174)

Gnadenzusage
Gott liebt es, in seiner unergründlichen Zuneigung menschenfreundlich uns entgegenzukommen. So gilt für uns:
Auch wenn uns unser Herz verdammt und wir uns nicht leiden können,
ist zu unserem Glück Gott unendlich viel weitherziger und hat uns über alle Maßen lieb.
Er ermutigt uns in unserem Kleinglauben und er traut uns zu, gute Werke zu tun – in seinem Geiste.
(vgl. 1. Joh 3,20 und Tit 2,14)

Die vorgeschlagene *Lesung* steht in Luk 14,16–24.
Ich entscheide mich für Offenb 21,3ff. – dieser Text verweist auf die eschatologische Dimension des »Wohnens Gottes bei den Menschen« und das menschliche »Zuhause- und Beheimatetsein in Gott« als Ort der göttlichen Tröstung und stimmt so auf den Ephesertext ein. Dagegen ist der Lukastext oft antijudaistisch ausgelegt worden und als solcher wahrscheinlich im Gedächtnis der Gemeinde.

Fürbittengebet
Der du uns in dieses Leben gerufen hast, laß uns zueinander gehören.
Daß wir nach Wegen suchen, einander zu dienen. Schütze uns gegen uns selber.

Keine Toten mehr, kein Terror, keine Lager, keine besetzten Gebiete,
keine Massenvernichtung, keine Shoah, kein Waffenhandel, keine Großtaten,
keine stumpfsinnigen Machtdemonstrationen – Milliarden zum Fenster hinaus zu Lasten alter und neuer Armer.
Der du kein Todesgott bist, erleuchte unseren Verstand,
daß wir Gedanken finden, wie das Böse abzuwenden ist.

Gib uns Kraft zu Hingabe und Treue, daß wir Liebe tun, anleben gegen den Tod, Frieden stiften, wo möglich.
Der du uns nicht zum Bösen gemacht hat, doch einander leben zu lassen.

Segen
Möge uns segnen der, der die Erde schuf für die Menschen,
die Menschen füreinander.
Möge sein Antlitz über uns leuchten,
daß wir in Frieden sind.
(Fürbittengebet und Segen von H. Oosterhuis in »Um Recht und Frieden« Gebete im Jahreskreis, Düsseldorf 1989, S. 38f.)

Predigtskizze

Möglicher Anfang
Liebe Gemeinde, ich möchte heute morgen mit Ihnen einen Blick in das Herz Gottes riskieren. Das erstaunt Sie oder erschreckt Sie oder das finden Sie ganz unmöglich? Ich möchte es wagen daraufhin, daß ich doch glaube, daß er sich uns gegenüber geöffnet und sein Herz ausgeschüttet hat – in Jesus und überhaupt in der ganzen Liebesgeschichte mit seinem jüdischen Volk, dem Volk Abrahams, Isaaks und Jakobs und des Jesus von Nazareth. Zum Glück steht Gott der Sinn gar nicht nach vornehmer Zurückhaltung, er wünscht sich, daß wir ihn gut kennenlernen – zum beiderseitigen Vorteil. In der Lebensgeschichte Gottes hat es einen Moment gegeben, das All, die Erde und ihre Lebewesen waren geschaffen, da mag er gespürt haben: Nun ist es soweit, daß ich mir einen lang gehegten Wunsch erfüllen möchte, ich möchte mit meinen Menschen etwas Gutes anfangen können, mich ihnen bekannt machen und mein Leben mit dem ihren verbinden. Viele Stimmen dringen von der Erde zu mir, ich höre sie alle, aber besonders eindringlich berührt mich das Klagen von Menschen aus einem kleinen orientalischen Volk. Eigentlich sind diese Leute besonders bedeutungslos, Sklaven, ausgeliefert der Willkür fremder Herren. Meine Geschichte mit der Menschheit will ich beginnen mit der Befreiung dieser Menschen … (Welche Erfahrungen macht Gott …)
Liebe Gemeinde, wir wissen wenig darüber, warum Gott ausgerechnet mit dem Volk Israel, mit den Juden sympathisiert – aber wissen Liebende wirklich, warum sie sich verlieben und ihre Hoffnung auf Lebensglück an jemanden anderen binden. Oft ist Gott unglücklich verliebt in seine Menschen – das verschweigt die Bibel nicht, weil es Gott selbst nicht verschweigt. Aber er bleibt seiner Liebe immer treu, seine Liebe ist unzerstörbar, weil er sich nicht abhängig macht von seinen Menschen. Es hat ihm gefallen, sich auf sie einzulassen, und das möchte er lebenslänglich – und das heißt bei Gott »ewig«: dieses Volk in seiner Nähe haben, in der Wärme seines Erbarmens und seiner Zuneigung …

Und wie empfindet die andere Seite, was sagen seine Leute dazu? Nun, die wissen nicht, wie ihnen geschieht, daß Gott ausgerechnet ihnen gegenüber seine Liebe ent-deckt. »Was ist an uns schon Besonderes, wir sind doch das Letzte, das wird uns doch schließlich jeden Tag neu allzu deutlich gemacht, Sklaven von Menschen, ohne richtiges Zuhause, heimatlos, ohne Verfügungsgewalt über unser Leben, ohne Hoffnung auf ein besseres Leben in der Zukunft, von niemandem geliebt, ausgenutzt von fremden Herren. Nein, die Ägypter vermitteln uns täglich, was wir als Menschen wert sind – nichts! Und nun will ausgerechnet Gott, der Schöpfer des Weltalls, mit uns eine Liebegeschichte anfangen. Wenn das mal gutgeht! Wir kennen uns in Liebesdingen doch überhaupt nicht aus. Hoffentlich hat Gott sich das gut überlegt ... (hier kann von Liebeskrisen erzählt werden ... Aber keine Seite gibt den anderen wirklich auf ...). Aber auch diese einzigartige Liebe Gottes, daß er ausgerechnet uns erwählt hat, das macht uns auch ängstlich. Was werden die anderen dazu sagen. Werden sie nicht mit Recht sagen, daß wir uns das vielleicht hochmütig nur einbilden? Ob Gott das wirklich bedacht hat, daß uns der Neid und der Zorn der anderen trifft, weil sie nicht zu uns gehören und sich ausgeschlossen fühlen? Dabei ist es doch gar nicht so gedacht. Die Liebesgeschichte Gottes mit allen Menschen nimmt bei uns nur ihren Anfang, aber hört nicht bei uns auf. Schließlich soll sie doch allen Gutes bringen, wenn sie endgültig glückt. Dafür wird er hoffentlich sorgen, damit die anderen es selbst erleben, daß wir ihnen doch nichts wegnehmen. Im Gegenteil, wenn sie auf uns schauen, können sie bei vernünftiger Überlegung ohne große Mühe erkennen, daß es Gott insgesamt mit allen Menschen nur gut meint ...

Im Predigtabschnitt zu Jesus kann erzählt werden, wie Gott gleichsam ›fremd geht‹ – nicht eigentlich er selbst oder doch? Jedenfalls ist seine Liebe offenbar steigerungsfähig, schafft sich neue Wirkungsmöglichkeiten, ohne daß ›seinen Leuten‹ dadurch etwas verloren geht. In Jesus öffnet er sich für die, die bisher gottlos waren, heimatlos lebten usw. (Hier kann man Parallelen aufzeigen zur Situation Israels in Ägypten.) Jesus hat es nicht leicht, auch das kennt Gott ja schon, daß es ihm die Menschen allzu häufig unnötig schwer machen, seine Liebe zu bewahren. Auch, als es schon so aussah, als sei Gott schließlich doch mit seiner Liebe tödlich verunglückt, hat sich seine Zuneigung zu den Menschen als stärker als der Tod und endgültig überlebensfähig erwiesen. Das ist sein und vor allem unser Glück.

Und jetzt, liebe Gemeinde, rede ich von uns Heiden, denn vor allem ist es unser Glück, daß die Geschichte mit Jesus Gott schließlich gut gelungen ist. Er ist doch unsere einzige Verbindung mit seinen Leuten und so mit ihm selbst. In diesem jüdischen Menschen Jesus ist Gott über sich hinaus und bis zu uns gegangen, so daß wir uns in seiner Liebe geborgen und zu Hause fühlen können. Wir dürfen jetzt mit seinem Volk unter einem gemeinsamen Dach leben, und er will es uns in unserer neuen Heimat so schön wie irgend möglich machen. Wir dürfen in Frieden leben und brauchen nicht zu fürchten, allein und ohne Gott in der Welt dazustehen. Zwar sind wir Nachzügler ... aber warum sollte uns das stören, wir haben doch alles, damit es mit unserem Leben glücken kann. Es wäre ja dumm von uns, um es milde auszudrücken, in Wahrheit ja selbstmörderisch, da nicht mit Gott und seinen Menschen gemeinsame Sache zu machen. Davor möge uns Gott bewahren ...

Nun, liebe Gemeinde, es ist wirklich ganz unverständlich, aber wir haben nicht mitgetan, es war nicht nur selbstmörderisch, sondern mörderisch, daß wir aus der Liebesgeschichte Gottes ausgestiegen sind, ... versucht haben, seine jüdischen Leute aus dem gemeinsamen Haus nicht nur zu vertreiben, sondern ...

Wie haben das seine jüdischen Leute erlebt ... (Ich will an dieser Stelle aus dem Buch von Schwarz-Bart einen Abschnitt vortragen):

»Oh! Erni«, sagte Golda, »du kennst sie doch, sag mir, warum sind die Christen so böse auf uns? Dabei sehen sie nett aus, wenn man sie ohne Stern anschaut.«

Ernst schlang Erni seinen Arm um Goldas Schultern.

»Das ist sehr geheimnsivoll«, murmelte er auf jiddisch, »sie wissen es selber nicht genau. Ich bin in ihren Kirchen gewesen und habe ihre Evangelien gelesen. Weißt du, wer Christus war? Ein gewöhnlicher Jude wie dein Vater, eine Art Chassid.«

Golda lächelte sanft. »Du machst dich lustig«, sagte sie.

»Doch, doch, glaub mir, und ich wette sogar, daß sie sich alle beide gut verstanden hätten, denn er war wirklich ein guter Jude, weißt du, in der Art vom Baal Schem Tow: ein Barmherziger, ein Sanfter. Die Christen sagen, daß sie ihn lieben, aber ich glaube, sie hassen ihn, ohne es zu wissen. Und deshalb nehmen sie das Kreuz am andern Ende und machen ein Schwert daraus und schlagen uns damit! Verstehst du, Golda«, rief er plötzlich seltsam erregt, »sie nehmen das Kreuz und drehen und drehen es um, mein Gott ...«

»Pscht, pscht«, sagte Golda, »man wird uns hören.«

Und mit ihrer kleinen Hand über die Narben auf Ernis Stirn fahrend, wie sie das häufig zu tun liebte, lächelte sie: »Und dabei hattest du mir versprochen, den ganzen Nachmittag nicht zu ›denken‹.«

Erni küßte die Hand, die seine Stirn linderte, und fuhr hartnäckig fort: »Der arme Jesuah, wenn er auf die Erde zurückkäme und sähe, daß die Heiden aus ihm ein Schwert gegen seine Brüder und Schwestern gemacht haben, wäre er traurig, unermeßlich traurig. Und vielleicht sieht er es, denn man sagt, daß gewisse Gerechte an der Tür des Paradieses stehenbleiben. Sie wollen die Menschen nicht vergessen und warten auch auf den Messias. Ja, vielleicht sieht er es, wer weiß ... Verstehst du, Goldele, er war ein kleiner Jude, wie sie bei uns zulande sind ... ein richtiger kleiner Gerechter, weißt du, nicht mehr und nicht weniger als ... alle unsere Gerechten. Und es ist wahr, dein Vater und er hätten sich gut verstanden.

Ich kann mir sie so gut zusammen vorstellen, weißt du: ›Also‹, würde dein Vater sagen, ›also, mein guter Rabbi, ist es nicht ein wahres Herzeleid, all das zu sehen?‹ Und der andere würde sich an den Bart fassen und sagen: ›Aber du weißt doch, mein guter Schmühl, daß das jüdische Herz tausendmal zum größten Wohl der Völker brechen muß. Dafür sind wir auserwählt, weißt du das nicht?‹ Und dein Vater würde sagen: ›Oje, oje, ob ich es weiß, ob ich es weiß? Aber, trefflicher Rabbi, leider weiß ich nur das ...‹«

Predigtschluß

Nun, es ist erst wenige Jahrzehnte her, daß die Liebe Gottes die größte Belastungsprobe hat ertragen müssen – gleichzeitig das schlimmste Geschichtskapitel von uns deutschen Christenmenschen. Jüdische und christliche Fromme stellen ernsthaft die Frage, ob Gott hier nicht doch mit all seinen menschenfreundlichen Plänen gescheitert ist, weil er uns heidnische, besonders auch uns deutsche Christen falsch eingeschätzt hat. Wir werden diese Frage spätestens im Jüngsten Gericht beantwortet bekommen. Bis dahin lohnt es sich gewiß, darauf zu hoffen, daß die Liebe Gottes stärker ist als der Tod. So dürfen wir uns seine Liebesworte auch heute vormittag neu zu Herzen gehen lassen: Ich mache Frieden mit euch, mit euch Juden und mit euch heidnischen Christen. Ich habe euch beide auf je meine und je unterschiedliche Art lieb, und ihr dürft unter meinem Dach leben, und nichts soll euch daraus vertreiben können. So bleibt doch in meiner Liebe und laßt mich in eurer Liebe beheimatet sein.

Kontexte

Brigitte Gollwitzer: Interview in: Hajo Funke, »Die andere Erinnerung«, Fischer Taschenbuch 2480, S. 381–401, bes. S. 382, 389f., 399ff.

Jochen Klepper: Biographie v. Rita Thalmann, München 1977

André Schwarz-Bart: »Der Letzte der Gerechten«, Frankfurt 1959 (jetzt auch als Taschenbuch erhältlich), S. 347ff.; oder die Geschichte auf S. 12–14.

3. Sonntag nach Trinitatis

Predigttext: 1. Timotheus 1,12–17

Helmut Zeilinger

Theologisch-homiletische Skizze

Ich möchte mit einem Gottesdienst, der diesen Bibeltext zur Mitte hat, verschiedenes klären helfen. Es gehört zu den »essentials«, zum »Proprium« der Gemeinde Christi, was 1. Tim 1 verkündigt: die Möglichkeit der Rehabilitierung auch *des* Menschen, bei dem zunächst alles dagegen spricht. Auch Menschen »mit Vergangenheit« können »Zukunft« haben und zur Zukunft anderer entscheidend beitragen. Ich leite das ab vom inhaltlichen Gewicht (früher Bekenntnissatz Vers 15b) und von den beiden formalen Akzenten: einerseits Rückgriff auf den »Prototyp« solcher Rettungserfahrung und Aneignung seiner Geschichte durch Spätere (Vers 15 »unter denen ich der erste bin« und Vers 16 »Vorbild«); andererseits Einkleidung dieser Botschaft in die Form eines Dankgebets.

Zum anderen liegt mir daran, dieses »Grundevangelium« aus der abstoßend frommen Formelsprache herauszuholen, in der es gelegentlich immer noch in interner oder öffentlicher Selbstdarstellung erscheint: »Was bin ich doch für einer! ... Ich war der letzte Dreck! Jetzt aber hat mich der Heiland aus dem Sumpf herausgezogen!« Solches Reden empfinde ich wie ein Kokettieren mit der eigenen Schuld. Ich sehe es kaum unterschieden vom inhaltlichen Kontrast der Selbstpreisgabe im Gleichnis vom »Pharisäer und Zöllner« (Luk 18,11). Es ist schon etwas anderes, wenn jemand (ein Lehrer, ein Pfarrer, ein Vater, ein Partner, ein Politiker, ein Wissenschaftler) zugestehen kann, »es falsch gemacht zu haben«. Es gibt zu wenige im öffentlichen (und kirchlichen?) Leben, die Fehler zugeben. Gerade dazu könnte eine Predigt *auch* Mut machen, daß es unter Christen wenigstens selbstverständlicher wird, zu Fehlern zu stehen. Das könnte angesichts mancher Konflikte durch Selbstrechfertigungen und Verdrängungen befreiend und ansteckend wirken und zum Lernprozeß beitragen: Dem Eingeständnis brauchen nicht eo ipso Nachteile, sondern können Weite und Weiterungen folgen.

Die dritte Intention ist die der Konkretion. Im Augenblick beschäftigt mich – nach manchen Kontakten mit Menschen aus Ostdeutschland und nach einer Pfarrkonferenz in Prag mit Vertretern der Kirche in der CSFR – das Problem der »Stasi«-Vergangenheit, der »Wendehälse« – oder auch der RAF-Aussteiger – und wie damit umgegangen wird. »Kein Stasi-Mann darf predigen« überschreibt die FR vom 24.6.91 den Bericht über eine Entschließung der Mecklenburgischen Synode. Mir kommt dabei aus der frühen Kirchengeschichte die Diskussion über die »Lapsi« in Erinnerung (vgl. Ulrich Fick, »Geschafft! Ein antiker Persilschein«, in: Evang. Kommentare 3/91, S. 152f.). Ich sehe auch aktuelle Kirchenkonflikte: Anfang Juni '91 liefen konservative Protestanten Sturm gegen die »Rosenheimer Erklärung«, in der sich die Synode der bayerischen Landeskirche zum Thema »Abtreibung« äußerte (»In Konfliktsituationen kann die letzte Entscheidung der betroffenen Frau von niemand abgenommen werden.«). Walter Künneth, der sich in dieser Gegenkampagne engagierte, rückte (laut epd) die Synodalerklärung in die Nähe von »einstigen NS-Parolen vom lebensunwerten Leben«. Die Presse (FR vom 1.6.91) kontert mit dem Hinweis auf seine früheren Auseinandersetzungen und Zustimmungen im Zusammenhang der NS-Ideologie Alfred Rosenbergs 1935. Damit sind die Schatten der Vergangenheit zu heutigen Waffen gegen Zeitgenossen geworden, die allerdings ihrerseits zu den Waffen gegriffen haben. – Wo verläuft die Grenze zwischen grundsätzlicher Zustimmung zum »Evangelium der Sünder« und dessen konsequenter Anwendung einerseits und bleibender Festlegung einzelner auf ihre »Vorgeschichte«, ihre »Schatten«? Hilft das »unwissend getan«, das »Paulus« herausstellt, zu differenzieren? Kirchenleute, die dem Stasi Auskünfte gaben, haben's wohl manchmal in der Hoffnung getan, daß »Schlimmeres« verhütet wird. Aber wie das im einzelnen wissen? Wie dem Sog des Mißtrauens und der Verdächtigung wehren? Kann man »pauschal vergeben« oder allgemein »Schluß unter die Vergangenheit!« fordern? »Wer kann denn wem (z.B. politische Sünden) verzeihen?« wird in der Kirche der CSFR gefragt. Nur das Opfer dem Täter? Und welche Bedingungen und Zeiträume gehören zur Rehabilitierung? Paulus konnte seine Vergangenheit auch nicht »bereinigen«: Manche seiner »Opfer« konnten ihm nicht mehr vergeben. Und doch konnte er damit umgehen, ohne daß es für ihn und andere peinlich wurde. Er konnte *weitergehen*, weil ihn das Gestern nicht mehr festhielt. – Viele Fragen, die der Text im Blick auf gegenwärtige Zerreißproben provoziert. Allerdings sind mir noch näher die Situation und Skrupel von Gemeindemitgliedern, von denen (oder über die) gelegentlich zu hören ist, »sie trauten sich nicht mehr dazu« – etwa weil sie geschieden wurden, weil sie durch irgendwelche Vorgänge sich belastet sehen oder mit sich selbst und mit anderen nicht klar kommen. – Gehört in dieses Problemfeld auch die in mancher Gemeinde auftauchende Frage: Muß ein Pfarrer versetzt werden, wenn er im Blick auf seine Ehe oder seine homosexuelle Veranlagung den kirchlichen Normen und Erwartungen nicht entspricht? Oder: Muß eine unverheiratete Gemeinde-Mitarbeiterin, die ein Kind bekommt, die Stelle wechseln? Schließlich: Kann man in einer Gemeinde, in der solche Fragen aufgetaucht sind, über 1. Tim 1 »abstrakt« sprechen?

Letzte Überlegung: Die Form des Dankgebets oder Loblieds von 1. Tim 1 müßte den Gottesdienst mitbestimmen – zumindest in der Liturgie. Befreite, rehabilitierte Menschen haben Grund, fröhlich zu sein. Wer dieses Evangelium verbissen weitergibt, wird kaum zur Atmosphäre beitragen, in der das »Selig gemacht werden« erlebt werden kann – und anzugehen ist.

Vorschläge zur Liturgie

Biblisches Eingangswort

Hes 33,12b oder Röm 15,7 oder Psalm 103,2–5a.10–12.21f. (ohne »Heerscharen«)

Sündenbekenntnis

(etwa nach vorangegangenem Zitat von Röm 15,7)

Die anderen annehmen, wie Christus uns angenommen hat? Ach Gott, das fällt uns nicht leicht. Und die anderen machen es uns ja auch nicht leicht! Es steht so viel zwischen uns: Gleichgültigkeit, Vergleiche, Eifersucht, böse Worte, Unterstellungen und das Hörensagen. Und der andere hat sich noch nicht einmal entschuldigt! So werde auch ich nicht fertig mit ihm –

und mit meinem Ärger – und mit mir selbst. Einander annehmen, wie Christus uns angenommen hat? Manchmal ahne ich auch, wie schwer andere es immer wieder mit mir haben: schon die, die mir nah sind. Erst recht wohl die, die weiter weg sind. Und dann staune ich: Wir werden aneinander schuldig und bleiben einander viel schuldig und sind doch – Gott sei Dank! – noch nicht fertig miteinander. So beten wir um Augen, mit denen wir einander neu wahrnehmen; mit denen wir sehen, was jetzt gerade wichtig ist, und die nicht länger hängen bleiben an dem, was war. Wir beten um Kräfte, daß wir einander weniger nachtragen, sondern mehr tragen und ertragen und daß wir so Schicksale ändern. Herr, erbarme dich!
Oder: »Stuttgarter Schuldbekenntnis« (»Wir klagen uns an, daß wir nicht mutiger bekannt, nicht treuer gebetet, nicht fröhlicher geglaubt und nicht brennender geliebt haben«.).
Oder: »Vergib uns unsere Schuld – wie auch wir vergeben unsern Schuldigern!«

Wort der Ermutigung
Joh 15,16

Lesungen
Joh 21 (vor allem Verse 15–17) oder (als Kontrast) Luk 18,9–14 oder Luk 15,1–3.11b–32

Schlußspruch
Luk 19,10 (Wochenspruch) oder 2. Kor 5,17 oder Hes 18,21

Schlußgebet
»O Herr, mach mich zu einem Werkzeug deines Friedens, daß ich Liebe übe, wo man sich haßt ...« (z.B. im badischen »Anhang 77. Neue geistliche Lieder« Nr. 619).

Liedvorschläge
EKG 349,1–3 oder 821,1–5 (»Ein neuer Tag beginnt ...«, im: badischen »Anhang 77«) als Eingangslied; 188,5 oder 277,1 oder 232,1 oder 476,1–2 (»Ich freu mich in dem Herren«, badischer Sonderteil des EKG) als Lobvers; 804,1–7 (»Auf und macht die Herzen weit«, im: »Anhang 77«) oder 53,1+2+8 vor der Predigt; »Ich lobe meinen Gott, der aus der Tiefe mich holt, damit ich lebe« (in: Mein Liederbuch für heute und morgen, tvd-Verlag Nr. B 102) als Lied nach der Predigt; 254,4–6 als Schlußlied.

Vorschläge für die Predigt

Möglicher Anfang

»Muttermörder wurde Pfarrer«. Das ist die Überschrift eines Zeitungsausschnitts, den ich mir aufgehoben habe (FR vom 4.3.86). Genauer heißt es darin: »Mit überwältigender Mehrheit« haben die Mitglieder zweier schottischer Gemeinden den wegen Mordes zu einer lebenslangen Freiheitsstrafe verurteilten James Nelson zum Gemeindepfarrer gewählt. 283 stimmten dafür, 76 dagegen. 1970 hatte der damals 24jährige nach Familienstreitigkeiten seine Mutter erschlagen. 9 Jahre nach seiner Verurteilung war er auf Bewährung entlassen worden. Während der Haftjahre hatte er sich auf das Theologiestudium vorbereitet, das er danach aufnahm und erfolgreich abschloß. »Die Kirchenbehörden (so heißt's im Artikel) hatten seine erste Bewerbung als Pfarrer abgelehnt, doch war es Nelson schließlich gelungen, sie davon zu überzeugen, daß er sich trotz seiner Vergangenheit zum Geistlichen berufen fühle.« – Hätten Sie seiner Bewerbung zugestimmt? (Kurze Stille)

Eine zweite Pressemeldung aus dem noch nicht lange zurückliegenden Todesjahr des Stalinnachfolgers Malenkow: Der ehemalige Ministerpräsident war wegen seiner Mitwirkung bei »Säuberungsaktionen«, Schauprozessen und Verbrechen gegen die Menschlichkeit gestürzt, verbannt und aus der Partei ausgeschlossen worden. Anfang der 70er Jahre hatten dann sowjetische Immigranten die Nachricht mitgebracht: Nach langem Umdenkungsprozeß verbringe Malenkow seinen Lebensabend größtenteils in einer orthodoxen Kirche in Moskau, betrachte Ikonen und bete. Seine Umkehr sei schließlich so überzeugend gewesen, daß eine Moskauer Gemeinde ihn zum Kirchenältesten gewählt habe. – Liebe Gemeinde, hätten *Sie* einem Menschen mit solcher Vorgeschichte ebenfalls zugestanden, im Leitungsgremium der Gemeinde mitzuarbeiten? – Ich halte einen Moment inne, damit wir uns klar werden können, welche Gefühle die beiden Geschichten in uns ausgelöst haben. (Stille)

Der Bibeltext für diesen Sonntag ist ein Abschnitt aus dem 1. Timotheusbrief. Ich lese aus Kapitel 1 die Verse 12–17. (Lesung des Predigttextes)

In diesen Worten hören wir eine christliche Stimme am Ende des 1. Jahrhunderts. Sie bringt in Erinnerung, was der christlichen Gemeinde schon fast aus dem Blick geraten war. Andere Einflüsse hatten das Erbe Jesu und der Apostel zu überlagern und zu verfremden begonnen. Da versucht einer, diese Ursprungsimpulse so wachzurufen, als stünde der Gründer der Gemeinde, Paulus selbst, erneut direkt vis-à-vis. Dazu macht er sich dessen Namen und Geschichte zu eigen. Vielleicht bestand die Gefahr für diese Christen damals auch darin, daß, was einmal für alle lebenszündend gewesen war, in der Zwischenzeit nur noch in liturgischen und dogmatischen Formeln aufgehoben war. »Daß Jesus in die Welt gekommen ist, um Sünder selig zu machen«: so hatte es jeder in richtiger Erinnerung. Aber viel-

leicht strahlte diese Anfangserfahrung nicht mehr viel aus. Der, der nun mit seinem Timotheusbrief in die Rolle des Paulus schlüpfte, erinnerte die Christen: *Das* ist das Besondere und Unverwechselbare an der christlichen Existenz. Wo sonst sind Menschen trotz ihrer Vorgeschichte nicht festgelegt, sondern haben Entwicklungsmöglichkeiten? Dank dessen, wie Jesus »Gott« bekanntgemacht hat: Schicksale können sich ändern!
Paulus? Natürlich ist's lang her, seit er das am eigenen Leib erfahren hatte. Aber es heißt ja betont: »Ich bin der *erste* in der Reihe!« Und diese läuft seit damals über viele ähnliche Erfahrungen weiter. Schließt sie so nicht auch den englischen Pfarrer und den Moskauer Kirchenältesten mit ein? Und je nachdem auch uns? Wahrscheinlich schon, wenn uns diese Wirkung Christi nicht nur liturgisch und dogmatisch nahe ist, sondern wenn sie maßgebend ist für das, wie wir Kirche und Gemeinde und Christsein erleben und was von da in die Prozesse unserer Gesellschaft ausstrahlt. Welche Nachgeschichte haben also bei *uns* »Menschen mit Vorgeschichte«?

Zum weiteren Verlauf
Je nach Situation werde ich solches Fragen mit dem in Verbindung bringen, was dann öffentlich gerade »dran« ist. Ich denke an die vor Jahren heftige Diskussion über die Wiederzulassung von Ex-Apo-Anwalt Mahler als Rechtsanwalt. Ähnliche Auseinandersetzungen gibt's immer wieder um andere »Aussteiger« oder um Forderung bzw. Verweigerung einer Begnadigung. Vielleicht ist unsere Gesellschaft und Kirche zur Zeit einer Predigt über 1. Tim 1 auch immer noch hin- und hergerissen, wie mit erwiesener oder verdächtigter Stasi-Vergangenheit und mit »Wendehälsen« umzugehen sei.
Nach solchem Hinweis auf öffentliche Diskussionsgänge, die die Konkretisierung solcher Jesus-Tradition (wie in 1. Tim 1) und *unsere* Glaubwürdigkeit herausfordern, würde ich gerne auch erlebnisnähere Problemfelder ansprechen, auf die sich »das Evangelium von der Annahme der Sünder« lösend beziehen kann:
Das alles mag uns umtreiben. Und zu all solchen Stimmungen und Prozessen der Meinungsbildung können wir Christen also sehr Spezielles, »Lösendes« beitragen. In der Situation, von der wir Kenntnis haben oder in die wir selbst geraten sind, wird sich's erweisen, wieweit wir das Evangelium in unserem Urteilen und Einmischen oder Heraushalten verkörpern und beglaubigen. Solche Fragen stellen sich aber schon in unserer *näheren* Umgebung. Ich denke an Menschen, die sich früher in unserer Gemeinschaft wohlgefühlt haben und die zu gleichem Empfinden auch für andere beigetragen haben – bis sich dann irgendwelche Dinge entwickelt oder Beziehungen verwickelt haben: eine Scheidung etwa; oder eine »Entgleisung« anderen gegenüber; ein eigener Kirchenaustritt im Zorn oder der eines Partners oder Kindes; ein Unfall, in den man schuldhaft verwickelt wurde; oder einfach ein »schlechtes Gewissen«, weil man, was gepredigt wird, im

eigenen Lebensstil nicht konsequent mitvollziehen kann ... Diese Menschen empfinden sich durch Schuldgefühle oder durch Reaktionen anderer wie ausgegrenzt: »Da gehöre ich nicht mehr dazu!« Und kaum vernehmbar (und manchmal über Dritte) ist zu hören, daß sie enttäuscht sind; daß sie Angst haben, wie man über sie rede etc. – Einander tragen, statt nachzutragen, was geschehen ist: wie können wir dieses hohe »Programm« einlösen? Wie können wir so einander begegnen, daß wir aus dem Verstecken und Verdrängen herausfinden, daß Ängste und Verkrampfungen sich lösen? Daß wir selbst so erleichtert leben und zur Erleichterung anderer beitragen, wie es das Kind erfährt, dem die Mutter oder der Vater nach dem Stau von Schuld und Angst und Straferwartung so begegnen, daß die »Vorgeschichte« keine Rolle mehr spielt?

Möglicher Schluß
Damit drücke ich viel Hoffnung aus: Die Nachricht, wie Jesus mit der Schuld anderer umgegangen ist, wird sinnvoll in der Anregung, daß Menschen wie wir nach seiner Art einander entlasten und befreien. Wie er – wider alle Erwartungen – der »Sünderin« begegnet ist (Joh 8,11: »ich verdamme dich auch nicht; geh hin und sündige hinfort nicht mehr«); wie er seine Sache dem Petrus trotz dessen Versagen anvertraute (Joh 21,15ff.; auch Luk 5,1ff. und Joh 15,16) oder wie er mit Zachäus so umging, daß dieser darauf seinen Lebensstil änderte (Luk 19,1ff.), oder wie er Paulus, der so vieles kaputt gemacht hatte, würdigte, seine Gemeinde aufzubauen ... Jede dieser Geschichten kann ich so verstehen, daß sie nicht nur im Rückblick aufleuchtet, sondern daß sie sich mitten unter uns erneut zuträgt. Jesus hat den Menschen seiner Umgebung Mut gemacht, einander von dem zu befreien, was falsch gelaufen war; wo nicht, so würde das Falsche nachhaltig weiterwirken (Joh 20,23). Auch darin können wir also – wie Paulus einmal sagt (2. Kor 1,24) – einander zu »Gehilfen der Freude« werden. Ich stelle mir vor: wir quälten uns nicht länger mit unseren »Vorgeschichten«, wir würden nicht daran hängenbleiben und so viel Energie aufwenden, sie zu rechtfertigen oder zu verdrängen; wir würden stattdessen unsere Befangenheiten auf dem Weg, den Jesus gewählt hat, lösen und trotz der Schuld von gestern uns gegenseitig eine weitergehende Geschichte zubilligen und ermöglichen! ... Das würde und wird dann ausstrahlen auf viele »Prozesse« in unserer Welt. Und die Art, Gemeinde Christi zu sein, könnte und kann an mehr Stellen als bisher Ausgangspunkt sein und anleiten zu einem Gelöstsein und Aufatmen, wie es durch das Lied schwingt, das wir jetzt singen: »Ich lobe meinen Gott, der aus der Tiefe mich holt, damit ich lebe. Ich lobe meinen Gott, der mir die Fesseln löst, damit ich frei bin ...«

Alternativer Predigtanfang
A »Mir ist ein ›Lapsus‹ passiert!« hören wir gelegentlich entschuldigend und beschwichtigend sagen. Dabei denkt man kaum an gravierendere Dinge,

an irgendwas Schlimmes. Und weiter verharmlosend wird vielleicht ergänzt: »Das habe ich halt versiebt.« Was so angesprochen wird, ist etwas ziemlich anderes, als was die angeht, die die frühe christliche Kirche wegen eines »Lapsus« zur Rechenschaft zog. In jenen Zeiten grausiger Verfolgung von Christen hatten sich immer wieder welche verlocken lassen, sich dem Martyrium zu entziehen, indem sie sich anpaßten und entgegen ihrem Glauben den Göttern oder dem Cäsar opferten oder sich zum Schein in entsprechende Opferlisten eintragen ließen. Für die frühe Kirche war das ein großes Problem, wie sie mit denen umgehen sollte, die solche »Persilscheine« mit sich herumtrugen; mit Menschen also, die vom Glauben abgefallen waren. »Lapsi« nannte man sie und meinte damit nicht einen Kavaliersdelikt. (Im weiteren Verlauf ließen sich hier detailliertere kirchengeschichtliche Lesefrüchte und Zitate einbringen, das Dilemma der kirchlichen Behörden zwischen rigorosen und laxen Entscheidungen nachzeichnen und Parallelen ziehen zur Diskussion über die Weiterbeschäftigung kirchlicher Mitarbeiter, die z.B. in der früheren DDR zu ständiger oder partieller Zusammenarbeit mit Staatsorganen bereit oder gezwungen waren.)

B Erinnern Sie sich? Als Kinder hatten wir etwas Verbotenes getan. Vielleicht wirklich etwas Schlimmes. Die Eltern waren dahintergekommen. Es gab viel Ärger, Beklemmung und Trauer. Alles war gestört. Die Mutter hatte womöglich geweint und sprach für einige Zeit nicht mehr mit uns – noch nicht einmal für einen Gutenachtgruß. Oder die anderen hatten sich etwas Schönes vorgenommen – und wir selbst waren zur Strafe davon ausgeschlossen. Jedenfalls war das eine schmerzhafte Zeit bis zu dem Augenblick, wo die Eltern einen wieder in die Arme schlossen und wo diese Vorgeschichte und ihre Konsequenzen endgültig vorbei waren. Was für Gefühle des Aufatmens! Wir hätten vor Erleichterung springen können, als die Atmosphäre so bereinigt war und das Verhältnis zueinander wieder gut! Dann »sprudelte« es in unserem Erzählen nur so heraus nach all den Stunden der Wortlosigkeit. Das Glück, wieder geliebt zu sein, überwog die Scham über alles, was vorgefallen und daraus gefolgt war. Und zu diesem Angenommensein gehörte auch, daß die dumme oder schreckliche Vorgeschichte eben nicht mehr zählte und auch später nicht wieder vorgehalten wurde (»Aber neulich hattest Du doch! ... Einmal gelogen, immer gelogen!«). Es war wie ein Von-vorne-Anfangen ... (Daran könnte sich die Überlegung anschließen, wieweit sich die Erfahrungen des Umgangs mit »individueller Sünde« auf den Umgang mit »politischer Sünde« übertragen lassen. Vgl. oben die Frage »Wer kann wem vergeben?«)

Kontexte

»In einer Erzählung aus dem Talmud heißt es: Einige zügellose Gesellen wohnten in der Nachbarschaft von Rabbi Meyer, die ihm arg zusetzten. Rabbi Meyer betete gegen sie, auf daß sie stürben. Da sprach seine Frau zu ihm: Was kommt dir in den Sinn? Etwa, weil geschrieben steht, es mögen die Sünd*er* verschwinden? Steht denn geschrieben Sünd*er*? Nein, Sünd*en* steht geschrieben. Außerdem, verfolge doch den Vers bis zum Ende; dort steht ausdrücklich: dann wird der Frevler keiner mehr sein. Sobald also die Sünden verschwinden, wird es auch keine Frevler mehr geben. Bete also *für* sie, damit sie in Reue umkehren, dann wird der Übeltäter ein Wohltäter werden. Da betete der Rabbi für seine Verfolger um Erbarmen, und in der Tat, sie kehrten in Reue um. – Soweit die Lebensweisheit des Talmuds, der das Böse bekämpft, aber den, der es tut, zu gewinnen bemüht ist.« (zitiert nach Pinchas Lapide)

»Friede sei den Menschen, die bösen Willens sind, und ein Ende sei gesetzt aller Rache und allem Reden von Strafe und Züchtigung. Aller Maßstäbe spotten die Greueltaten; sie stehen jenseits aller Grenzen menschlicher Fassungskraft, und der Blutzeugen sind viele. Darum, o Gott, wäge nicht mit der Waage der Gerechtigkeit ihre Leiden, daß du sie ihren Henkern zurechnest und von ihnen grauenvolle Rechenschaft forderst, sondern laß es anders gelten. Schreibe vielmehr allen Henkern und Angebern und Verrätern und allen schlechten Menschen zu und rechne ihnen an: all den Mut und die Seelenkraft der andern, ihr Sichbescheiden, ihre hochgesinnte Würde, ihr stilles Mühen bei allen, die Hoffnung, die sich nicht besiegt gab, das tapfere Lächeln, das die Tränen versiegen ließ, und alle Liebe und alle Opfer, all die heiße Liebe. Alle die durchpflügten, gequälten Herzen, die dennoch stark und immer wieder vertrauensvoll blieben angesichts des Todes und im Tode, ja auch die Stunden der tiefsten Schwäche. Alles das, o Gott, soll zählen vor dir für eine Vergebung der Schuld als Lösegeld, zählen für eine Auferstehung der Gerechtigkeit. All das Gute soll zählen und nicht das Böse. Und für die Erinnerung unserer Feinde sollen wir nicht mehr ihre Opfer sein, nicht mehr ihr Alpdruck und Gespensterschreck, vielmehr ihre Hilfe, daß sie von der Raserei ablassen. Nur das heischt man von ihnen, und daß wir, wenn alles vorbei ist, wieder als Menschen unter Menschen leben dürfen und wieder Friede werde auf dieser armen Erde über den Menschen guten Willens, und daß der Friede auch über die anderen komme« (Gebet aus Ravensbrück, in: Begegnungen. Texte zu Frieden und Versöhnung, hg. v. Wolfgang Brinkel, Berlin 1985, S. 43)

»Hamburgs berühmteste Prostituierte Domenica Niehoff geht jetzt in den Staatsdienst. Als Sozialarbeiterin wird sie sich zukünftig vor allem um drogensüchtige Kinderprostituierte kümmern. Als ehrenamtliche Mitarbeiterin einer Beratungseinrichtung für Prostituierte hatte die 44jährige zwei Jahre Erfahrung in ihrem neuen Beruf gesammelt. Vorher lag Domenicas Arbeitsplatz 17 Jahre in der Herbertstraße im Rotlichtviertel St. Pauli. Domenica geht davon aus, daß sie in ihrer neuen Stellung erfolgreich arbeiten wird. ›Mit unserer Erfahrung im Milieu kommen wir leichter an die Mädchen heran‹, sagte sie. Schon früher hatte sich Domenica um eine Anstellung bei einer kirchlich getragenen Beratungsstelle bemüht. Das war allerdings an moralischen Bedenken der Geistlichen gescheitert« (Zeitungsnotiz in FR vom 4.1.91)

»Fange nie an aufzuhören, höre nie auf anzufangen« (in: Ja zu jedem Tag, hg. Schriftenmissions-Verlag Gladbeck 1977, S. 148)

»Wir brauchen nicht so fort zu leben, wie wir gestern gelebt haben. Macht euch nur von dieser Anschauung los, und tausend Möglichkeiten laden uns zu neuem Leben ein« (Christian Morgenstern)

»Jeder Mensch kann und darf nur das verzeihen, was ihm selber angetan wurde« (Karl Jaspers)

»Mit dir zu leben, ist eine Zumutung, Herr – du liebst, wo wir nicht mehr lieben können, hoffst, wo unsere Hoffnung am Ende ist, vergibst, wo wir einander aufgeben; du wirst schwach, wo wir von dir Stärke erwarten, gehst in den Tod und suchst dort das Leben. Aber in dem allem wächst uns auch dein Mut zu, und deine größere Wahrheit lockt uns, dich zu loben« (Gebet – ohne Verfasserangabe abgedruckt in: »Aufbruch«. Evang. Kirchenzeitung für Baden Nr. 26 v. 30.6.91, S. 2)

Für diesen Band arbeiteten

Pfarrerin Ingrid Adam, Mainz. Pfarrer Dr. Ernst Arfken, Göttingen. Pfarrer Dr. Günter Berndt, Berlin. Pfarrer Dr. Christian Bunners, Berlin. Pfarrer Dr. Albert Damblon, Korschenbroich-Herrenshoff. Pfarrer Dr. Axel Denecke, Isernhagen. Pfarrer Erhard Domay, Landau. Pfarrerin Monika Halpaap, Hamburg. Propst Karl-Behrnd Hasselmann, Kiel. Pfarrer Helmut Herberg, Ulm. Pfarrer Reinhard Kramm, CH-Arosa. Dekan Walter Krug, Marburg. Pfarrer Volker Lauterjung, Duisburg. Pfarrer Claus Marcus, Berlin. Pfarrer Hellmut Mönnich, Göttingen. Rektor Dr. Ernst Öffner, Neuendettelsau. Pfarrerin Dr. Hildegard Kirsch-Schäfer, Bonn. Pfarrer Dr. Walter Schlosser, Hanau. Professor Dr. Henning Schröer, Königswinter. Pfarrer Dr. Jochen Vollmer, Balingen. Pfarrerin Dr. Renate Wind, Heidelberg. Pfarrer Helmut Zeilinger, Freiburg. Dekan Klaus Zillessen, Waldshut. Propst Prof. Dr. Christian Zippert, Marburg.